bulletin monumental

Tome 179-4
Année 2021

société française d'archéologie

Siège social : Cité de l'Architecture et du Patrimoine, 1, place du Trocadéro et du 11 Novembre, 75116 Paris.
Bureaux : 5, rue Quinault, 75015 Paris, tél. : 01 42 73 08 07, courriel : contact@sfa-monuments.fr

Revue trimestrielle, t. 179-4, décembre 2021
ISSN : 0007-4730
CPPAP : 0119 G 86537
ISBN : 978-2-901837-92-3

Les articles pour publication, les livres et articles pour recension doivent être adressés à la Société Française d'Archéologie,
5, rue Quinault, 75015 Paris
Courriel : sfa.sfa@wanadoo.fr

Diffusion : Actes Sud - Picard & Epona
62, Avenue de Saxe, 75015 Paris
https://www.librairie-epona.fr/
Tél. 01 43 26 85 82
contact@librairie-epona.fr

Le chevet de Saint-Ambroise de Milan
Nouvelles lectures

Luigi Carlo Schiavi *

à Pinin

La basilique Saint-Ambroise, berceau de la mémoire et de la *dignitas* de l'Église milanaise, a suscité depuis plusieurs années un renouveau d'intérêt à travers des travaux qui ont concerné non seulement l'histoire architecturale du monument mais aussi – et surtout – les réaménagements liturgiques du sanctuaire et les nombreux chefs-d'œuvre qui sont venus enrichir celui-ci au cours du haut Moyen Âge. La focalisation de divers chercheurs sur l'étude matérielle et iconographique de la mosaïque de l'abside, dans le cadre d'un débat sur la datation de l'œuvre, impose aujourd'hui une révision de « l'écrin architectural » qui l'abrite. À défaut de nouvelles découvertes archéologiques, la récente mise au jour d'une abondante documentation sur les restaurations du XIXe siècle et sur l'état de l'édifice après les bombardements de la Seconde Guerre mondiale – documentation encore peu ou pas exploitée – suffirait d'ailleurs à justifier cette révision [1].

Le chevet de Saint-Ambroise occupe depuis longtemps une place centrale dans l'historiographie : d'abord à la fin du XIXe et au début du XXe siècle, comme pierre angulaire de l'histoire de l'architecture « lombarde » dont on prétendait faire descendre les diverses « écoles » romanes d'Europe, puis comme type architectural de référence pour la vaste zone du « premier art roman » et pour l'emploi de nouvelles techniques constructives (comme les niches couronnant les absides). Le renouvellement des problématiques sur les débuts de l'art roman en Lombardie incite également à revenir sur l'histoire de ce chantier emblématique, sans perdre de vue la complexité du débat dont il a été l'objet.

Le mieux, pour ce faire, est de se référer à l'auteur qui a le plus contribué à libérer le sujet du carcan d'une historiographie qui paraissait inaltérable : Paolo Verzone, architecte et grand professeur de l'histoire de l'architecture au *Politecnico* de Turin qui, dans son style direct et synthétique, entreprit de réévaluer la place de Milan à l'aube de l'art roman [2].

Les travaux de Paolo Verzone sur Saint-Ambroise, notamment ceux qui ont porté sur les parties orientales de la basilique, sont peu nombreux et datent du début et de la fin de sa carrière. Après deux études sur les églises romanes des provinces de Verceil et de Novare [3], Verzone présenta au *II Congresso Nazionale di Storia dell'Architettura* qui se tint à Assise en 1937 une contribution intitulée *La scuola milanese del secolo XI*, dans laquelle il poursuivait la révision de la chronologie de l'architecture lombarde du haut Moyen Âge, dans la continuité de celle qui avait été proposée par Raffaele Cattaneo [4] et qui avait été reprise par Josep Puig i Cadafalch et Arthur Kingsley Porter [5] : l'article nécrologique que Verzone consacra à ce dernier en 1934 proclame son adhésion aux méthodes d'analyse du savant américain [6]. Paolo Verzone ne s'intéressa pas seulement à l'abside de Saint-Ambroise mais aussi à d'autres édifices emblématiques de l'architecture lombarde qui, à l'instar de San Pietro d'Agliate et de San Vincenzo in Prato à Milan, étaient alors généralement datés de l'époque carolingienne. Suivant en cela Porter, il les attribua au XIe siècle [7], en raison notamment de la présence dans la partie haute de leur abside d'une rangée de niches qu'il estimait, à la lumière des observations qu'il avait faites dans sa jeunesse sur les églises du Piémont, ne pas pouvoir être antérieures à l'an mil.

Les années pendant lesquelles les travaux de Puig i Cadafalch et de Porter furent – entre autres – une référence internationale pour Verzone, virent la parution de plusieurs ouvrages majeurs consacrés à l'architecture romane en Italie du Nord [8], dans le contexte d'un renouveau de la recherche au niveau national [9], revivifiée par un débat sur les méthodes en histoire de l'architecture alimenté par l'âpre critique de Gustavo Giovannoni sur l'approche idéaliste et esthétisante du vieux maître Adolfo Venturi [10]. L'adhésion de Verzone à l'histoire de l'architecture prônée par Giovannoni – fondée sur une synthèse entre l'art et la technique – se traduisit par le recours croissant dans ses publications à des photographies de détail, des plans, des relevés et des vues axonométriques utilisés à des fins analytiques, tous types de documents qui étaient absents dans ses premiers ouvrages.

Trois ans plus tard, en 1942, le bref paragraphe que Paolo Verzone consacra à Saint-Ambroise dans *L'Architettura religiosa dell'alto medioevo nell'Italia settentrionale* fut l'occasion pour lui de remettre en cause l'attribution à la *basilica martyrum* du IVe siècle des bases de colonnes découvertes en 1869 lors des fouilles de la nef (fig. 1) [11] et – ce qui était nouveau – de les rattacher à la campagne de construction du campanile sud (campanile des Moines) et donc de les dater, comme celui-ci, du IXe siècle [12]; par ailleurs, il attribua à la seconde moitié du XIe siècle la construction du chevet, qu'il considérait comme un ensemble homogène.

C'est bien des années plus tard, en 1974 – après avoir enseigné l'histoire de l'architecture à Istanbul, il avait pendant près de vingt ans été responsable de la mission archéologique italienne de Hiérapolis, en Phrygie [13] – que Paolo Verzone reprit sa réflexion sur les parties les plus anciennes de la basilique de Milan, dans un essai célèbre au titre lapidaire : *Questioni santambrosiane* [14]. Ayant abandonné l'attribution à l'époque carolingienne de la basilique à files de colonnes découverte en 1869 et la datation de l'abside vers le milieu du XIe siècle lui paraissant désormais acquise, son attention fut attirée par un passage de l'ouvrage de Gaetano Landriani, *La basilica ambrosiana fino alla sua trasformazione in chiesa lombarda a volte* (1889), qui décrit un pan de mur formant « frontispice », encastré entre l'abside et les bas-côtés – plus tardifs – de la nef et considéré par l'auteur comme une « empreinte fossile » de la basilique d'Ambroise (fig. 2 et 3) [15]. Bien qu'il ait estimé que ce vestige de mur-pignon datait plutôt du XIe siècle et qu'il était contemporain de la reconstruction de l'abside, Verzone y vit la preuve de l'existence de tribunes dans la nef paléochrétienne, tribunes qui auraient subsisté jusqu'à la reconstruction des années 1100. Le parti architectural de la basilique ambrosienne aurait donc été inspiré par des modèles orientaux [16].

Cette idée d'une *basilica martyrum* du IVe siècle dotée de tribunes reçut un accueil réservé [17]. Elle est hélas aujourd'hui impossible à vérifier, non seulement parce que le vestige de mur-pignon décrit par Landriani a été détruit à la fin du XIXe siècle mais aussi parce que les bombardements du mois d'août 1943 qui ont touché le côté nord du chœur et la chapelle voisine ont réduit à néant toute chance d'en découvrir quelque témoignage matériel que ce soit (fig. 4). À peine peut-on encore en discerner quelques traces peu lisibles au-dessus des absidioles actuelles. Seule une minuscule partie du mur nord de la travée du chœur, à la jonction avec la tribune de la nef, présente un appareil de type tardo-antique fait de

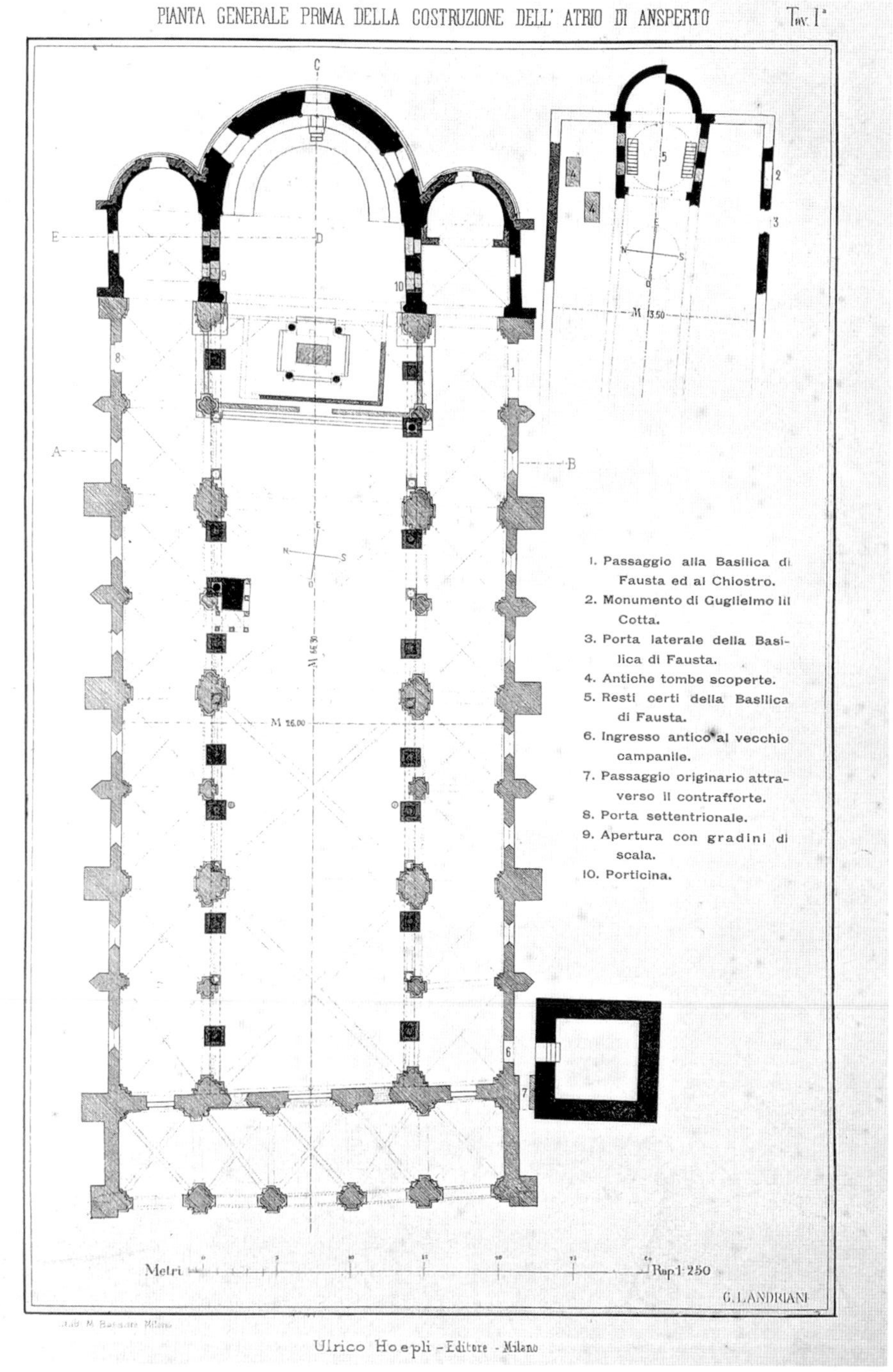

Fig. 1 - Milan, Saint-Ambroise, plan (d'après Landriani 1889, pl. I).

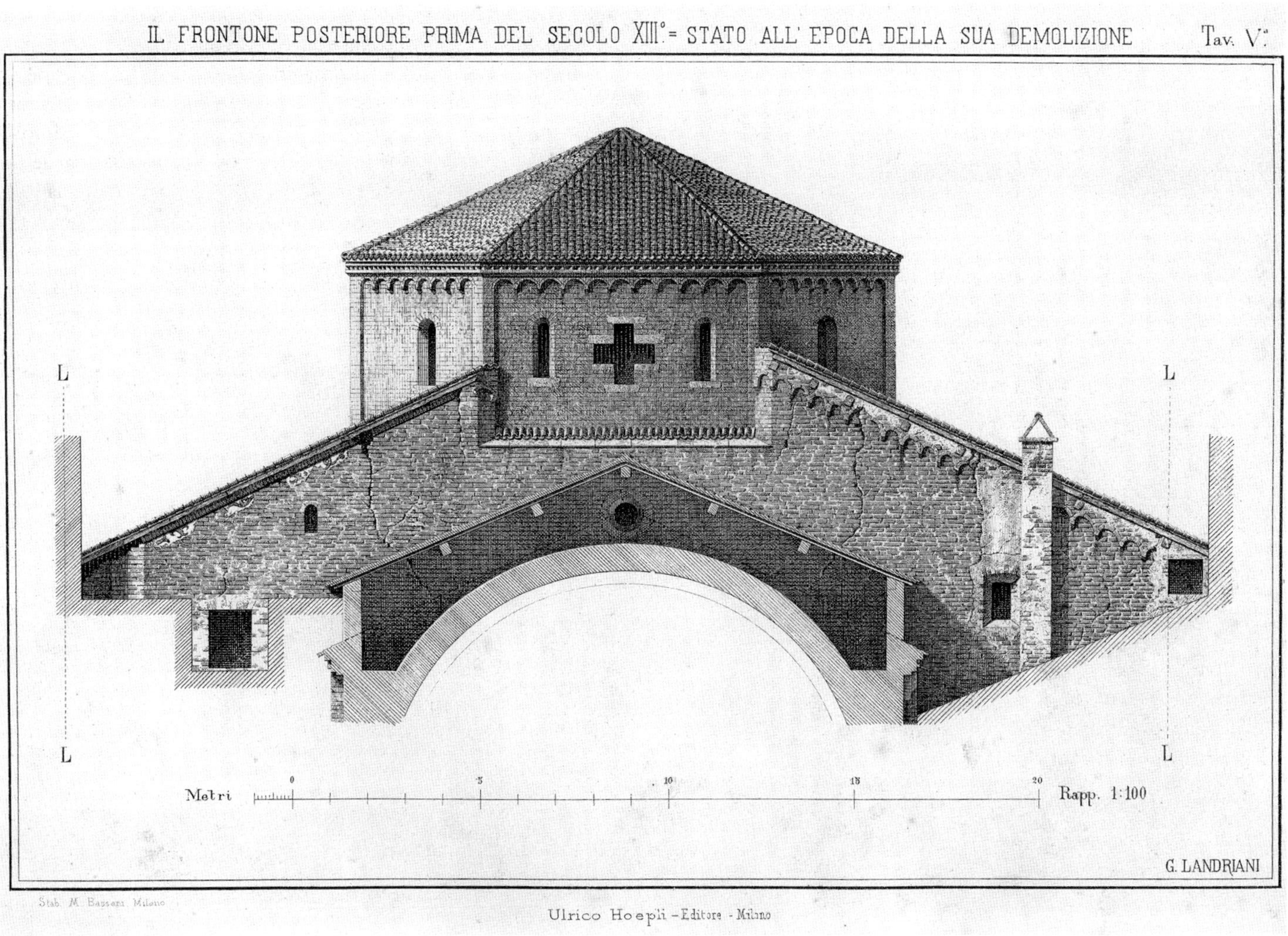

Fig. 2 - Milan, Saint-Ambroise, relevé du mur-pignon situé au contact du bloc absidal (d'après Landriani 1889, pl. V).

Fig. 3 - Milan, Saint-Ambroise, l'abside à la fin des travaux de restauration, dans les premières années du XXe siècle (Milan, Archivio della Basilica di Sant'Ambrogio).

Fig. 4 - Milan, Saint-Ambroise, le côté nord de la basilique et le presbytère de Bramante après le bombardement du 15 août 1943 (Milan, Archivio della Basilica di Sant'Ambrogio).

Fig. 5 - Milan, Saint-Ambroise, tribune nord, mur oriental, vue extérieure prise au début des travaux d'après-guerre avec, en bas à droite, les quelques vestiges du mur-pignon décrit par Landriani (Milan, Archivio della Basilica di Sant'Ambrogio).

briques *sesquipedales*, posées sur d'épais lits de mortier. Cependant, une photographie inédite des ruines du chevet, prise au début du chantier de restauration de l'après-guerre, révèle la présence, à l'extrémité nord de ce mur, d'un appareil qui, pour autant qu'on puisse en juger, semble d'époque romane (fig. 5). On peut donc, à la rigueur, admettre l'existence d'un mur-diaphragme tardo-antique qui aurait été remanié au XIe siècle, sans qu'on en connaisse toutefois ni la forme originelle ni l'extension. On peut aussi conjecturer une certaine continuité entre ce vestige de mur et la maçonnerie qui est réapparue après les bombardements du côté nord du chœur sous le départ de la voûte en berceau [18], maçonnerie qui est généralement interprétée comme l'amorce de l'abside primitive du IVe siècle en raison de sa légère courbure – à vrai dire celle-ci n'est pas perceptible (fig. 6) [19].

De nouveau, Paolo Verzone s'attaquait aux thèmes centraux de l'histoire architecturale de Saint-Ambroise. En procédant par touches aussi rapides que sûres, il proposa une lecture du monument qui rompait avec la ligne directrice de l'historiographie de son temps. Il s'appuya notamment sur le témoignage de Gaetano Landriani, principal protagoniste des travaux de restauration engagés en 1857 sous la direction de Mgr Francesco Maria Rossi et d'une commission artistique de surveillance où siégeaient, pour l'Académie de Brera, Giuseppe Brocca et Luigi Bisi – ce dernier a laissé des dessins, encore inexploités, qui sont particulièrement utiles pour l'étude du chantier (fig. 7 et 8). Mais il faut surtout se tourner vers les dossiers de Landriani dont seule une petite partie a été publiée [20] : nous verrons plus loin qu'ils contiennent un grand nombre d'informations précieuses, longtemps mal interprétées ou même complètement ignorées. Si l'étude intelligente et méticuleuse que Tancredi Bella a consacrée aux carnets de dessins et aux écrits de Fernand de Dartein a révélé une documentation extrêmement précieuse [21], il faut rappeler que le référent *in situ* de l'architecte alsacien fut Gaetano Landriani lui-même : plusieurs années après l'achèvement de

Cl. L. C. Schiavi.

Fig. 6 - Milan, Saint-Ambroise, travée de chœur, mur nord, vestige de maçonnerie d'époque sans doute paléochrétienne.

Fig. 7 - Milan, Saint-Ambroise, l'abside et l'autel. Aquarelle de Luigi Bisi, vers 1860, illustrant l'hypothèse d'un surhaussement du ciborium et de l'autel de Volvinius et de l'abaissement du sol environnant (Milan, Palazzo Morando, Civiche Raccolte Storiche, F.B. Cart. F.S. 1.4).

Fig. 8 - Milan, Saint-Ambroise, le chœur vu vers l'ouest par Luigi Bisi, vers 1860. Au second plan, on voit encore le grand arc qui avait été érigé à l'entrée de la travée droite et entraîné la destruction des demi-colonnes encadrant celle-ci. Dessin préparatoire (Milan, Palazzo Morando, Civiche Raccolte Storiche, F.B. Cart. M 111-114 n. 120).

son *Étude* et la disparition en 1883 de Mgr Rossi, Landriani était encore présent sur le chantier où il supervisa les travaux de restauration du chevet (extérieur et toiture) et l'anastylose du campanile des Chanoines.

Mais revenons à l'essai de Paolo Verzone en 1939 et aux parties orientales de Saint-Ambroise dont la datation est l'une des plus controversées de toute l'histoire de l'architecture médiévale : après que Porter eut, le premier, rejeté la datation carolingienne – qui était encore de règle à son époque [22] – et attribué le chevet aux années 940, l'éventail des datations s'élargit aux époques ottonienne et romane [23].

Les éléments qui doivent être pris en compte pour toute proposition d'une nouvelle chronologie des parties orientales de Saint-Ambroise sont divers et multiples, mais la question de l'interprétation de la mosaïque de l'abside reste centrale. Certes, son état de dégradation matérielle fait problème mais la richesse sémantique de l'œuvre a permis d'échafauder une foule de théories faisant toujours davantage abstraction de l'observation archéologique du cadre architectural dans lequel elle se trouve (fig. 9) [24].

Les arguments qui militent en faveur d'une attribution de la mosaïque au IXe siècle sont essentiellement d'ordre iconographique car l'analyse stylistique est grevée par l'ampleur des restaurations : celles de Moro au XIXe siècle et celles de l'après-guerre [25]. Ils reposent sur la présence inhabituelle, de part et d'autre du trône céleste, de scènes de la vie de saint Ambroise représentant le miracle de la bilocation, dont l'une, à droite, montre Ambroise s'endormant à Milan et l'autre, à gauche, le saint assistant, au même moment, à l'enterrement de Martin, à Tours – thèmes d'origine certainement franque [26]. Il suffit à ce sujet de renvoyer aux études de Carlo Bertelli et à celles, plus récentes, d'Ivan Foletti [27]. On peut aujourd'hui admettre sans nul doute la transposition, à l'occasion d'une campagne de reconstruction de l'abside, d'un programme iconographique plus ancien, assortie du remploi matériel de quelques fragments originaux particulièrement emblématiques – comme par exemple la tête de saint Ambroise, aujourd'hui conservée à la Pinacoteca di Brera de Milan (fig. 10) [28].

On pourrait en dire autant des évêques suffragants peints sur le pourtour

Cl. M. Beretta.

Fig. 9 - Milan, Saint-Ambroise, mosaïque de l'abside, état actuel.

Cl. d'après Beretta 2016-2017.

Fig. 10 - Milan, Saint-Ambroise, fragment original de la mosaïque absidale : tête de saint Ambroise (Milan, Pinacoteca di Brera).

Fig. 11 - Milan, Saint-Ambroise, abside. Gravure publiée en 1645 par Giovanni Pietro Puricelli où la cohorte d'évêques de la zone du soubassement est encore visible (d'après G. P. Puricelli, *Ambrosianae Mediolani…*, *op. cit.* note 29, p. 133-134).

de l'abside, connus par une gravure du XVIIe siècle due à Giovanni Pietro Puricelli (fig. 11), reprise au siècle suivant par Giorgio Giulini [29], alors que les peintures, les inscriptions qui les accompagnaient et les vestiges des stalles anciennes avaient déjà disparu [30].

Les auteurs qui se sont penchés sur l'iconographie de la mosaïque et des peintures ont rarement pris en considération leur support matériel. Je ne ferai à ce propos que quelques remarques qui n'ont pas la prétention de vouloir tout régler. Il serait en premier lieu urgent de reprendre des recherches archéologiques qui n'ont pratiquement jamais concerné l'abside [31] : analyser, par exemple, le parement extérieur de celle-ci, si insolite dans le contexte milanais du haut Moyen Âge et de l'époque romane, avec son soubassement fait de blocs de remploi – un *opus quadratum* grossier – dont les lésènes sont dans la continuité matérielle de celles de la partie supérieure, construite en brique et couronnée d'une rangée de niches enveloppées d'arcades (fig. 12) [32] :

les deux niveaux semblent donc être contemporains. Notons que, d'après Landriani, le niveau de départ du mur de l'abside (mesure prise à son retrait par rapport à la maçonnerie de fondation) se situe à plus de 35 cm au-dessus du sol intérieur de la basilique du IVe siècle mais – et c'est du plus haut intérêt – au niveau de la nef romane [33].

Il faudrait dire aussi quelques mots du parement intérieur de l'abside. L'aquarelle de Landriani, datée de 1865, représentant le célèbre Agneau en *opus sectile* de la fin du Ve ou du VIe siècle qui avait été découvert peu auparavant derrière les stalles du chœur [34] apporte non seulement des informations essentielles sur la stratigraphie des stucs et du panneau en *opus sectile*, mais fournit aussi un excellent relevé du parement interne du mur, avec son appareil en brique très régulier (fig. 13). Fernand de Dartein assura la notoriété de la découverte en reproduisant l'image dans son *Atlas* mais il ne conserva que l'Agneau et son encadrement (fig. 14) [35], sans la zone de parement que Landriani avait pourtant dessinée avec tant de soin qu'elle pourrait servir à une évaluation d'ordre typo-chronologique.

L'étude du sanctuaire de Saint-Ambroise soulève évidemment bien d'autres problèmes que je ne peux aborder ici que de manière très synthétique. Il s'agit d'abord de la question cruciale des différents niveaux de pavements identifiés autour de l'autel (fig. 15) [36], les traces des multiples remaniements opérés au cours des siècles ayant été effacées par la construction dans les années 1870 d'une nouvelle confession annulaire autour des corps saints – construction qui entraîna la surélévation du niveau du ciborium de près d'un mètre et sa rotation dépourvue de fondement historique pour l'aligner sur l'axe de la nef [37]. Ces pavements, de même que les tombes découvertes au XIXe siècle – dont certaines sont pleines d'intérêt [38] –, ont récemment été étudiés par Silvia Lusuardi Siena [39]. Les fouilles et les reconnaissances de reliques opérées à l'initiative de Mgr Rossi en 1864 [40] et, surtout, en 1871, ont eu le mérite de mettre au jour les niveaux des pavements antiques de la basilique au IVe siècle mais

Cl. L. C. Schiavi.

Fig. 12 - Milan, Saint-Ambroise, abside, vue extérieure.

aussi de ceux du haut Moyen Âge, et de révéler les diverses transformations qui ont affecté au cours du temps la relation entre l'autel et les premières sépultures, avec les deux dalles funéraires orientées est-ouest d'Ambroise et des saints Gervais et Protais, puis le regroupement – très certainement pendant l'épiscopat d'Angilbert II (824-859) – des trois corps dans un même sarcophage de porphyre, placé au-dessus des tombes primitives et enveloppé dans le somptueux autel en or de Volvinius [41], enfin, la surélévation de celui-ci au-dessus du sarcophage grâce à la construction d'un muret (fig. 16 et 17). Comme l'a montré Adriano Peroni [42], cette dernière modification ne peut s'expliquer que par la nécessité, après l'insertion d'une crypte sous le sanctuaire, d'adapter l'autel à la nouvelle configuration de l'abside et de la travée droite qui la précède. La crypte actuelle, érigée au XVIIIe siècle par le cardinal Erba Odescalchi, a été fortement restaurée après les destructions de la Seconde Guerre mondiale mais une description ancienne de la crypte qu'elle avait remplacée nous apprend que cette dernière comportait des colonnes, des chapiteaux et des bases faits de remplois disparates [43], tous caractères typologiques

au XVIIIe siècle ne pouvant plus dans ce cas être considérée comme un *terminus post quem* pour la réalisation des stucs de l'abside (fig. 18) [49], ni pour celle des délicates peintures des murs du chœur qui, comme dans plusieurs monuments de Ravenne, imitent un décor de marbre (*crustae*) [50] [fig. 19], ni a fortiori pour la remise en place dans l'abside de l'Agneau en *opus sectile* du Ve ou du VIe siècle, certainement postérieure aux stucs [51].

Plusieurs indices montrent que cette crypte-halle n'était pas contemporaine des murs de l'abside et de la travée droite qui la précède [52] : les bases des demi-colonnes en marbre cipolin situées à l'entrée du chœur qui sont masquées – mais elles pourraient appartenir à l'abside de la fin du IVe siècle [53] –, le rehaussement des appuis des fenêtres de l'abside (fig. 20), ou encore, comme l'a récemment fait remarquer Tancredi Bella [54], la condamnation, lors de la construction de la crypte, d'une arcade du mur sud de la travée de chœur – arcade dont l'archivolte semble, à en juger par le module des claveaux, être constituée de tuiles romaines, et dont les impostes se situent au même niveau que celui des demi-colonnes de l'entrée du chœur.

S'il est ordinairement admis – notamment par les partisans d'une datation de l'époque romane – que la travée de chœur, l'abside et les absidioles forment un ensemble homogène, il faut rappeler que Gaetano Landriani avait, en se fondant sur ses observations, suggéré une histoire de la construction plus complexe, réalisée par tranches successives [55]. Il ne fut suivi en cela que par Beltrami [56], par Toesca et pendant un certain temps par Verzone (dans son essai de 1939) [57] ; mais l'opinion qui prévalut finalement fut celle de Dartein, pour qui l'abside et les deux chapelles orientées qui l'encadrent appartenaient à la même campagne [58], de Cattaneo qui considérait le chevet de Saint-Ambroise comme la véritable origine de « l'architecture lombarde [59] », et surtout de Porter [60], qui imposa l'idée d'un « bloc de chevet [61] ».

Landriani avait cependant remarqué, lorsqu'il fit le relevé des deux grandes fenêtres situées au départ de la voûte en berceau du chœur (fig. 21 à 24) [62],

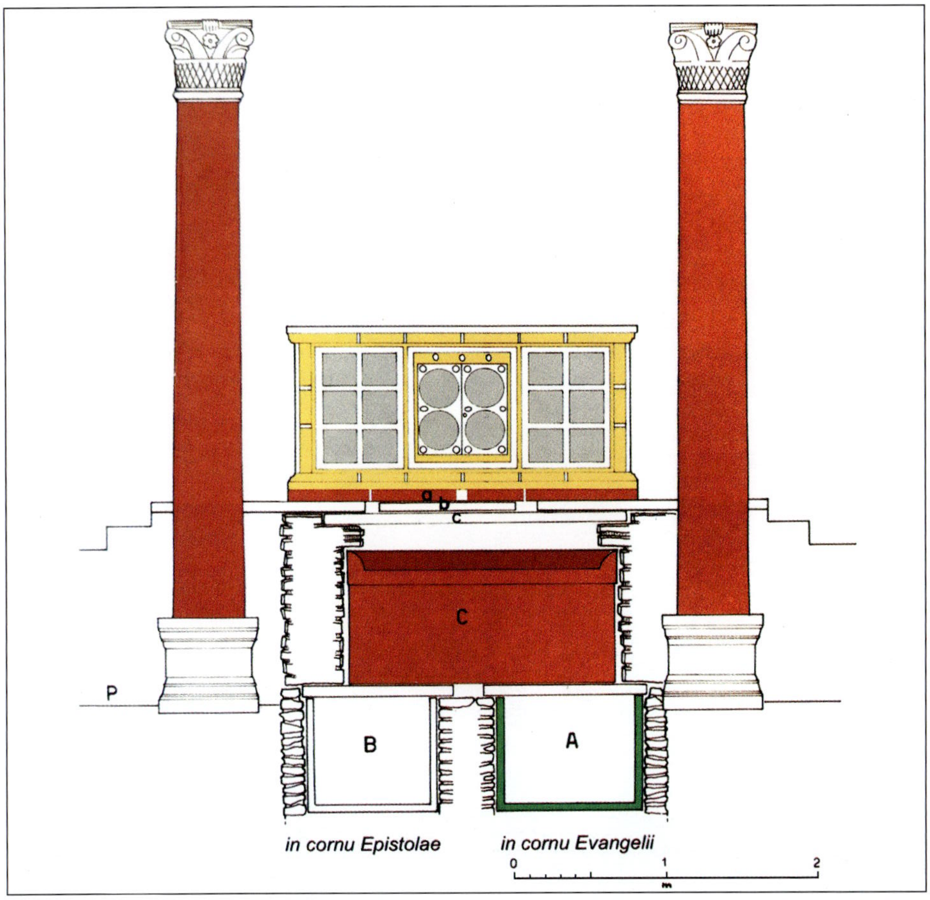

Fig. 16 - Milan, Saint-Ambroise, sanctuaire : tombes des martyrs Protais et Gervais (A) et de l'évêque Ambroise (B), sous l'autel d'or de Volvinius, depuis l'est. Le sarcophage en porphyre (C) est celui dans lequel les trois corps saints furent réunis pour l'*elevatio* effectuée par Angilbert II (dessin de Paola Piva dans Lusuardi Siena 2009, p. 211).

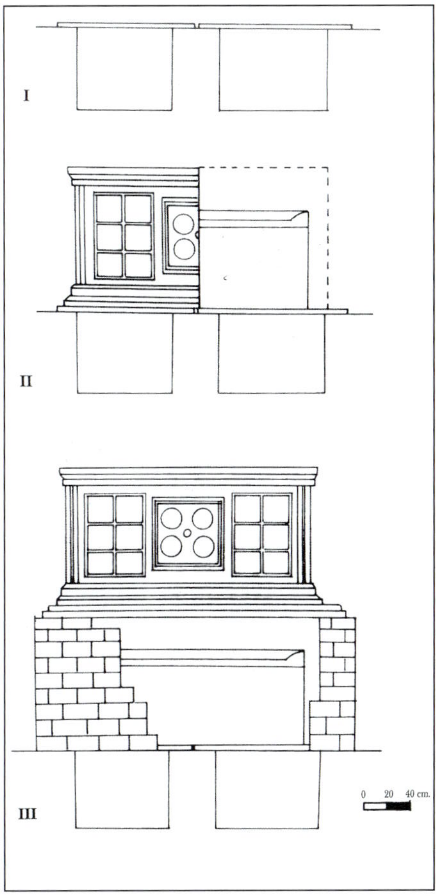

Fig. 17 - Milan, Saint-Ambroise, présentations successives des corps saints par rapport à l'autel : 1. Époque paléochrétienne; 2. Épiscopat d'Angilbert II (824-859); 3. Début du XIe siècle (d'après G. Righetto, « Scavi ottocenteschi in S. Ambrogio... », *op. cit.* note 31, p. 146).

que leur emplacement était incompatible avec la pente primitive de la toiture des travées adjacentes. La différence entre les maçonneries de l'abside et celles des absidioles, entièrement en brique, avait également valeur de preuve à ses yeux [63]. Mais quelles maçonneries Landriani a-t-il pu observer ? Que restait-il à son époque des absidioles ? Sans doute quelques vestiges seulement dont, bien qu'ils n'aient jamais fait l'objet d'une véritable étude, l'historiographie a tenu pour acquis l'unité conceptuelle et matérielle avec l'abside. Hélas, les deux chapelles ont été entièrement reconstruites lors des restaurations du XIXe siècle (vers 1884), à partir des traces retrouvées sous le pavement. Le plan du recueil Bianconi conservé à la Biblioteca Trivulziana et attribué à Francesco Maria Richino (fig. 25) – le plus rigoureux des plans anciens connus – montre que les deux absidioles avaient déjà disparu au XVIIe siècle en raison de la construction de la sacristie des chanoines

a

b

Fig. 18 a et b - Milan, Saint-Ambroise, entrée de l'abside : chapiteaux en stuc surmontés des symboles des Évangélistes Luc (a) et Marc (b), dessin de Gaetano Landriani (Milan, Castello Sforzesco, Gabinetto dei Disegni, inv. RB 1142-1143).

Cl. L. C. Schiavi.

Fig. 19 - Milan, Saint-Ambroise, travée de chœur, intérieur, côté nord, peintures imitant un décor de marbre (*crustae*).

du côté nord et du percement d'une porte du côté sud. Seule l'absidiole nord avait conservé sa partie droite, de plan carré [64]. Un précieux dessin de Gaetano Landriani (fig. 26) illustre la découverte de sa partie semi-circulaire : celle-ci n'était conservée qu'au niveau des fondations mais il subsistait encore en un endroit une petite amorce de maçonnerie comportant de minces lésènes semblables à celles de l'abside [65]. En revanche, la relation stratigraphique entre ce mur semi-circulaire, l'abside et la paroi contiguë de la travée du chœur n'a fait l'objet d'aucune observation.

Comme l'a signalé à plusieurs reprises Landriani, seule la travée droite de l'absidiole nord conservait encore sa voûte d'arêtes d'origine. Celle-ci a été intégralement reconstruite après les destructions de 1943 mais les archives de Saint-Ambroise conservent une photographie montrant son appareil, plutôt régulier, et ses retombées sur des triples ressauts d'angle (fig. 27). La comparaison avec les techniques de construction des voûtes de la crypte du Saint-Sépulcre de Milan (vers 1030), récemment restaurées et débarrassées de leurs enduits, tendrait à assigner aux chapelles latérales de Saint-Ambroise une date voisine [66].

Ainsi, le célèbre chevet de Saint-Ambroise, considéré comme le modèle de tant de basiliques du début de l'époque romane situées dans la zone d'influence de l'Église milanaise [67], apparaît plutôt, en définitive, comme le résultat d'une lente élaboration qui ne trouva son aboutissement que vers l'an mil, avec l'adjonction

Fig. 20 - Milan, Saint-Ambroise, abside, fenêtre latérale avec son encadrement en stuc d'époque ottonienne encore conservé, relevé de Gaetano Landriani (Milan, Archivio della Basilica di Sant'Ambrogio).

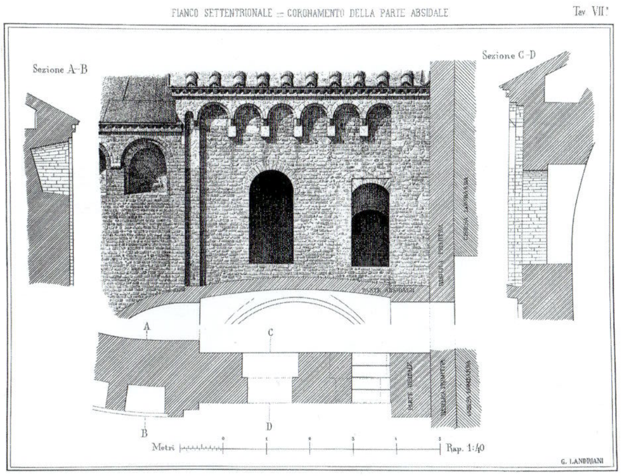

Fig. 21 - Milan, Saint-Ambroise, travée de chœur, extérieur, relevé du mur nord (d'après Landriani 1889, Tav. VII).

Fig. 22 - Milan, Saint-Ambroise, travée de chœur, extérieur, à droite vestige du mur nord et à gauche départ de l'abside avec la première niche après le bombardement du 15 août 1943 (Milan, Archivio della Basilica di Sant'Ambrogio).

Cl. L. C. Schiavi.

Fig. 23 - Milan, Saint-Ambroise, travée de chœur, extérieur, mur nord, état actuel.

Cl. L. C. Schiavi.

Fig. 24 - Milan, Saint-Ambroise, travée de chœur, extérieur, côté sud, état actuel.

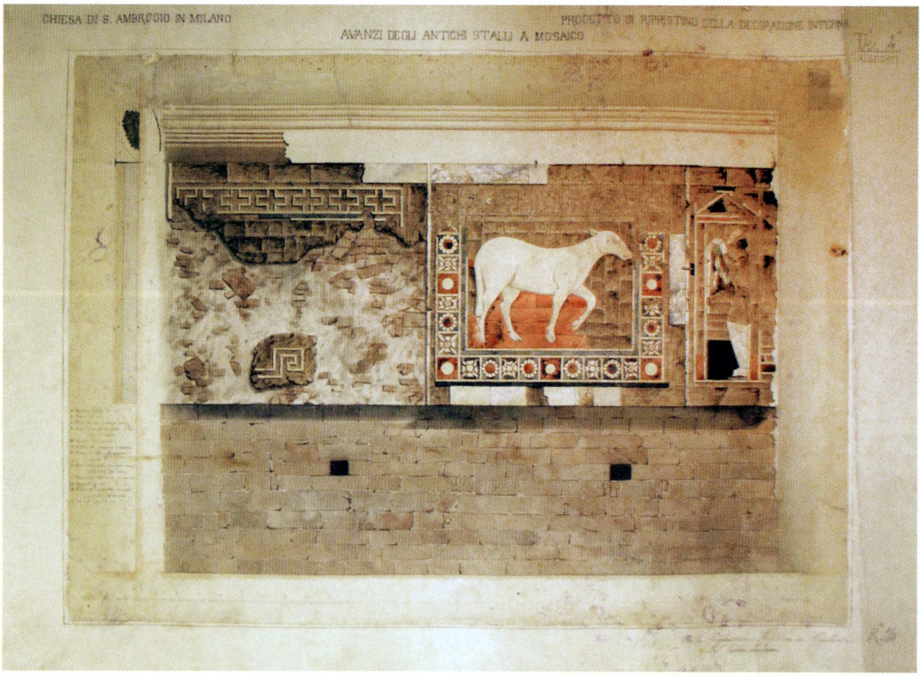

Fig. 13 - Milan, Saint-Ambroise, Agneau en *opus sectile* retrouvé sur le mur de l'abside lors des restaurations du XIXe siècle, relevé aquarellé de Gaetano Landriani (Milan, Archivio della Basilica di Sant'Ambrogio).

Fig. 14 - Milan, Saint-Ambroise, Agneau en *opus sectile* provenant de l'abside, dessin de Fernand de Dartein (d'après Dartein 1865, *Atlas*, pl. 32).

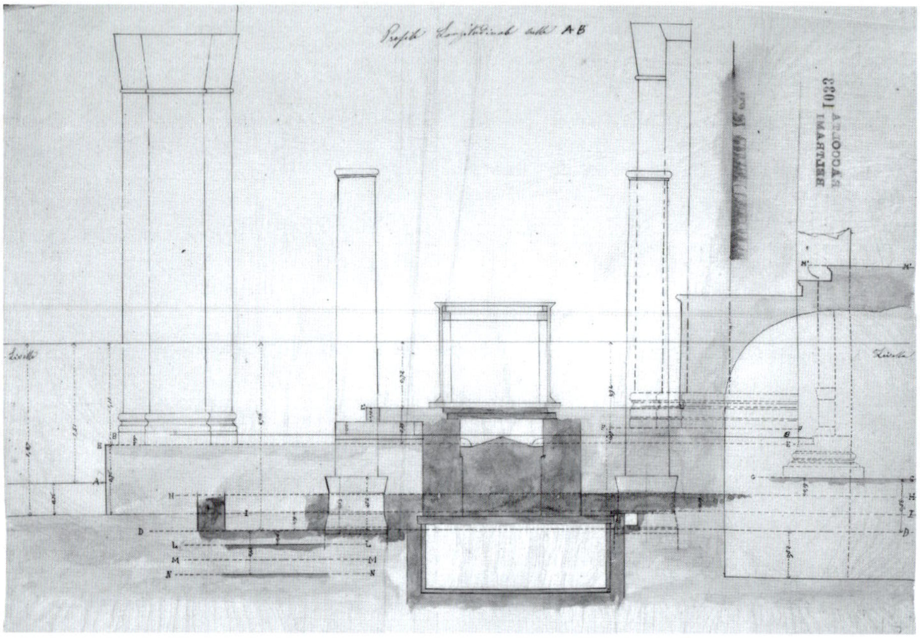

Fig. 15 - Milan, Saint-Ambroise, coupe transversale du sanctuaire et de l'autel avec les niveaux de pavement découverts lors des travaux du XIXe siècle, *su carta da lucido* (Milan, Castello Sforzesco, Gabinetto dei Disegni, inv. RB 1033).

et formels qui ne permettent pas d'envisager une datation antérieure à la fin du Xe siècle.

Cette crypte avait-elle été précédée par une autre, encore plus ancienne? L'absence de tout vestige archéologique interdit de se prononcer formellement mais cette éventualité a peut-être été rejetée un peu trop vite. Jean-Charles Picard a en effet signalé la présence, à la fin du IXe siècle, de la sépulture des évêques Anselme II et Landolfo I [44] près de l'autel de sainte Marcelline [45], qui était situé jusqu'au début du XIXe siècle dans la partie orientale de la crypte [46]. Or, selon cet auteur, cet autel devait sans doute déjà occuper la même place à l'époque carolingienne [47]. Bien qu'elle soit aujourd'hui impossible à démontrer, l'hypothèse d'une crypte antérieure à l'époque romane [48] impliquerait une révision complète du système de datation des différents éléments du décor du chevet, la construction de la crypte-halle détruite

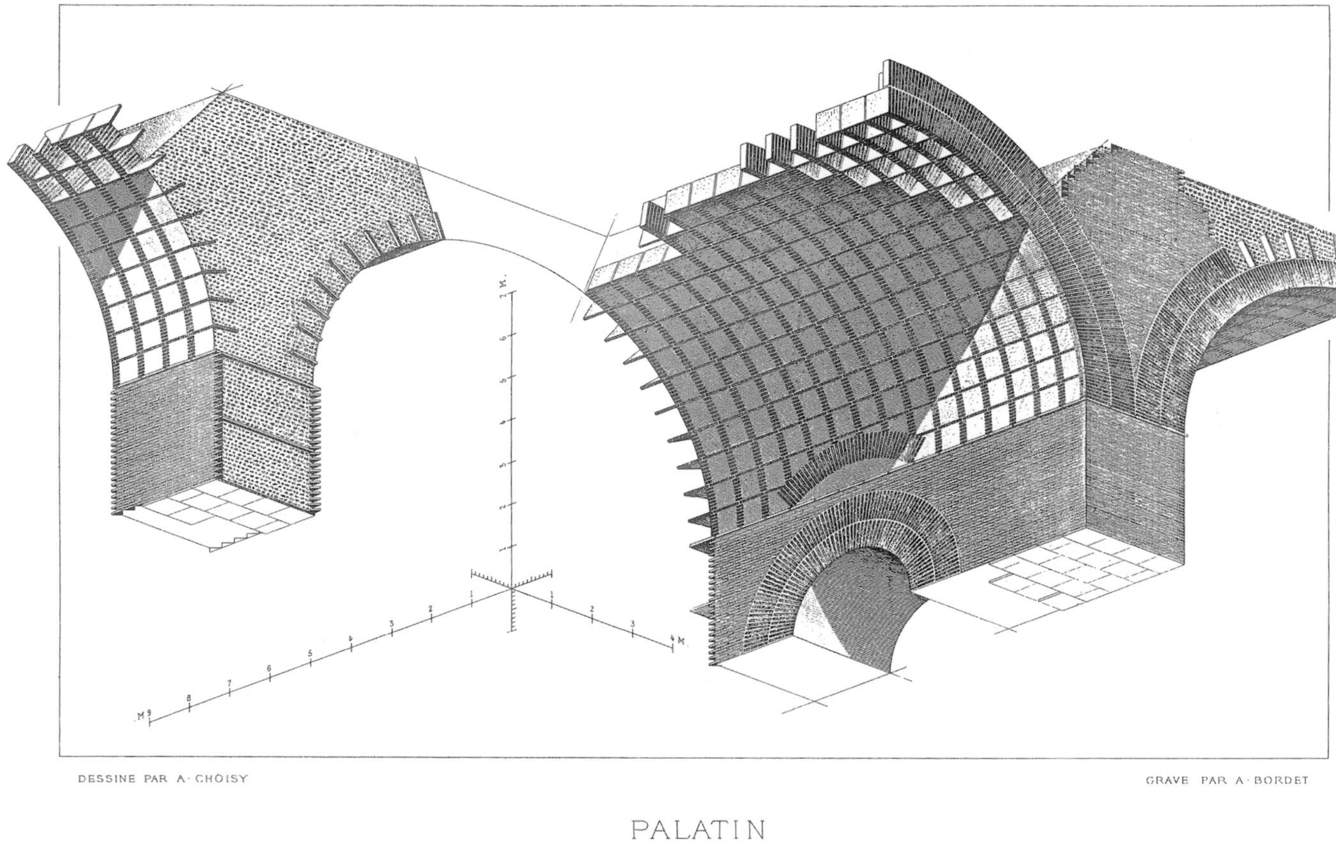

Fig. 29 - Schéma de construction d'une voûte en berceau d'époque romaine en *opus caementicium* (d'après A. Choisy, *L'art de bâtir chez les Romains*, *op. cit.* note 74, pl. III).

à un noyau plus ancien de parties voûtées d'arêtes retombant sur des ressauts d'angle – solution caractéristique de l'architecture protoromane en Italie du Nord.

Il ne fait guère de doute que l'analyse de la voûte en berceau de la travée droite précédant l'abside aurait été déterminante. Cette voûte fut malheureusement détruite lors des bombardements, dans la nuit du 15 août 1943 (fig. 28). Néanmoins, Gaetano Landriani vient là encore à notre secours, avec la description qu'il en a donnée dans son ouvrage de 1889, description qui, de manière étonnante, est restée longtemps ignorée [68] :

« La voûte en berceau de la travée située entre l'abside principale et la nef est construite selon un système mixte qui n'est pas sans rappeler le mode de construction romain des voûtes dites coffrées ou coulées : de place en place, des rangées de grandes briques et de tuiles romaines dont on a retaillé le bord, allant de l'intrados à l'extrados, en lient solidement l'ensemble. Elles sont intercalées avec des parties composées de petits moellons (presque des fragments), noyés dans un mortier abondant et d'excellente qualité ; de sorte que la voûte soit divisée en autant de sections en blocage alternant avec d'autres, en grandes briques ; ceci a été vérifié lors de la restauration [69]. »

Il s'agit là d'une information de première main car Landriani qui, depuis plusieurs années, supervisait seul le chantier, avait lui-même travaillé à la réfection de la toiture du chevet [70]. Il n'existe malheureusement pas d'autres sources car la *Relazione* de Mgr Rossi s'arrête en 1876 [71] et les investigations faites *in situ* par Dartein sont antérieures à 1869 [72]. On peut néanmoins se fier au témoignage de Landriani, observateur aussi compétent que scrupuleux du monument. Il faudrait certainement, si on le suit, remettre en question beaucoup de nos certitudes sur le chevet de Saint-Ambroise. La technique décrite renvoie indéniablement à une pratique romaine attestée depuis le Ier siècle, celle des voûtes construites en *opus caementicium*, avec une armature de briques *semilateres* ou *bipedali* régulièrement espacées qui déterminait des caissons dans lesquels on coulait le blocage (*caementicium*) [73]. Il serait intéressant de connaître les références bibliographiques utilisées par Landriani pour sa description de la voûte en berceau de Saint-Ambroise : n'est-ce pas une coïncidence curieuse que, quelques années avant ses travaux à la couverture du chœur de la basilique milanaise, Auguste Choisy – confrère éminent de Dartein et, comme lui, élève de Léonce Raynaud – ait publié une étude des voûtes romaines en *opus caementicium* dans son fameux ouvrage intitulé *L'art de bâtir chez les Romains* (fig. 29) [74], ouvrage qui fut longtemps une référence et dont les remarquables planches connurent une large diffusion ? Or deux d'entre elles, consacrées aux arcs du Colisée et du Palatin, illustrent

Fig. 30 - Milan, Saint-Ambroise, travée de chœur, côté nord, la fenêtre située sous le départ de la voûte en berceau, après le bombardement du 15 août 1943 (Milan, Archivio della Basilica di Sant'Ambrogio).

parfaitement la description de la voûte du chœur de Saint-Ambroise faite par Landriani.

Cette voûte s'étant effondrée en août 1943, il est aujourd'hui impossible de vérifier les précieuses informations fournies par Landriani, si ce n'est à travers des photographies des ruines – parfois inédites – conservées dans les archives de Saint-Ambroise (fig. 30). Seul le départ de la voûte y est visible mais on devine un appareil en brique, différent de celui décrit par Landriani, et qui semble homogène [75]. Il est pourtant très probable que les restaurateurs du XIXe siècle, comme ils le firent pour la plupart des voûtes des bas-côtés de la nef [76], optèrent pour la reconstruction complète de celle du chœur. C'était du moins ce que pensait Arthur Kingsley Porter, en raison de l'enduit récent qui recouvrait l'extrados [77].

Je ne connais, ni en Italie ni ailleurs, aucun autre édifice roman dans lequel aurait été adoptée la technique *formacea* décrite par Landriani. Le coffrage de voûtes en blocage était certes une technique connue des constructeurs lombards du XIe siècle, comme l'atteste à la fin du siècle le bel exemple des voûtes d'arêtes de la crypte de San Fermo, à Vérone [78] mais la technique employée à Saint-Ambroise est tout autre parce que le blocage y est coffré dans des caissons délimités par des briques et que la largeur inhabituelle de l'espace à couvrir – plus de douze mètres – posait bien d'autres problèmes. En substance, la technique adoptée ne me semble pas relever de la problématique des expériences romanes sur le voûtement, et encore moins de celles d'une période plus ancienne comme la seconde moitié du Xe siècle [79]. Et on se fatiguerait inutilement à chercher des exemples d'une telle technique dans des édifices du haut Moyen Âge, qu'ils soient d'époque longobarde ou carolingienne [80].

Il faut, avant de tirer quelque conclusion que ce soit – et de nouveau avec l'aide de Gaetano Landriani – revenir rapidement sur les caractères constructifs de l'abside de Saint-Ambroise, notamment sur la rangée de niches qui la couronnent (fig. 31). En effet, ce sujet central dans les études sur les débuts de l'architecture romane fut partiellement à l'origine du mythe de la primauté formelle et « technologique » du chantier de Saint-Ambroise, dans le contexte de l'architecture « lombarde ». Rappelons que, en 1939, la question des niches de l'abside était au cœur de l'essai de Verzone puisque c'était leur présence qui justifiait son attribution du chevet de Saint-Ambroise à la seconde moitié du XIe siècle. Son approche était d'ordre purement technique. Loin d'être des éléments décoratifs, les niches étaient en effet pour lui un expédient constructif : il s'agissait non seulement d'une technique d'allègement de la maçonnerie dans la zone comprise entre l'extrados du cul-de-four et la toiture, mais aussi d'un support pour cette dernière, qui était directement posée sur la voûte, et – ce point est particulièrement important pour l'abside de Saint-Ambroise – d'un système d'épaulement visant à assurer la stabilité de la calotte absidale en chargeant ses reins [81].

Gaetano Landriani nous a livré une analyse pionnière des niches de l'abside de Saint-Ambroise, dont il décrit les voûtes d'origine comme étant des petits berceaux en forme de cône, rampants sur l'extrados du cul-de-four et convergents à son sommet (fig. 32). Il nous apprend aussi que ces voûtes avaient été détruites entre 1836 et 1838 lors d'un rehaussement lié à la réfection de la toiture [82], rehaussement qui figure sur la coupe longitudinale réalisée par Ferdinando Cassina quelques années plus tard (fig. 33). La restitution de Landriani était fondée sur les quelques traces encore visibles à la jonction entre le cul-de-four de l'abside et le berceau du chœur. Les petites voûtes dont il parle ne sont donc pas celles qui, à l'extérieur,

Cl. L. C. Schiavi.

Fig. 31 - Milan, Saint-Ambroise, abside, extérieur, côté sud, couronnement avec la rangée de niches (aujourd'hui obturées).

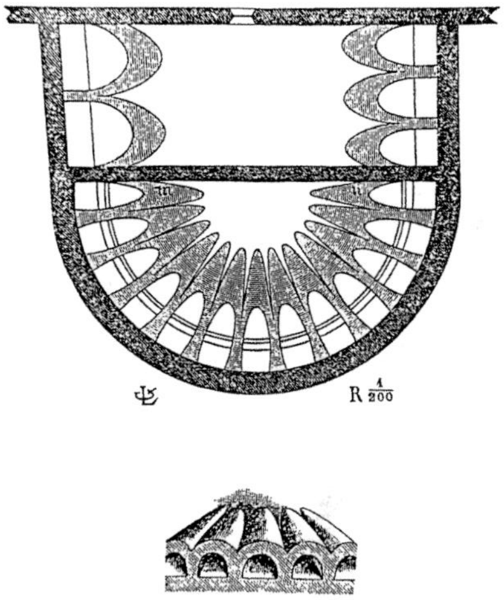

Fig. 32 - Milan, Saint-Ambroise, schéma des petites voûtes rampantes en forme de cône sous la toiture de l'abside et du chœur (d'après Landriani 1889, p. 11).

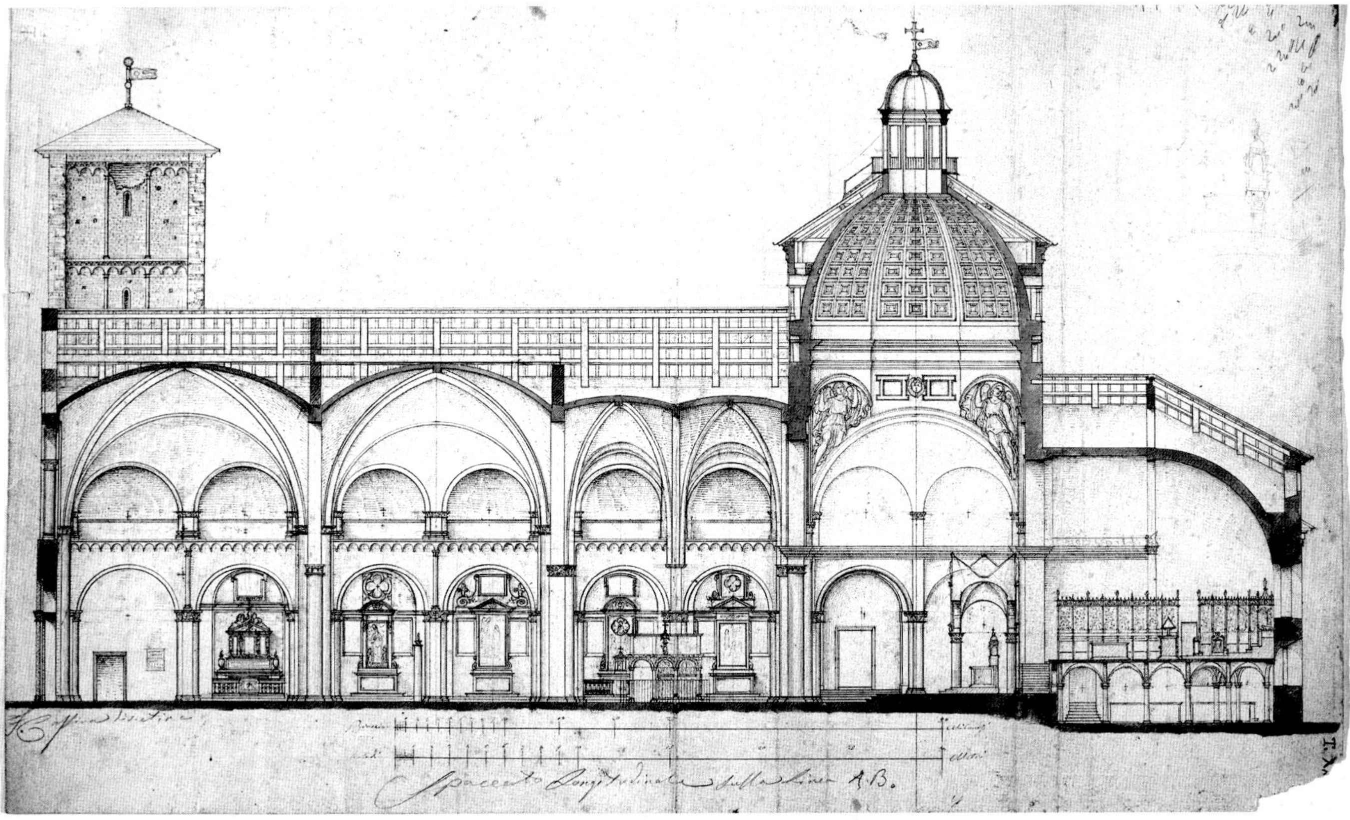

Fig. 33 - Milan, Saint-Ambroise, coupe longitudinale par Ferdinando Cassina, vers 1840 (Milan, Castello Sforzesco, Gabinetto dei Disegni, inv. RB 1132r).

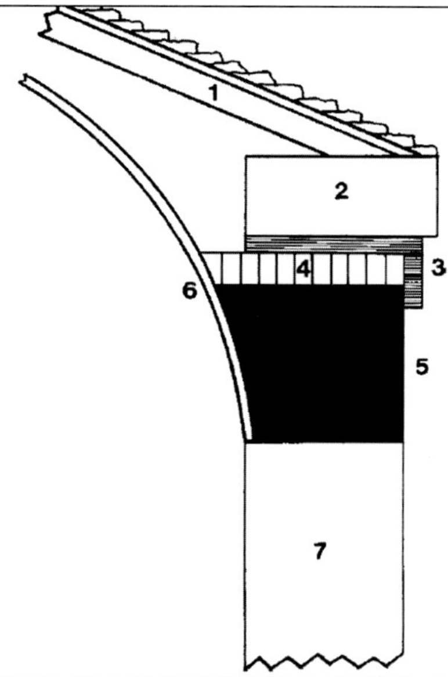

Drawing 4. Cross section of Milanese early eleventh-century apse: (1) roof beams, (2) wall with decorative string-courses, (3) corbel table with bricks laid length-wise (stretchers), (4) arches with radially laid bricks, (5) open niches, (6) half dome, (7) wall.

Fig. 34 - Schéma des niches d'abside lombardes du XIe siècle (d'après C. E. Armi, *Design and Construction in Romanesque Architecture…*, *op. cit.* note 84, p. 82).

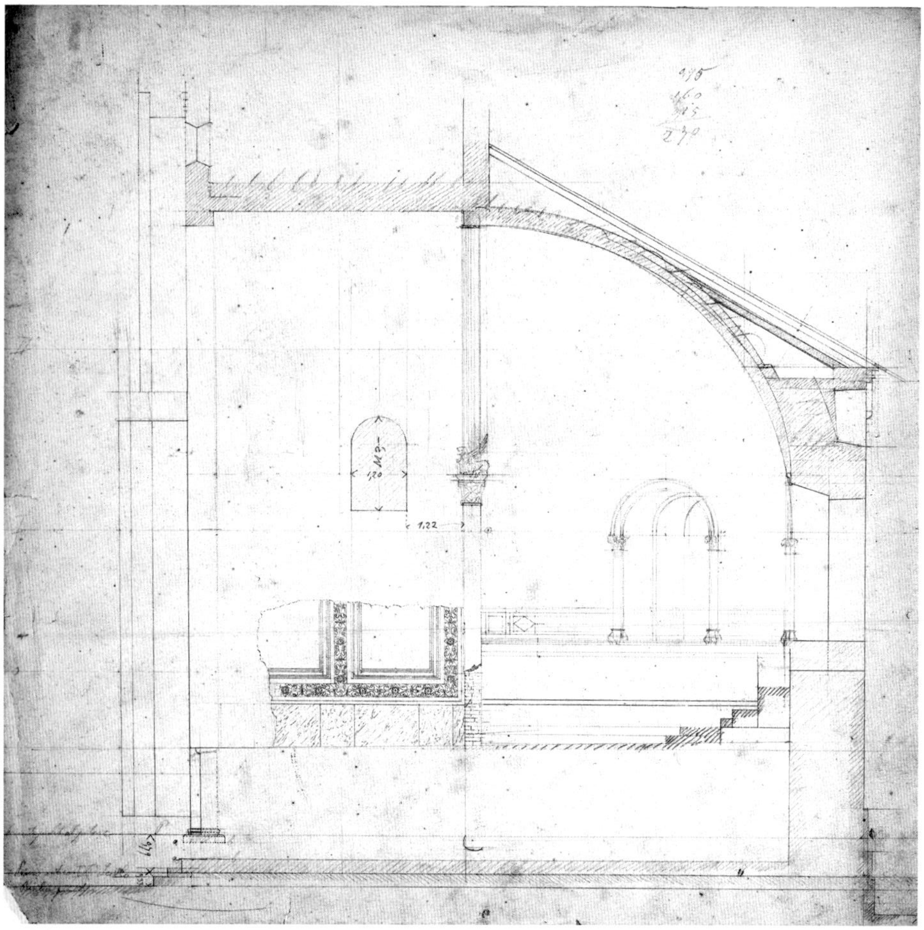

Fig. 35 - Milan, Saint-Ambroise, coupe longitudinale de l'abside et du chœur par Gaetano Landriani (Milan, Castello Sforzesco, Gabinetto dei Disegni, inv. RB 1138). Landriani a représenté sur cette coupe inédite les petites voûtes rampantes en forme de cône situées sous la toiture, au-dessus de la rangée de niches.

semblaient être des niches (aujourd'hui murées) : il s'agissait de tout autre chose. Ces informations ne furent que partiellement comprises, ce qui entraîna une fausse idée de la structure des niches, assimilées à des petites voûtes en berceau perpendiculaires au mur de pourtour, comme le montrent la coupe longitudinale de Dartein [83] et divers autres documents (fig. 34) [84]. Le schéma n'est en fait pas totalement inexact mais il ne vaut que pour des absides de petites dimensions. Dans le cas d'absides de plus grande ampleur, comme celle de Saint-Ambroise, les petites voûtes en berceau ouvertes sur l'extérieur auraient été dépourvues de réelle fonction : elles n'auraient contribué ni à épauler la voûte en cul-de-four ni à soutenir la toiture, à la différence des voûtes rampantes qui étaient construites au-dessus d'elles – et qui, rappelons-le, ont disparu dès le début du XIXe siècle (fig. 35).

Un dispositif de petites voûtes rampantes comparable à celui de Saint-Ambroise est en revanche conservé à Santo Stefano de Vimercate (fig. 36), église paroissiale du diocèse de Milan édifiée dans les premières décennies du XIe siècle sur le modèle de Saint-Ambroise [85]. Son abside, large de plus de dix mètres, était couronnée d'une rangée de niches qui ont récemment été obturées par un enduit appliqué lors d'une restauration fâcheuse. L'examen de l'extrados des voûtes de l'église de Vimercate permet une excellente analyse du système, qu'il s'agisse de la voûte en berceau de la travée de chœur – qui conserve l'empreinte des tuiles romaines posées directement sur elle – ou du cul-de-four de l'abside où subsistent les vestiges de quelques petites voûtes rampantes en forme de cône (fig. 37), tout à fait semblables à celles que Landriani a dessinées à Saint-Ambroise.

L'intime connexion qui, à Saint-Ambroise, existe entre les niches du pourtour de l'abside, les voûtes rampantes supportant le poids de la toiture et le cul de four lui-même conduit à privilégier l'idée d'une réalisation du début de l'époque romane, idée confortée par l'appareil de l'extrados du cul-de-four (fig. 38) : il s'agit d'un agencement plus ou moins régulier de briques de remploi

Fig. 25 - Milan, Saint-Ambroise, chevet, plan et coupe transversale, dessin attribué à Francesco Maria Richino, détail (Milan, Archivio Storico Civico e Biblioteca Trivulziana, coll. Bianconi, T. IV, dessin n° 4).

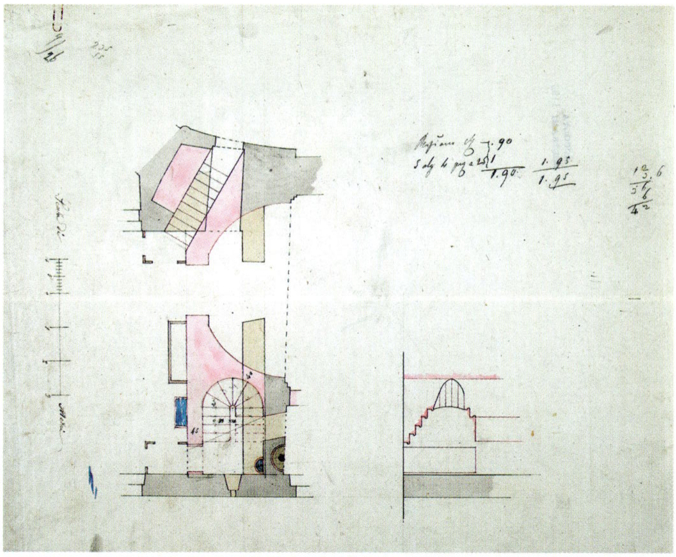

Fig. 26 - Milan, Saint-Ambroise, bas-côté nord, plan de la travée orientale avec les fondations de l'absidiole semi-circulaire, relevé de Gaetano Landriani (Milan, Castello Sforzesco, Gabinetto dei Disegni, inv. RB 1163).

Fig. 27 - Milan, Saint-Ambroise, travée précédant l'absidiole nord, la voûte d'arêtes avant les restaurations d'après-guerre (Milan, Archivio della Basilica di Sant'Ambrogio).

Fig. 28 - Milan, Saint-Ambroise, la travée de chœur après le bombardement du 15 août 1943 (Milan, Archivio della Basilica di Sant'Ambrogio).

Cl. L. C. Schiavi.

Fig. 36 - Vimercate, Santo Stefano, chevet, état actuel, vue extérieure.

Cl. L. C. Schiavi.

Fig. 37 - Vimercate, Santo Stefano, abside, extrados du cul-de-four, partie basse, avec les vestiges des petites voûtes rampantes en forme de cône.

Cl. L. C. Schiavi.

Fig. 38 - Milan, Saint-Ambroise, abside, extrados du cul-de-four, partie haute.

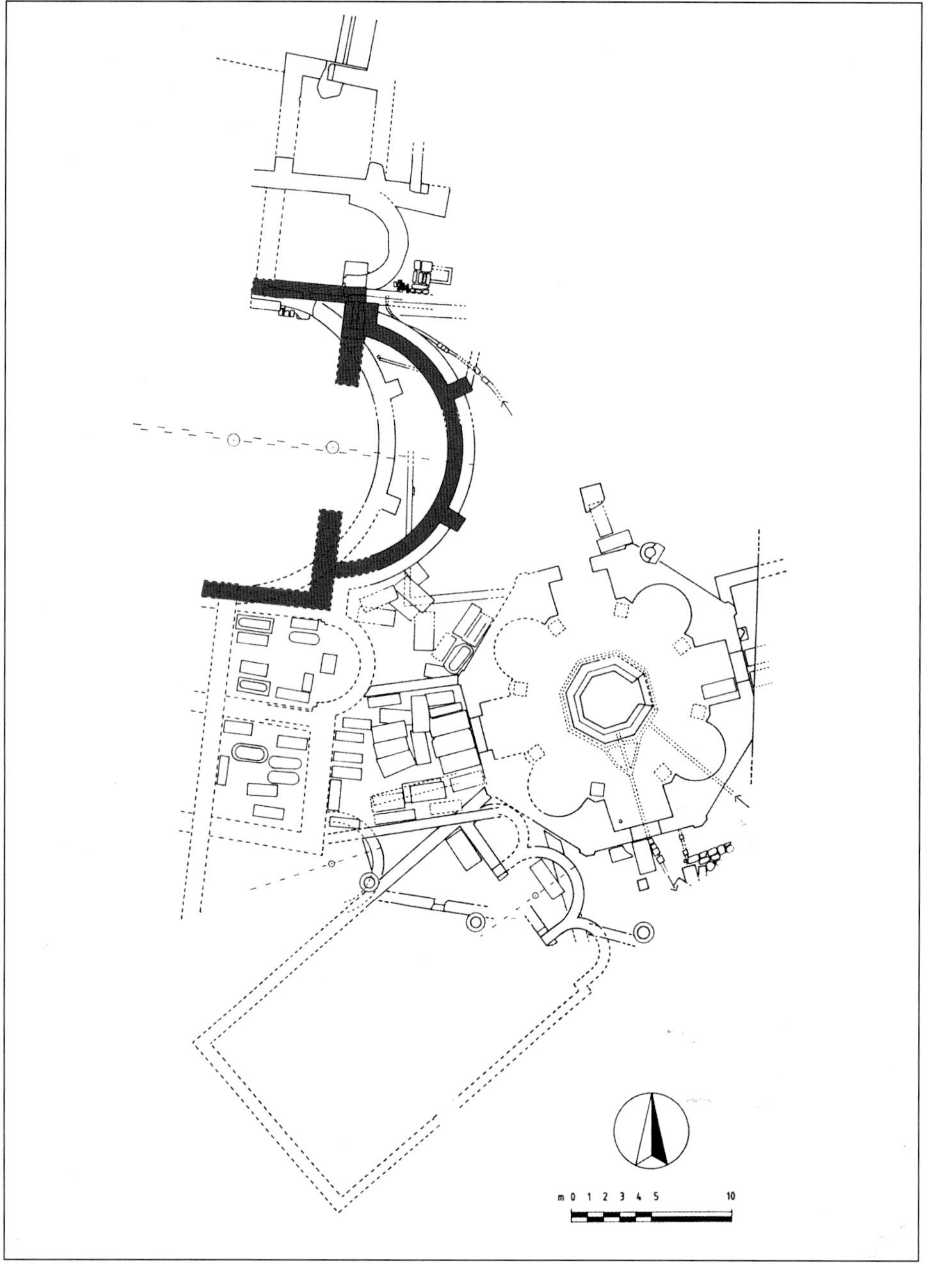

Fig. 39 - Milan, cathédrale Sainte-Thècle, plan de la partie orientale avec le baptistère San Giovanni alle Fonte. En gris : la reconstruction du chevet à l'époque de l'évêque Lorenzo (s. n.).

parmi lesquelles on distingue quelques briques *sesquipedales* entières, le plus souvent disposées de manière à ce que leur tête (qui mesure environ 30 cm) soit visible. Au-dessus d'un socle en gradins, se succèdent jusqu'aux trois-quarts de la hauteur des assises concentriques qui comportent quelques segments en arêtes de poisson. En revanche, les briques de la partie supérieure de la voûte sont disposées de manière rayonnante.

Notons ici que, dans le schéma qu'il a publié, Landriani a étendu le système des niches de l'abside à la voûte en berceau de la travée droite précédant celle-ci, ce qui est probablement l'une des rares erreurs qu'il ait commises (voir fig. 32). Il restituait en effet treize petites voûtes de forme conique au-dessus du cul-de-four de l'abside et cinq au-dessus de la voûte en berceau du chœur (deux du côté sud et trois au nord). Considérée comme exacte, cette restitution de Landriani a été souvent reproduite [86], ce qui a contribué à faire de Saint-Ambroise un monument emblématique du *premier art roman* qui aurait été imité – y compris pour sa travée de chœur dotée de niches – en Lombardie (à Santo Stefano de Vimercate) mais aussi bien au-delà (à Amsoldingen en Suisse ou à Sant Vicenç de Cardona en Catalogne). Pourtant, le dessin publié est probablement fautif : lorsqu'on compte le nombre total des niches de l'abside (en réalité dix-huit et non treize), vient le soupçon que Landriani pourrait avoir confondu les deux extrémités de l'abside avec des portions de mur appartenant en fait à la travée droite. Au demeurant, la présence ou non de petites voûtes rampantes doit être rapportée au type de la voûte sous-jacente : il est évident qu'un berceau en *opus caementicium* aurait moins appelé un renfort de cette nature qu'un cul-de-four en brique. L'absence de ces petites voûtes sur la travée droite précédant l'abside pourrait aussi être l'indice d'une différence de mode de couvrement dans les deux parties du chevet [87] et s'expliquer par une différence de date.

Peut-on d'ores et déjà – de manière très synthétique – proposer quelques conclusions ? En premier lieu, le chevet de Saint-Ambroise apparaît comme tout sauf homogène. Diverses données d'ordre archéologique et matériel – fruit, pour partie, des méticuleuses observations faites sur le chantier de restauration par Gaetano Landriani et Fernand de Dartein, pour partie des recherches menées dans les archives de ce dernier par Tancredi Bella et pour partie de l'étude de sources documentaires jusqu'à présent peu ou pas exploitées – tendent à prouver l'antériorité du corps central du chevet par rapport à ses travées latérales. Pour Landriani, l'écart chronologique entre les deux campagnes de travaux était faible (entre le VIIe et le VIIIe siècle). La construction en *opus caementicium* de la voûte en berceau du chœur, qui conduit à attribuer une ancienneté bien plus grande à cette travée, est cependant un argument technique déterminant. Il y a déjà quelques d'années, Carlo Bertelli avait avancé une idée intéressante : celle d'un remaniement du

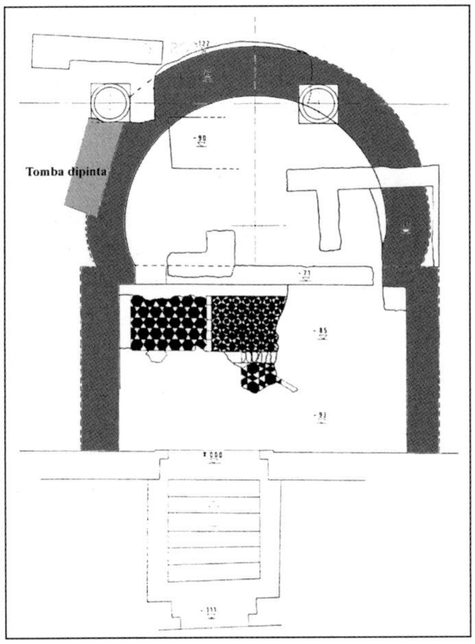

Fig. 40 - Milan, Saint-Ambroise, plan de la chapelle à abside outrepassée découverte après-guerre par Fernandino Reggiori à l'extrémité du bas-côté nord de la basilique (Lusuardi Siena 2009, d'après F. Reggiori, *La basilica di S. Ambrogio*, *op. cit.* note 18, p. 94).

chœur de la *basilica martyrum* à la fin du Ve siècle, à l'initiative de l'archevêque Lorenzo I (489-507/511) [88], prélat dont le généreux évergétisme à *Mediolanum*, après les destructions perpétrées par Odoacre, est attesté grâce au témoignage d'Ennodius Ticinensis [89]. Le poète ne célèbre, à vrai dire, que les interventions de l'archevêque à San Lorenzo, à San Calimero et à la cathédrale. Le fait qu'il ne mentionne pas expressément son activité de bâtisseur à Saint-Ambroise pourrait donc aller à l'encontre de notre hypothèse, mais la présence dans l'abside, *ab antiquo*, de l'Agneau en *opus sectile* et de l'ange datant du début du VIe siècle, tend à la conforter [90].

Lorenzo I aurait érigé au-devant de l'abside une travée droite couverte d'une voûte en berceau coffrée, solution qui était encore techniquement possible à son époque. Certes, un tel parti peut de prime abord paraître étonnant mais l'exemple de Saint-Ambroise n'était peut-être pas un *unicum* en son temps. En dépit des incertitudes qui subsistent, un plan comparable pourrait avoir été adopté au Ve siècle à Vicence, lors de la deuxième phase de construction de la basilique des Saints-Félix-et-Fortunat [91]. Il est en revanche certain qu'à Milan, la basilique de San Simpliciano comportait bien une travée rectangulaire devant l'abside [92]. Toutefois, ce sont surtout les travaux de Lorenzo à la cathédrale Sainte-Thècle qui doivent retenir l'attention (fig. 39) : l'archevêque y fit en effet construire une nouvelle abside, implantée à l'est de celle de la première basilique et précédée d'une travée rectangulaire, suivant un parti qui, semble-t-il, n'était guère différent de celui de Saint-Ambroise [93].

À cette époque, la travée de chœur de Saint-Ambroise était-elle, elle aussi, encadrée d'annexes latérales (*prothesis* et *diakonikon*) ? Les quelques indices – aujourd'hui invérifiables – fournis par l'iconographie ancienne attestent seulement l'existence d'une phase protoromane dans les absidioles – rappelons que celles-ci ne sauraient être antérieures à l'époque du grand archevêque bâtisseur que fut Aribert d'Intimiano (1018-1045). Quoi qu'il en soit, l'arcade en brique située du côté sud du chœur – ultérieurement condamnée par l'insertion de la crypte – devait ouvrir sur une salle de petites dimensions, dont la hauteur était sans doute limitée par la présence des fenêtres latérales relevées par Landriani. Le mur de fondation découvert devant l'absidiole sud – dont Landriani a souligné « le caractère indéniablement antique » – pourrait être mis en relation avec cette salle [94]. Du côté nord, la restitution d'une structure symétrique doit tenir compte de la présence de la chapelle du Ve ou du VIe siècle, orientée nord-sud, découverte après la Seconde Guerre mondiale par Ferdinando Reggiori (fig. 40 et 41) [95]. Lors de sa construction, ce *sacellum* devait déjà donner sur l'espace qui s'étendait à l'est du bas-côté nord de la *basilica martyrum*. Il fut abandonné avant le début du Xe siècle si l'on en juge par la découverte à son emplacement d'une tombe peinte datée de cette époque [96].

Les travaux de Lorenzo I à Saint-Ambroise visaient à exalter le prestige épiscopal et à doter le sanctuaire le plus important de la ville – et aussi la *basilica*

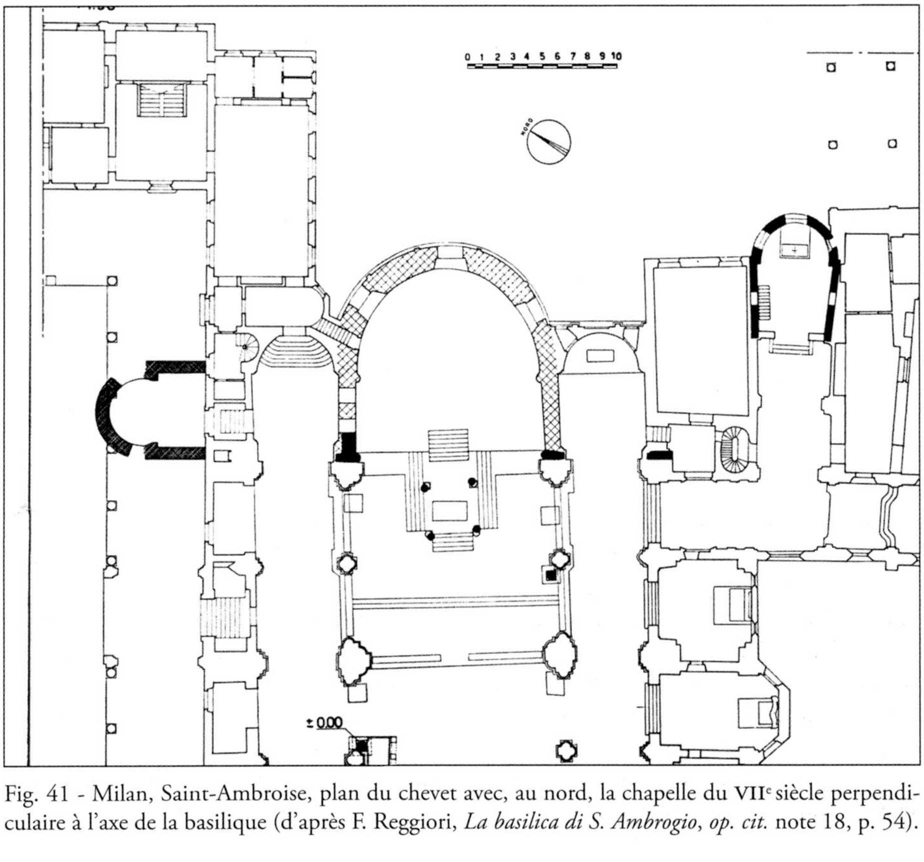

Fig. 41 - Milan, Saint-Ambroise, plan du chevet avec, au nord, la chapelle du VIIe siècle perpendiculaire à l'axe de la basilique (d'après F. Reggiori, *La basilica di S. Ambrogio*, *op. cit.* note 18, p. 54).

maior du groupe cathédral – d'un espace monumental (*chorus* et *tribunal*) [97] offrant un cadre propice aux offices solennels qui y étaient célébrés par l'évêque et le haut clergé lors des vigiles et de la fête du saint – offices chantés qui existaient déjà du temps d'Ambroise [98]. Ces travaux de remaniement apparaissent comme l'expression milanaise de cette dynamique qui conduisait alors à modifier les rapports spatiaux entre l'arc triomphal, l'autel et la chaire, en agrandissant et en isolant l'espace réservé au clergé, illustration de cette volonté de « mise en valeur du sanctuaire » définie par Verzone dont témoignent par excellence les sanctuaires, amplifiés et encadrés par des chapelles latérales, de Santa Maria Formosa de Pula (Croatie) et de Saint-Apollinaire-in-Classe [99].

La possibilité d'une phase de travaux imputable à l'archevêque Lorenzo I renvoie inévitablement à notre point de départ : la survivance, jusqu'au XIXe siècle, du mur-pignon tardo-antique que Landriani et Dartein ont vu à l'entrée du chœur. Sans doute faudrait-il se demander s'il n'aurait pas fait partie d'une structure transversale – une sorte de transept – liée à la vocation martyrielle de ce secteur de la basilique.

En dépit des grands travaux qu'il diligenta à Saint-Ambroise, Lorenzo I choisit d'être enterré dans une autre église, celle de San Lorenzo – un saint qu'il ne pouvait que vénérer profondément –, auprès de laquelle il avait fait construire une petite chapelle dédiée à saint Sixte [100]. Ce choix ne saurait surprendre car Saint-Ambroise ne commença à accueillir les sépultures des évêques qu'à partir de la fin du VIIe siècle, au temps des évêques Mansueto et Benedetto ; même Angilbert II, qui fit pourtant réaliser d'importants travaux d'embellissement sur le tombeau d'Ambroise, choisit comme dernière demeure terrestre la basilique Saint-Nazaire [101].

La construction des petites travées voûtées d'arêtes précédant les deux absidioles est attribuée, rappelons-le, à l'archevêque Aribert d'Intimiano. Dans le même temps, l'abside – œuvre présumée de Lorenzo I – fut l'objet d'une importante reprise : sans doute, suivant l'excellente proposition d'Adriano Peroni [102], son mur extérieur fut-il doublé comme – la coïncidence est intéressante – ce fut aussi le cas vers la même époque à l'abside de la cathédrale Sainte-Thècle – qui, rappelons-le, avait été construite par le même Lorenzo. La complexité de la solution adoptée à Saint-Ambroise, avec la rangée de niches en cul-de-four abritées sous une arcature, ne semble pas autoriser une mise en œuvre antérieure aux années 1010 [103] ; il en est de même du système de petites voûtes rampantes en forme de cône cachées sous la toiture qu'il convient de rapporter à cet intérêt pour l'expérimentation technique propre à l'architecture romane naissante. Le cul-de-four de l'abside – dont l'extrados est désormais visible – doit également être rattaché à la campagne de travaux d'Aribert, ce qui n'est pas sans incidence sur la datation de la mosaïque du cul-de-four, probable réplique iconographique de celle de la basilique antique (avec le remploi de quelques fragments).

J'ai avancé ailleurs l'idée – et ce n'est pas le lieu ici d'en refaire la démonstration – que toute une série d'initiatives d'Aribert, dont la rénovation du chevet de Saint-Ambroise, pourraient avoir été liées à son projet de faire couronner Conrad II à Milan [104], évènement qui, comme le suggère l'inscription que le même Aribert fit apposer sur une précieuse dalmatique d'Ambroise [105], aurait eu pour théâtre la *basilica martyrum*.

Quoi qu'il en soit, c'est sous l'épiscopat d'Aribert d'Intimiano que le chevet de Saint-Ambroise trouva sa forme définitive et qu'il fut en mesure de s'imposer en tant que modèle technique et formel de l'architecture régionale : à partir de cette époque, de nombreuses églises, situées dans le diocèse de Milan mais aussi dans une zone plus large, historiquement et culturellement liée à l'Église ambrosienne, reprirent son chevet, en allant parfois jusqu'à réaliser une réplique fidèle du nouveau *facies* de l'antique *basilica martyrum*. Deux églises paroissiales, celles de San Pietro d'Agliate et de Santo Stefano de Vimercate, témoignent ainsi de la volonté de leurs constructeurs d'associer une nef *néo-paléochrétienne* à trois vaisseaux (et à files de colonnes dans le cas d'Agliate) et un chevet relevant d'une nouvelle conception, copié jusque dans le moindre détail sur celui de Milan.

Le scénario exposé ici, fondé sur la possibilité que la travée de chœur de Saint-Ambroise puisse être attribuée à la fin du Ve siècle ou au début du VIe, présente *in fine* l'avantage de n'entrer en conflit ni avec l'attribution des stucs du ciborium à l'époque ottonienne ni avec le réaménagement corrélatif du sanctuaire : l'exhaussement du sol après l'insertion d'une crypte – qui n'était pas nécessairement celle que Federico Borromeo a décrite au XVIIe siècle – et la surélévation de l'autel.

Une conclusion s'impose au terme de cette analyse : le chevet de Saint-Ambroise acquit sa forme actuelle en quelque cinq siècles à travers l'agrégation de parties collatérales – voûtées d'arêtes – à un noyau central beaucoup plus ancien, en recourant à des solutions aussi savantes qu'audacieuses, à même de préserver et de transmettre les *memoriae* qui s'étaient accumulées au fil du temps et qui, à commencer par l'extraordinaire programme figuré de la mosaïque absidale, étaient toutes chargées d'une très forte valeur dévotionnelle, religieuse et politique.

Traduit de l'italien par
François Arnauld et Éliane Vergnolle

BIBLIOGRAPHIE

Architettura dell'XI secolo 2013
Architettura dell'XI secolo nell'Italia del Nord: storiografia e nuove ricerche, Atti del convegno internazionale, Pavia, 8-10 aprile 2010, Anna Segagni Malacart et Luigi Carlo Schiavi (dir.), Pise, 2013.

Bella 2009
Tancredi Bella, « Fernand de Dartein e Gaetano Landriani nel cantiere di restauro della basilica di Sant'Ambrogio a Milano », *Arte Lombarda*, 157, 3, 2009, p. 72-87.

Bella 2013
Tancredi Bella, *La basilica di S. Ambrogio a Milano. L'opera inedita di Fernand de Dartein*, Milan, 2013.

Beretta 2016-2017
Manuella Beretta, *Il mosaico absidale della basilica di Sant'Ambrogio in Milano. Storia dei restauri e nuove ipotesi interpretative*, Tesi di Dottorato in Studi Umanistici, Tradizione e Contemporaneità, Università Cattolica del Sacro Cuore di Milano, Cycle XXVII, AA 2016-2017.

Bertelli 1986
Carlo Bertelli, « Mosaici a Milano », dans *Milano e i Milanesi prima del Mille*, Atti del 10° congresso internazionale di Studi sull'Alto Medioevo, Milano 26-30 settembre 1983, Spolète, 1986, p. 333-351.

Cattaneo 1888
Raffaele Cattaneo, *L'architettura in Italia dal secolo VI alle mille circa: ricerche storico-critiche*, Venise, 1888 (trad. fr. : *L'architecture en Italie du VIe au XIe siècle*, Venise, 1890).

Dartein 1865
Fernand de Dartein, *Étude sur l'architecture lombarde et sur les origines de l'architecture romano-byzantine*, Paris, 1865.

Landriani 1889
Gaetano Landriani, *La basilica ambrosiana fino alla sua trasformazione in chiesa lombarda a volte*, Milan, 1889.

Lusuardi Siena 2009
Silvia Lusuardi Siena, « Tracce archeologiche della "depositio" dei santi Gervasio e Protasio negli scavi ottocenteschi in Sant'Ambrogio », dans *Ambrogio e la sua basilica*, Atti del quarto dies academicus, Milano, 31 marzo-1 aprile 2008 (*Studia Ambrosiana*, III, 2009), p. 125-153.

Millenio ambrosiano 1987
Il millennio ambrosiano, I, *Milano una capitale da Ambrogio ai carolingi*, Carlo Bertelli (dir.), Milan, 1987.

Millennio ambrosiano 1988
Il millennio ambrosiano, II, *La Città del vescovo dai Carolingi al Barbarossa*, Carlo Bertelli (dir.), Milan, 1988.

Peroni 1974
Adriano Peroni, « La plastica in stucco nel S. Ambrogio di Milano: arte ottoniana e romanica in Lombardia », dans *Kolloquium über spätantike und frühmittelalterliche Skulptur*, III, V. Milojčić (dir.), Mayence, 1974, p. 59-119.

Picard 1988
Jean-Charles Picard, *Le souvenir des évêques. Sépultures, listes épiscopales et culte des évêques en Italie du Nord des origines au Xe siècle*, Rome, 1988.

Porter 1915-1917
Arthur Kingsley Porter, *Lombard Architecture*, 4 vol., Londres-New Haven, 1915-1917.

Verzone 1942
Paolo Verzone, *L'architettura religiosa dell'alto Medio Evo nell'Italia settentrionale*, Milan, 1942.

Verzone 1974
Paolo Verzone, « *Questioni santambrosiane* », dans Atti del terzo convegno nazionale di archeologia cristiana, Aquileia-Grado-Concordia-Udine-Cividale, 27 maggio-1 giugno 1972, Trieste, 1974, p. 297-306.

NOTES

* Maître de conférences, université de Pavie (Italie).

1. Je tiens à remercier avant tout Mgr Carlo Faccendini, abbé de Saint-Ambroise, ainsi que Mgr Biagio Pizzi, d'avoir facilité mes recherches et mon travail *in situ*, ainsi que tous les enseignants et collègues qui m'ont aidé à formuler mon propos avec rigueur : Cesare Alzati, Tancredi Bella, Manuela Beretta, Simone Caldano, Arturo Calzona, Dario Gallina, Manuela Gianandrea, Werner Jacobsen, Giorgio Milanesi, Marco Petoletti, Fabio Scirea, Anna Segagni, Alessandro Taddei, Miriam Rita Tessera, Gianpaolo Trevisan et Éliane Vergnolle. Je voudrais, enfin, exprimer ma vive gratitude à Éliane Vergnolle et à François Arnauld pour leur impeccable traduction du texte italien.

2. Donatella Ronchetta, *Paolo Verzone 1902-1986 tra storia dell'architettura restauro archeologia*, Turin, 2005 ; Francesco Paolo Fiore, article « Paolo Verzone », dans *Enciclopedia Italiana*, V, Appendice, Rome, 1995, p. 755 ; Daria De Bernardi Ferrero, « Paolo Verzone », *Bollettino Storico-bibliografico Subalpino*, 85, 1987-2, p. 671-673.

3. Paolo Verzone, « L'architettura romanica nel Novarese », *Bollettino Storico per la Provincia di Novara*, 26, 1932, p. 203-226 et 427-458 ; 29, 1935, p. 301-353 ; 30, 1936, p. 61-128 et 215-250 ; *id.*, *L'architettura romanica nel Vercellese*, Verceil, 1934.

4. Cattaneo 1888.

5. Porter 1915-1917 ; Josep Puig i Cadafalch, *Le premier art roman*, Paris, 1928 ; *id.*, *La geografia i els origens del primer art romànic*, Barcelone, 1930.

6. Paolo Verzone, « Arthur Kingsley Porter », *Bollettino della Società Piemontese di Archeologia e Belle Arti*, anno XVIII, n. 1-2, janvier-juin 1934, p. 139 ; voir Paolo Mighetto, *La storia come scavo della realtà architettonica. Paolo Verzone (1902-1986): un percorso di ricerca*, thèse de doctorat, XI Ciclo, Politecnico di Torino, Storia e critica dei beni architettonici e ambientali, Micaela Viglino Davico et Daria De Bernardi Ferrero (dir.), 1999, p. 36-38.

7. Porter 1915-1917, t. I, p. 227 *sq.* (bien que l'auteur date San Vincenzo in Prato de l'époque carolingienne) et t. II, p. 584 et 595. Pour Verzone, la datation de San Pietro d'Agliate et de San Vincenzo in Prato après l'an mil repose sur la présence, dans les travées précédant les chapelles latérales et dans les cryptes des deux édifices, de voûtes d'arêtes retombant sur des ressauts, un argument qu'il avait déjà développé : Paolo Verzone, « Nuove ricerche sull'origine della basilica lombarda a volte », *Cronache d'arte*, 5, 1928, p. 267-284 ; *id.*, « L'origine della volta lombarda a nervature », dans *Atti del IV convegno nazionale di storia dell'architettura*, Milan, 18-25 juin 1939, Milan, [1940], p. 53-64.

8. Sur la place de Puig i Cadafalch dans l'étude du roman lombard, voir Xavier Barral i Altet, « J. Puig i Cadafalch : le premier art roman entre idéologie et politique », dans *Medioevo: arte lombarda*, Atti del Convegno Internazionale di Studi, Parma, 26-29 aprile 2001, Arturo Carlo Quintavalle (dir.), Milan, 2004, p. 33-41 et, surtout, Éliane Vergnolle, « Le "premier art roman", de Josep Puig i Cadafalch à nos jours », dans *Le « premier art roman » cent ans après. La construction entre Saône et Pô autour de l'an mil. Études comparatives*, Actes du Congrès international de Baume-les-Messieurs et Saint-Claude, 17-21 juin 2009, Éliane Vergnolle et Sébastien Bully (dir.), Besançon, 2012, p. 17-64. C'est en 1926 que fut publiée l'une des contributions majeures de l'historiographie allemande sur l'architecture lombarde de l'époque romane : Paul Frankl, *Baukunst des Mittelalters. Die frühmittelalterliche*

und romanische Baukunst, Wildpark-Potsdam, 1926, suivie de peu par la publication du jeune Richard Krautheimer, « Lombardische Hallenkirchen im XII. Jahrhundert », *Jahrbuch für Kunstwissenschaft*, 5, 1928, p. 176-191. On doit des travaux d'une grande tenue à Susanne Steinmann-Brodtbeck, « Herkunft und Verbreitung des Dreiapsidenchores: Untersuchungen im Hinblick auf die karolingischen Saalkirchen Graubündens », *Zeitschrift für schweizerische Archäologie und Kunstgeschichte*, 1, 1939, p. 65-94 et, la même année, à Hans Thümmler, « Die Baukunst des 11. Jahrhunderts in Italien », *Römisches Jahrbuch für Kunstgeschichte*, 3, 1939, p. 141-226. À signaler enfin Erwin Kluckhohn, « Gestalt und Geschichte der Ambrosiuskirche in Mailand », *Mitteilungen des Kunsthistorischen Institutes in Florenz*, 6, 1-2, 1940-1941, p. 73-97, sans doute l'une des meilleures études parues au siècle dernier sur la basilique Saint-Ambroise.

9. Wart Arslan, *L'architettura romanica veronese*, Vérone, 1939 ; Eugenio Olivero, *Architettura preromanica e romanica nell'archidiocesi di Torino*, Turin, 1940 ; Ferdinando Reggiori, *La Basilica Ambrosiana. Ricerche e restauri 1929-1940*, Milan, 1941 ; Gino Chierici, *La chiesa di S. Satiro a Milano e alcune considerazioni sull'architettura preromanica in Lombardia*, Milan, 1942, l'année même où Gaetano Panazza soutenait à Pavie sa tesi di laurea sur l'art médiéval dans la région de Brescia, aussitôt publiée : Gaetano Panazza, *L'arte medioevale nel territorio bresciano*, Bergame, 1942. Le paysage milanais avait été défriché par une étude plus utile pour l'histoire et l'archéologie que pour l'architecture, celle de Giovanni Galbiati, *Il tempio dei Crociati e degli Oblati. San Sepolcro dell'Ambrosiana*, Milan, 1930. Voir également Costantino Baroni, *San Simpliciano abazia benedettina*, Milan 1934 ; Aristide Calderini, *La zona monumentale di S. Lorenzo in Milano*, Milan, 1934.

10. Le 10 octobre 1934, Giovannoni prononça lors du congrès préliminaire de Naples un discours exemplaire qui fut publié deux ans plus tard en appendice des actes du Congrès de Florence : Gustavo Giovannoni, *Mete e metodi nella storia dell'architettura italiana*, Atti del I Congresso Nazionale di Storia dell'Architettura, Firenze, 29-31 ottobre 1936, Florence, 1938, p. 273-283 : « [...] Quand un philosophe comme Croce compare la technicité architecturale aux limites qui définissent toute œuvre d'art, comme le cadre d'un tableau ou les quatre pages d'une lettre de Mme de Sévigné, ou quand un professeur d'histoire de l'art comme Venturi s'attarde sur l'analyse des feuilles et des caulicoles d'un chapiteau du palais d'Urbino, qui serait plus probablement l'œuvre d'un obscur sculpteur lombard que celle de Luciano di Laurana, les arguments propres à l'histoire de l'architecture sont évidemment absents, et la méthode est absente » (p. 275). Voir aussi Gustavo Giovannoni, *La figura artistica e professionale dell'architetto*, Florence, 1929 ; *id.*, « Il metodo nella storia dell'architettura », *Palladio*, III, 1939, p. 77-79. Voir également Giacomo Agosti, « Dall'archivio di Adolfo Venturi: alcune testimonianze sui dialoghi con Gustavo Giovannoni », *Bollettino del Centro di Studi per la Storia dell'Architettura*, XXXVI, 1990, p. 142-146 ; Giovanni Gasbarri, « Un tenace ardire costruttivo. Gustavo Giovannoni e la questione delle origini dell'architettura medievale in Italia », dans *Gustavo Giovannoni e l'architetto integrale*, Atti del Convegno Internazionale, Roma, 25-27 novembre 2015, Giuseppe Bonaccorso et Francesco Moschini (dir.), Rome, 2019, p. 119-124.

11. Verzone 1942, p. 115-116. Cette datation repose sur la concordance entre le niveau d'assiette des bases des colonnes de la nef et celui des colonnes du ciborium, daté du IXe siècle par Verzone (pour qui les stucs ne seraient en revanche que de la seconde moitié du XIe siècle). L'hypothèse selon laquelle les colonnes n'appartiendraient pas à l'église d'Ambroise mais à une reconstruction au haut Moyen Âge a été reprise par Michelangelo Cagiano de Azevedo, *Una ipotesi circa la originaria basilica di S. Ambrogio a Milano*, Naples, 1972, p. 37-39 ; elle fut ensuite contestée par Adriano Peroni, « La basilica di S. Ambrogio dalle origini all'altomedioevo: sguardo retrospettivo dalla rinascita romanica », dans *1660 anni della basilica ambrosiana*, Atti del convegno di studi, Milano, 31 maggio 1986, Milan, 1986, p. 20 ; Dale Kinney, « Le chiese paleocristiane di *Mediolanum* », dans *Millennio ambrosiano* 1987, p. 68 ; Lusuardi Siena 2009, p. 128. Sur la découverte archéologique de la basilique à files de colonnes au XIXe siècle, voir enfin Silvia Lusuardi Siena, Elisabetta Neri et Paola Greppi, « Le chiese di Ambrogio e Milano. Ambito topografico ed evoluzione costruttiva dal punto di vista archeologico », dans *La memoria di Ambrogio di Milano: usi politici di una autorità patristica in Italia, secc. V-XVIII*, Patrick Boucheron et Stéphane Gioanni (dir.), Rome, 2015, p. 62 *sq.*

12. Voir note 32.

13. P. Mighetto, *La storia come scavo della realtà architettonica...*, *op. cit.* note 6, p. 70 *sq.*

14. Verzone 1974.

15. « Le grand mur du fond de l'église, terminé à l'extérieur en frontispice selon la pente du toit (pl. V), dans lequel sont pratiquées trois ouvertures ouvrant sur les travées précédant les absides, est épais de près de 55 cm : auparavant les toitures des nefs s'appuyaient sur lui (pl. II et III) et ultérieurement celles des travées précédant les absides (pl. IV) ; il sépare actuellement *des fondations jusqu'à la toiture* [nous soulignons] en deux parties distinctes, la partie absidale du chevet » (Landriani 1889, p. 9). Cette observation est importante mais il ne reste aujourd'hui au rez-de-chaussée plus aucune trace des segments de mur qui émergeaient du pourtour au nord et au sud, murs qui figurent sur un plan inédit de Landriani conservé dans les archives de Saint-Ambroise. Le mur dont parle Landriani ne doit pas être confondu avec celui de la fin du Moyen Âge qui supportait le *tiburio* reconstruit vers 1200 et qui, jusqu'à sa destruction en 1507, fermait complètement la partie du chœur transformée en trésor (voir Beretta 2016-2017, p. 40-43).

16. « Ce type de basilique est typique de l'Orient, notamment de la Grèce et de l'Asie Mineure ; on en connait quelques exemples à Rome (Saint-Laurent et Sainte-Agnès), érigés pendant l'occupation byzantine » (Landriani 1889, p. 305).

17. Ayant rejeté l'hypothèse d'une tribune au IVe siècle, Landriani attribuait le percement des fenêtres du pan de mur-pignon à la campagne de reconstruction « lombarde » de la nef (Landriani 1889, p. 14). Mario Mirabella Roberti, *Milano romana*, Milan, 1984, p. 120, fait état de l'hypothèse de Verzone, sans la commenter. En revanche, Richard Krautheimer la rejeta dans l'édition italienne – enrichie de mises à jour bibliographiques – de l'*Architettura paleocristiana e bizantina*, Turin, 1986, p. 226. La restitution de tribunes dans la basilique d'Ambroise n'avait pas non plus convaincu D. Kinney, « Le chiese paleocristiane... », *op. cit.* note 11, p. 68, ni Maria Elena Colombo et Brian Howes, « La *basilica Martyrum* », dans *La città e la sua memoria. Milano e la tradizione di sant'Ambrogio*, cat. exp. Milan, 1997, p. 85. La question n'est pas abordée par Giuliana Righetto, « S. Ambrogio e S. Vittore in Ciel d'Oro. La *basilica Martyrum* », dans *Milano capitale dell'impero romano 286-402 d.C.*, cat. exp. Milan, 1990, p. 127-129.

18. Ferdinando Reggiori, *La basilica di S. Ambrogio*, Milan, 1966, p. 76. Il s'agit d'une partie du mur d'un peu plus d'un mètre de large, en fragments de *sesquipedale* de remploi ; l'épaisseur exceptionnelle des lits de mortier (près de 3 cm) suggère une construction tardo-antique.

19. Voir par exemple Gino Traversi, *Architettura paleocristiana milanese*, Milan, 1964, p. 107 ; M. Mirabella Roberti, *Milano romana*, *op. cit.* note 17, p. 120 ; M. E. Colombo et Br. Howes, « La *basilica Martyrum* », *op. cit.* note 17, p. 85.

20. Sur Gaetano Landriani, voir *in primis* la nécrologie signée par Luca Beltrami, « Gaetano Landriani », *Archivio Storico Lombardo*, fasc. 22, serie 3, vol. 11, 1899, p. 459-482. Sur son activité sur le chantier de Saint-Ambroise, voir l'excellent travail de Carlo Capponi et Stefano Della Torre, « La basilica di S. Ambrogio in Milano », dans *La parabola del restauro stilistico nella rilettura di sette casi emblematici*, Giuseppe Fiengo, Amedeo Bellini et Stefano Della Torre (dir.), Milan, 1994, p. 181-244 ; Carlo Capponi, « Le trasformazioni della basilica e i restauri tra Otto e Novecento », dans *La basilica di S. Ambrogio: il tempio ininterrotto*, Maria Luisa Gatti Perer (dir.), Milan, 1995, p. 223-239 ; *id.*, « Gaetano Landriani (1837-1899), architetto restauratore. Linee per una biografia », dans *Milano restaurata. Il monumento e il suo doppio*, Gabriella Guarisco (dir.), Milan, 1995, p. 65-67 ; *id.*, « Gaetano Landriani mite restauratore », dans *Gaetano Landriani. Architettura e restauro a Milano dopo l'Unità*, Roberto Cassanelli et Gabriella Guerci (dir.), Cinisello Balsamo, 1998, p. 31-43 ; Roberto Cassanelli, « Note sulla fortuna dell'architettura romanica milanese nell'Ottocento. Gaetano Landriani e Sant'Ambrogio », *ibid.*, p. 59-63 ; mais surtout Bella 2009.

21. Parmi les nombreuses contributions de Tancredi Bella, voir son incontournable ouvrage : Bella 2013. Plusieurs articles de Marie-Thérèse Camus sont consacrés à Dartein et à la découverte, il y a quelques années, de son fonds d'archives. Voir principalement *Fernand de Dartein. La figura, L'opera, L'eredità 1838-1912*, Gabriella Guarisco (dir.), Florence, 2012 (*Quaderni di Ananke*, 4).

22. Porter 1915-1917, II, p. 595. Raffaele Cattaneo qui avait finalement rejeté l'attribution au IXe siècle de la reconstruction de la nef et de l'atrium pour placer celle-ci vers 1117, maintenait en revanche avec fermeté la datation de l'époque carolingienne du chevet, pendant l'épiscopat d'Angilbert II (Cattaneo 1888, p. 199-203).

23. On trouvera une récapitulation très commode des diverses datations proposées au fil du temps dans Paola Greppi, *Cantieri, maestranze e materiali nell'edilizia sacra a Milano dal IV al XII secolo. Analisi di un processo di trasformazione*, Florence, 2016, p. 55. Sans viser à l'exhaustivité, on peut y ajouter l'ouvrage de Marcel Durliat, *L'art roman*, Paris, 1982, p. 604 (début du XIe siècle) ; Werner Jacobsen, « Die Lombardei und die karolingische Architektur », dans *Milano e i milanesi prima del Mille (VIII-X secolo)*, Atti del X Congresso internazionale di studi sull'Alto Medioevo, Milano, 26-30 settembre 1983, Spolète, 1986, p. 432 (vers l'an 1000) ; Jens Reiche, « Kirchenbaukunst des 10. und frühen 11. Jahrhunderts in Italien », dans *Die Ottonen. Kunst-Architektur-Geschichte*, Klaus Gereon Beuckers, Johannes Cramer et Michael Imhof (dir.), Petersberg, 2002, p. 371-372 (fin du Xe siècle).

24. La mise en ordre de la vaste documentation opérée par Manuela Beretta constitue un remarquable instrument de travail (Beretta 2016-2017).

25. Outre Beretta 2016-2017, p. 81-184, voir Ferdinando Reggiori, « Il mosaico della grande abside di Sant'Ambrogio alla luce di recentissime osservazioni », dans *Studi in onore di Aristide Calderini e Roberto Paribeni*, III, Milan, 1956, p. 799-817 ; voir également *Il mosaico di Sant'Ambrogio. Storia del mosaico e dei suoi restauri (1843-1997)*, Milan, 1997 (en particulier Roberto Cassanelli, « Come lavorava un restauratore dell'Ottocento », p. 19-42) ; Elisabetta Neri, Tessellata vitrea *tardoantichi e medievali. Produzione dei materiali e loro messa in opera. Considerazioni generali e studio dei casi milanesi*, Turnhout, 2016, p. 280-296.

26. L'épisode, rapporté dans le *De virtutibus sancti Martini* de Grégoire de Tours, fait irruption dans l'hagiographie ambrosienne avec la *Vita* BHL 377, rédigée à la fin de l'époque carolingienne (Paolo Tomea, « Ambrogio e i suoi fratelli. Note di agiografia milanese altomedievale », *Filologia Mediolatina*, V, 1998, p. 149-187).

27. Bertelli 1986, p. 333-351. Voir également, du même auteur : « La decorazione musiva a Milano dall'età paleocristiana alla carolingia », dans *La pittura a Milano dall'Alto Medioevo al Tardogotico*, Mina Gregori (dir.), Milan, 1997, p. 11-30 ; *id.*, « Opere d'arte per la chiesa Ambrosiana » dans *Il mosaico di Sant'Ambrogio…*, *op. cit.* note 25, p. 6-18 ; *id.*, « Percorso tra le testimonianze figurative più antiche: dai mosaici di S. Vittore in Ciel d'Oro al pulpito della basilica », dans *La basilica di Sant'Ambrogio: il tempio ininterrotto*, *op. cit.* note 20, p. 339-387; *id.*, « Sant'Ambrogio da Angilberto II a Gotofredo », dans *Millennio ambrosiano* 1988, p. 16-81. Plusieurs hypothèses de Bertelli, accompagnées de nouvelles propositions – pas toujours convaincantes – ont récemment été développées : Ivan Foletti, « Del vero volto di Ambrogio. Riflessioni sul mosaico absidale di Sant'Ambrogio a Milano in epoca carolingia », *Arte Lombarda*, 57/3, 2012, p. 5-14; voir aussi Ivan Foletti et Irene Quadri, « L'immagine e la sua memoria. L'abside di Sant'Ambrogio e quella di San Pietro a Roma nel Medioevo », *Zeitschrift für Kunstgeschichte*, 76, 2013, p. 475-492 et, en dernier lieu, Ivan Foletti, *Oggetti, reliquie, migranti. La basilica ambrosiana e il culto dei suoi santi (386-972)*, Rome, 2018, p. 161 *sq.* Marco Petoletti revient à l'attribution de la mosaïque à l'épiscopat d'Angilbert II en raison de son iconographie, qu'il relie à celle de l'autel en or que celui-ci commanda à Volvinius (Marco Petoletti, « *"Urbs nostra"*: Milano nello specchio delle epigrafi arcivescovili dell'Alto Medioevo (sec. VIII-IX) », dans *Milano allo specchio. Da Costantino al Barbarossa, l'autopercezione di una capitale*, Ivan Foletti, Irene Quadri et Marco Rossi (dir.), Rome, 2016, p. 23-24.

28. Cette hypothèse a été avancée à diverses reprises, notamment par Adriano Peroni (Peroni 1974, p. 70). L'étude de Marco Petoletti, « Il patrimonio epigrafico al tempo di Ariberto da Intimiano », dans *La reliquia del sangue di Cristo. Mantova, l'Italia e l'Europa al tempo di Leone IX*, Glauco Maria Cantarella et Arturo Calzona (dir.), Mantoue-Vérone, 2012, p. 529-542, prouve l'apport fondamental d'autres disciplines à l'histoire de l'art – du moins lorsque celles-ci sont parfaitement maîtrisées. L'analyse des vers léonins à caractère élégiaque de la mosaïque (celui de gauche est conservé, celui de droite a été restitué à partir d'un manuscrit de Francesco Ciceri, *Inscriptiones antiquae et sepulcrales Mediolani, Modoetiae et Comi*), jusqu'alors négligés par la critique, et la représentation de Candida – sainte peu connue – dans l'un des trois panneaux situés sous le trône céleste ont amené Petoletti à avancer l'hypothèse d'un éventuel remaniement de la mosaïque au Xe ou au XIe siècle (c'est-à-dire au temps d'Aribert), sans exclure toutefois celle de la reprise, à cette époque, d'éléments iconographiques appartenant à une composition plus ancienne. Une complète révision de l'histoire de la mosaïque au début de l'époque romane s'avère donc indispensable.

29. Giovanni Pietro Puricelli, *Ambrosianae Mediolani basilicae ac monasterii hodie cisterciensis monumenta […]*, Mediolani, 1645, p. 133-134 ; Giorgio Giulini, *Memorie spettanti alla storia, al governo ed alla descrizione della città e della campagna di Milano ne' secoli bassi*, I, Milan, 1760, p. 222-223.

30. Déjà, Serviliano Latuada, *Descrizione di Milano […]*, t. IV, Milan, 1738, p. 294 et Giulio Ferrario, *Monumenti sacri e profani dell'imperiale e reale basilica di Sant'Ambrogio in Milano*, Milan, 1824, p. 159 *sqq.*, donnaient une seconde liste des suffragants milanais fournie par Muratori qui, au lieu des évêques de Pavie, Piacenza et Côme, insérait les ordinaires de Coire, Ivrée et Alba. La présence, dans la liste d'évêques de Puricelli, de celui de Pavie, conduirait à situer sa représentation à une date antérieure à la fin du VIIe siècle, quand le siège de *Ticinum* s'émancipa de fait de celui de Milan. La liste de Muratori induirait une datation un peu plus tardive, vers 843, lorsque l'évêché de Coire fut rattaché à la province ecclésiastique de Mayence. Pour Jean-Charles Picard, cette seconde liste est *la* liste exacte. Muratori l'avait en effet empruntée au codex Metropolitano ms. D II 2 28 du *Beroldus Novus*, dans lequel elle avait été transcrite en 1269 par Giovanni Boffa, sur l'ordre d'Orrico Scaccabarozzi (Picard 1988, p. 627). Sur ces sources de l'histoire de l'église milanaise, voir Giovanna Forzatti Golia, « Le raccolte di Beroldo », dans *Il duomo, cuore e simbolo di Milano*, Milan, 1977, p. 330-360, en particulier p. 350-357. Ainsi, de toute évidence, encore au XIIIe siècle, à un moment où la tribune de Saint-Ambroise était devenue le lieu de réunion des conciles milanais (voir Beretta 2016-2017, p. 40), on continuait d'utiliser – par référence à une vision légendaire et idéale de l'église milanaise – des listes de suffragants qui n'étaient plus d'actualité depuis des siècles. Ceci conduit pour le moins à ne pas écarter prématurément la possibilité que les peintures représentant les évêques de la province ecclésiastique soient plus tardives qu'on ne le pense généralement. Voir aussi Marco Rossi, *Milano e le origini della pittura romanica lombarda*, Milan, 2011, p. 13.

31. Dartein 1865, p. 79 ; Giuliana Righetto, « Scavi ottocenteschi in S. Ambrogio. La basilica ambrosiana in età paleocristiana e altomedievale nella "Cronaca dei restauri" di mons. Rossi », dans *La basilica di S. Ambrogio: il tempio ininterrotto*, *op. cit.* note 20, I, p. 141 *sq.*

32. Un important dessin de Fernand de Dartein, publié et commenté par Tancredi Bella montre que le parement est d'origine et que les grandes fenêtres de la crypte, qui avaient été agrandies et remaniées à l'époque du cardinal Erba Odescalchi, furent restituées au XIXe siècle selon une typologie romane (Bella 2013, p. 65, fig. 55). La continuité indiscutable entre le soubassement en pierre et la maçonnerie en brique de la partie supérieure avait déjà été notée par F. de Dartein (Dartein 1865, p. 80). Sur cette question, voir P. Greppi, *Cantieri, maestranze e materiali…*, *op. cit.* note 23, p. 56-57. Le rapprochement avec l'appareil du campanile des Moines est moins convaincant – il n'est d'ailleurs pas certain que celui-ci soit d'époque carolingienne (voir Gianpaolo Trevisan, « Campane e campanili nell'altomedioevo », dans *Del fondere campane. Dall'archeologia alla produzione. Quadri regionali per l'Italia settentrionale*, Atti del convegno di Milano, 23-25 febbraio 2006, Silvia Lusuardi Siena et Elisabetta Neri [dir.], Florence, 2007, p. 142). On observe dans ce soubassement une technique systématiquement employée, même en pleine période romane, à Milan (campaniles du Saint-Sépulcre et de San Simpliciano) mais aussi à Pavie (Torre Civica), fondée sur le remploi de blocs de pierre de grandes dimensions et de sarcophages remplis de blocage visant à renforcer la structure. De moindres dimensions que la plupart des autres exemples, les *spolia* de l'abside de Saint-Ambroise font plutôt l'effet d'un placage. Cette maçonnerie – si l'on admet la datation de cette partie de l'édifice autour de l'an mil – pourrait rappeler celle de grands édifices d'époque ottonienne ou salienne comme Gernrode ou Saint-Michel de Hildesheim (transept oriental). L'analyse de la partie de l'abside construite en brique est plus délicate, en raison des multiples remaniements et incrustations qui l'ont affectée ainsi que du grattage, lors de sa restauration, de l'épais enduit peint de fausses briques qui avait

été appliqué quelques décennies auparavant – opération qui a irrémédiablement fait disparaître toute trace du traitement originel de la *peau* des briques (Landriani 1889, p. 10, note 16).

33. *Ibid.*, p. 10.

34. Le relevé (635 mm sur 895 mm) est conservé aux archives de Saint-Ambroise (dessin n° 33) et je dois à Miriam Rita Tessera d'avoir pu l'analyser. Il a d'abord été publié par Fedinando Reggiori («Cimeli e capi d'arte della basilica ambrosiana poco noti o mal noti», dans *Ambrosiana. Scritti di storia, archeologia ed arte pubblicati nel XVI centenario della nascita di sant'Ambrogio*, Milan, 1942, pl. XIII), puis par Capponi («Le trasformazioni...», *op. cit.* note 20, p. 228); voir également Bella 2009; Bella 2013, p. 91. Sur les *crustae marmoree* de l'abside, voir M. Mirabella Roberti, *Milano romana*, *op. cit.* note 17, p. 120; Lusuardi Siena 2009, p. 133-134; Carlo Bertelli, «Introduzione», dans *Millennio ambrosiano* 1987, p. 17-21, avec une attribution à l'époque de l'évêque Lorenzo, qui procéda à la reconnaissance du corps d'Ambroise. Voir aussi Fabio Coden, «Nuove considerazioni sulla scultura ad incrostazione di mastice nel corso del medioevo», dans *Il colore nel medioevo: arte, simbolo, tecnica*, Atti delle Giornate di Studi, Lucca, 24-26 ottobre 2013, Lucques, 2016, p. 239.

35. Dartein 1865, p. 84-86 et pl. 32.

36. Les relevés fondamentaux de Gaetano Landriani (utilisés par Dartein pour la planche 45 de son *Atlas*) sont aujourd'hui conservés au Castello Sforzesco de Milan, dans la collection Beltrami. Ils ont été publiés et commentés pour la première fois par G. Righetto (*S. Ambrogio...*, *op. cit.* note 17, p. 128, et «Scavi...», *op. cit.* note 31, p. 141-147). Pour une synthèse des différentes hypothèses sur le mobilier du sanctuaire, voir Bella 2013, p. 125-134.

37. Ce à quoi Mgr Rossi s'était fermement opposé. Voir Carlo Capponi, «I restauri della basilica di S. Ambrogio», dans C. Capponi et St. Della Torre, *La basilica...*, *op. cit.* note 20, p. 187-188. On trouvera en annexe (p. 218), les mots très durs que le curé adressa aux membres de la Commission Artistique le 31 juillet 1870 : «[...] le soussigné ne reviendra pas sur son vote contre la modification du ciborium visant à l'aligner sur l'axe de la nef principale. Si, en dépit d'un vote certainement autorisé comme celui du Commendatore De Rossi, MM. les Membres de la Commission de restauration ambrosienne persistent dans leur décision [...] ils auront sur la conscience la violation d'une règle liturgique et l'effacement d'une mémoire sacrée, témoin inextinguible de l'antiquité du monument.»

38. Une sépulture privilégiée, qui contenait un matériel d'époque lombarde, fut dégagée en avant de l'autel lors de la réfection du pavement, en 1813 (voir Giovanni Labus, «Memoria sopra vari epitaffi, arredi e monumenti sepolcrali antichi [...]», *Commentari dell'Ateneo di Brescia*, 1816-1817, p. 42-50. Sur l'activité de Labus voir Maria Laura Tomea Gavazzoli, «Fra eredità antiquaria e museografia moderna. Il lapidario di S. Ambrogio dalle sillogi manoscritte alla letteratura delle Guide del primo Ottocento», dans *Studi di storia dell'arte in onore di Maria Luisa Gatti Perer*, Marco Rossi et Alessandro Rovetta (dir.), Milan, 1999, p. 429-446.

39. Silvia Lusuardi Siena, «I corpi dei santi Gervasio e Protasio e la sepoltura di Ambrogio», dans *La città e la sua memoria...*, *op. cit.* note 17, p. 98-103; Lusuardi Siena 2009, p. 140 *sq.* De manière intéressante, l'auteur propose d'attribuer à l'époque carolingienne le pavement R en *opus sectile* qui est à son avis dépourvu «des caractères propres aux *sectilia* des pavements attestés à Milan entre le IVe et le VIe siècle». Voir aussi Sible De Blaauw, «Il culto di Sant'Ambrogio e l'altare della Basilica Ambrosiana a Milano», dans *I luoghi del sacro: il sacro e la città fra Medioevo ed età moderna*, Atti del convegno, Georgetown University, Center for the Study of Italian History and Culture, Fiesole, 12-13 giugno 2006, Fabrizio Ricciardelli (dir.), Florence, 2008, p. 43-62.

40. Luigi Biraghi, *I tre sepolcri santambrosiani scoperti nel 1864*, Milan, 1864.

41. Comme l'a démontré de manière très convaincante Walter Cupperi («*Regia purpureo marmore crusta tegit:* il sarcofago reimpiegato per la sepoltura dei Santi Ambrogio, Gervasio e Protasio e la tradizione dell'antico nella Basilica Ambrosiana a Milano», dans *Senso delle rovine e riuso dell'Antico*, Walter Cupperi [dir.], Pise, 2002, p. 141-176), l'autel de Volvinius fut le sommet d'une démarche d'exaltation du culte d'Ambroise, une véritable *canonisation* à travers, *in primis*, l'*elevatio* du corps du saint dans un sarcophage en porphyre placé sur l'ancien pavement (Mauro Della Valle, *Costantinopoli e il suo impero: arte, architettura, urbanistica nel millennio bizantino*, Milan, 2007, p. 38). L'étude de référence sur l'autel d'or reste *L'Altare d'Oro di Sant'Ambrogio*, Carlo Capponi (dir.), Cinisello Balsamo, 1996; voir aussi les observations de M. Petoletti, «*"Urbs nostra"...*», *op. cit.* note 27, p. 20 *sqq.*; Ivan Foletti, «L'autel d'or de la basilique Saint-Ambroise de Milan au IXe siècle : un programme anti-hérétique?», *Bulletin monumental*, t. 175-2, 2017, p. 99-112; Miriam Rita Tessera, «Ambroise et Martin. L'autel d'or de la basilique Saint-Ambroise et le programme épiscopal d'Angilbert II de Milan», *Annales de Bretagne et des Pays de l'Ouest*, 126-1, 2019, p. 1-29.

42. Peroni 1974, p. 65-66.

43. La description de la crypte par le cardinal Federico Borromeo en 1608 a été publiée par Marco Petoletti, «L'epitaffio di santa Marcellina», *Aevum*, 87, 2013, fasc. 1, p. 174-175. Selon Giovanni Pietro Puricelli, *De ss martyribus nazario et celso historica dissertatio*, Mediolani, 1656, p. 326, elle avait seulement six coudées de hauteur. La description la plus détaillée est celle de Guseppe Settimio de Lodi et Alano de Maculani, *Dissertatio historia de tumulo sanctae Marcellinae virginis [...]*, Mediolani 1725, p. 13 *sqq.*; Voir également S. Latuada, *Descrizione di Milano...*, *op. cit.* note 30, p. 297. On trouvait au centre du mur occidental une abside abritant un autel *depositionis sancti Ambrosii.* On pouvait admirer sur son cul-de-four une fresque représentant Ambroise, Gervais et Protais gisants (L. Biraghi, *I tre sepolcri...*, *op. cit.* note 40, p. 60). Ces diverses sources semblent décrire une crypte datant des débuts de l'époque romane, en raison de la disparité des matériaux mis en œuvre – de toute évidence des remplois – et de la présence, fréquente au XIe siècle, d'une contre-abside (Carlo Tosco, «Le chiese ad absidi contrapposte in Italia», *Rivista dell'Istituto Nazionale d'Archeologia e Storia dell'Arte*, s. III, XIV-XV (1991-1992), p. 234 *sqq.* Fernand de Dartein (Dartein 1865, p. 82) datait la crypte actuelle du XIIe siècle, comme les sculptures de sa face externe. Celles-ci, peu étudiées, sont l'œuvre de l'*atelier* qui réalisa la chaire, vers 1140, mais elles ne nous disent évidemment rien quant à la disposition interne de la crypte.

44. Sur cette importante découverte et l'étude de l'épitaphe de Landolfo I, voir M. Petoletti, « *"Urbs nostra"...* », *op. cit.* note 27, p. 27-28.

45. Sur la sépulture et le culte de sainte Marcelline, voir Paolo Tomea, *Tradizione apostolica e coscienza cittadina a Milano nel medioevo. La leggenda di san Barnaba*, Milan, 1993, p. 565-567. L'auteur avance l'idée, plutôt convaincante, de reconnaître en elle la sainte représentée sur le côté nord du ciborium (M. Petoletti, *L'epitaffio...*, *op. cit.* note 43, p. 174-176).

46. Sur la nouvelle chapelle de sainte Marceline, édifiée sur les plans de Luigi Cagnola, voir Andrea Spiriti, «Il periodo neoclassico ed eclettico», dans *La basilica di S. Ambrogio*, *op. cit.* note 20, II, p. 519-526.

47. Picard 1988, p. 627. Fernand de Dartein écrivait : «Certains auteurs assignent à la crypte une origine très reculée, et Puricelli rapporte même qu'il en est fait mention dès 826 ou 827» (Dartein 1865, p. 81). L'information pourrait de prime abord sembler séduisante mais elle est en réalité fautive. Dartein ne cite en effet pas le texte original de Puricelli (il n'y fait d'ailleurs pas référence en note) mais reprend à son compte une erreur que l'on peut probablement attribuer à Latuada et à Ferrario (S. Latuada, *Descrizione di Milano...*, *op. cit.* note 30, p. 297 et G. Ferrario, *Monumenti sacri e profani...*, *op. cit.* note 30, p. 164-169). Serviliano Laduada se réfère (p. 16 *sq.*) à la *Dissertatio* de Giuseppe Settimio da Lodi et Alano de Maculani – qu'il avait probablement lue de manière un peu trop rapide – dans laquelle les auteurs sollicitaient en faveur de l'ancienneté de la crypte des sources peu fiables voire fausses, comme le testament de l'évêque Atton de Verceil de 945 (P. Tomea, *Tradizione apostolica...*, *op. cit.* note 45, p. 507). Il faut cependant rappeler que deux textes du XVIIe siècle (Giovanni Battista Villa, *Le sette chiese o siano basiliche stationali della città di Milano seconda Roma*, Milan, 1627, p. 43 et Carlo Torre, *Il ritratto di Milano*, Milan, 1674, p. 186) mentionnent la trace, encore visible à leur époque, de dispositifs plus anciens (des couloirs ?) permettant d'accéder aux reliques d'Ambroise.

48. On pourrait transposer à Saint-Ambroise la proposition, faite à partir de sources documentaires et archéologiques, pour la crypte de San Filastrio dans la rotonde de Brescia et pour celle de la cathédrale d'Aquilée : l'implantation d'une crypte-halle romane aurait été la *modernisation* architecturale d'une crypte de l'époque carolingienne – à Brescia, on a pensé à un type de plan comportant des couloirs orthogonaux. Sur Brescia, voir Marco Rossi, *La Rotonda di Brescia*, Milan, 2004 (avec une contribution importante de Andrea Breda et Dario Gallina, «Apparati archeologici», p. 193-205). Tel n'est pas l'avis de Paolo Piva,

« Edifici di culto e committenti "imperiali" nell'XI secolo: il caso bresciano », dans *Medioevo: la Chiesa e il Palazzo*, Atti del Convegno Internazionale di Studi, Parma, 20-24 settembre 2005, Arturo Carlo Quintavalle (dir.), Milan, 2007, p. 249-270. Voir aussi ce qu'écrivait déjà Adriano Peroni, « Per la tipologia architettonica dell'età carolingia nell'area lombarda », dans *Roma e l'età carolingia*, Atti delle Giornate di studio, Roma, 3-8 maggio 1976, Rome, 1976, p. 92. Sur Aquilée, voir Xavier Barral i Altet, « La basilica patriarcale di Aquileia: un grande monumento romanico del primo XI secolo », *Arte Medievale*, 07/2, 2006, p. 29-64 ; Werner Jacobsen, « Le fasi architettoniche del Medioevo », dans *La basilica di Aquileia. Storia, archeologia ed arte*, Giuseppe Cuscito et Tomas Lehmann (dir.), Trieste, 2010, p. 377-409. L'article de Serena Zanetto, « Le cripte delle basiliche patriarcali di Aquileia e di Venezia: IX o XI secolo? », *Archeologia dell'Architettura*, XVIII, 2013, p. 60-70, est assez discutable.

49. Outre les contributions essentielles d'Adriano Peroni (Peroni 1974, p. 72 *sq.*), voir celle de Marco Rossi, « Ariberto da Intimiano e la coscienza episcopale nella tradizione artistica ambrosiana », dans *Milano allo specchio…*, *op. cit.* note 27, p. 147-168. La datation au carbone 14, effectuée en 2007 à partir d'un échantillon de roseaux noyés dans le stuc prélevé sur l'Évangéliste Marc lors de sa remise en place dans la tribune, a indiqué à 92,8 % les années 800-980, avec deux pics autour de 900 et de 950. On peut aussi tirer profit des fines remarques faites par F. de Dartein sur la stratigraphie des stucs et des *sectilia*, avec l'aide de Landriani (Dartein 1865, p. 94-97 ; Bella 2013, p. 93-94). On retiendra particulièrement une observation importante – souvent ignorée, sauf par Adriano Peroni (Peroni 1974, p. 83) – sur les similitudes matérielles relatives mais pas totales entre les stucs de l'abside et ceux du ciborium (p. 108). Sur ces derniers, qui ne sont pas l'objet de cette étude, je rappelle, outre l'article de Peroni, celui de Carlo Bertelli, « Il ciborio restaurato », dans *Il ciborio della basilica di Sant'Ambrogio in Milano*, Carlo Bertelli, Pinin Brambilla Barcilon et Antonietta Gallone (dir.), Milan, 1981, p. 1-66 ; P. Tomea, *Tradizione apostolica…*, *op. cit.* note 45, Appendice X, p. 550-579.

50. Les édifices lombards du début de l'époque romane offrent d'autres exemples de *crustae* peintes visant à imiter une technique byzantine et ravennate (Marco Rossi, « L'imitazione di *crustae* antiche nella pittura alto-medievale: l'aula biabsidata dell'Isola Comacina », dans *Archeologia classica e post-classica tra Italia e Mediterraneo. Scritti in ricordo di Maria Pia Rossignani*, Silvia Lusuardi Siena, Claudia Perassi, Furio Sacchi et Marco Sannazaro [dir.], Milan, 2016, p. 233-241). On peut également citer le cas de San Lorenzo à Crémone où là aussi – il est intéressant de le noter – les *crustae* réalisées à la fin du Xe siècle, au temps de l'évêque Odelric, côtoyaient un abondant décor de stuc (Giorgio Voltini, *S. Lorenzo in Cremona. Strutture, reperti e fasi costruttive dal X al XIII secolo*, Crémone, 1987, p. 83-99). Certes, les peintures milanaises sont de qualité infiniment supérieure à celle de ces différents exemples des débuts de l'époque romane, ce qui conduit à leur assigner une date relativement ancienne (Fabio Scirea, « La pittura che illude, l'ornamento che inganna: *sectilia* dipinti dalla Milano paleocristiana alle corti della *Langobardia* », dans *La pittura parietale aniconica e decorativa fra tarda antichità e alto medioevo*, Atti del convegno, Napoli, 7-8 settembre 2019, à paraître).

51. Voir note 49. Pour réaliser le pavement du nouveau chœur surélevé, on utilisa des fragments de transenne qui provenaient sans doute du mobilier liturgique du chœur au haut Moyen Âge (Luigi Carlo Schiavi, « Scultura a Milano nel VI e VII secolo. Segnalazioni », dans « *Domus sapienter staurata* ». *Scritti di storia dell'arte per Marina Righetti*, Anna Maria D'Achille, Antonio Iacobini et Pio Pistilli [dir.], Cinisello Balsamo, 2021, p. 63-65).

52. Voir surtout Peroni 1974.

53. *Ibid.*, p. 72-73. Les demi-colonnes n'ont été conservées que sur la hauteur de la crypte. Au niveau du chœur, leurs fûts furent détruits quand, au XIIIe siècle, on construisit un mur qui fermait complètement la travée du côté de la nef et qui soutenait le *tiburio* récemment érigé. La partie surélevée du sanctuaire, désormais close, fut ainsi transformée en trésor. Il se peut aussi que les colonnes n'aient été détruites qu'après 1507, lorsqu'on décida d'abattre le mur et de le remplacer par une grande arcade, elle aussi destinée à soutenir la tour-lanterne (Beretta 2016-2017, p. 38-39).

54. Bella 2013, p. 64. On ne saurait dire si l'arcade condamnée peut être assimilée à la *porticina* mentionnée par Landriani 1889, p. 12 (les dimensions ne semblent pas correspondre) ou à l'ouverture qui figure sur certains plans du XVIIe siècle comme celui de Richino (1626) conservé dans la collection Bianconi (Stefano Margutti, « I disegni secenteschi della Raccolta Bianconi per il complesso di Sant'Ambrogio tra discussioni di fabbrica e riflessioni accademiche », *Arte Lombarda*, n. s., 157, 3, 2009, p. 52 [fig. 25]).

55. Landriani 1889, p. 12. L'intuition de Landriani remonte à 1883, comme l'atteste la lettre qu'il adresse le 7 avril de cette année-là à son collègue et ami Dartein (Bella 2013, p. 180).

56. Luca Beltrami, *La basilica ambrosiana primitiva e la ricostruzione compiuta nel secolo X*, Milan, 1897, p. 41.

57. Pietro Toesca, *Storia dell'Arte Italiana. Il Medioevo*, Turin, 1927, I, p. 385.

58. Dartein 1865, p. 79.

59. Cattaneo 1888, p. 203 *sq.* ; É. Vergnolle, « Le "premier art roman"… », *op. cit.* note 8, p. 21.

60. Porter 1915-1917, II, p. 580-581 et 594-595.

61. Voir par exemple Peroni 1974, p. 68 ; Anna Segagni Malacart, « Modelli e tramiti comparativi nell'architettura lombarda della prima età romanica: alcuni esempi », dans *Medioevo: i modelli*, Atti del Convegno Internazionale di Studi, Parma, 27 settembre-1 ottobre 1999, Arturo Carlo Quintavalle (dir.), Parme, 2002, p. 429 et p. 438-439, notes 10 à 12 ; Hans Rudolf Sennhauser, « Architetture dell'XI-XII secolo a confronto. Osservazioni tra esempi svizzeri e lombardi », dans *Architettura dell'XI secolo* 2013, p. 41.

62. Il ne subsiste aujourd'hui qu'une seule fenêtre de chaque côté du chœur, située dans la travée orientale de celui-ci. Seule celle du côté nord a été rouverte lors des restaurations de l'après-guerre. Elle présente des caractères plus archaïques que les fenêtres de l'abside car, à la différence de celles-ci, elle n'est pas ébrasée. Il existe à côté d'elle, une porte moderne qui correspond à l'escalier menant au chœur, construit lorsque ce dernier fut clôt d'un mur et transformé en trésor (voir note 53). Il ne faut, par ailleurs, pas négliger les remarques de Fernand de Dartein sur un possible écart chronologique entre la construction de l'abside et celle des murs latéraux de la travée qui la précède (Bella 2013, p. 74-75 ; *id.*, « Dossiers des archives de Fernand de Dartein – IV. Tra le chiese di Milano, il caso di Sant'Ambrogio », dans *Architettura dell'XI secolo* 2013, p. 30).

63. Landriani 1889, p. 8 et 12.

64. Comme on peut le voir sur le relevé de Richino, l'accès aux deux travées avait été réduit ultérieurement, probablement au XIIIe siècle lors de la construction du mur qui fermait le chevet et soutenait le *tiburio* (voir note 53).

65. Dartein 1865, p. 79.

66. Luigi Carlo Schiavi, « Note da un restauro. Spazi, assetti, materiali della chiesa inferiore di San Sepolcro, dalla fondazione al XIV secolo », dans *La chiesa ipogea di San Sepolcro Umbilicus di Milano. Storia e restauro*, Antonella Ranaldi (dir.), Cinisello Balsamo, 2019, p. 121-137.

67. À ce sujet, voir Luigi Carlo Schiavi, « Considerazioni su alcune chiese a impianto basilicale nel territorio milanese », dans *Architettura dell'XI secolo* 2013, p. 157-166.

68. Toutefois, L. Beltrami, *La basilica ambrosiana…*, *op. cit.* note 56, p. 42, y fait allusion en note, de même que C. Baroni, *San Simpliciano…*, *op. cit.* note 9, p. 28.

69. Landriani 1889, p. 9.

70. Voir en particulier le rapport de l'architecte Augusto Guidini, daté du 30 août 1884, sur le projet de couverture du chœur par Celeste Clericetti, dans *Appendice documentaria* à C. Capponi et St. Della Torre, *La basilica…*, *op. cit.* note 20, p. 236.

71. *Cronaca dei ristauri e delle scoperte fatte nell'insigne basilica di S. Ambrogio dall'anno 1857 al 1876, dalle lettere di Mons. Francesco Maria Rossi […]*, Milan, 1884.

72. Ce vide est en partie comblé par la correspondance entretenue avec Landriani (Bella 2013, p. 37-45).

73. Sur cette technique, voir surtout Lynne C. Lancaster, *Concrete Vaulted Construction in Imperial Rome*, Cambridge, 2005, en particulier p. 98 *sq.* ; Elisabetta Bianchi, « Le nervature nelle volte massive di età romana », *Bullettino della Commissione Archeologica Comunale di Roma*, 101, 2000, p. 105-162 ; Jean-Pierre Adam, *La construction romaine*, Paris, 1984, p. 192-205.

74. Auguste Choisy, *L'art de bâtir chez les Romains*, Paris, 1873, p. 31-71. Voir E. Bianchi, « Le nervature nelle volte… », *op. cit.* note 73, p. 105-110 pour

ses remarques sur la place de cette technique dans l'historiographie entre la fin du XIXe et le début du XXe siècle.

75. Ferdinando Reggiori, « La rinascita della basilica ambrosiana », *Bollettino d'Arte*, XXXV, 1950, p. 253-259 ; *id.*, *La basilica di Sant'Ambrogio*, Milan, 1966, p. 179 *sq.* L'auteur ne fournit aucune indication sur la maçonnerie de la voûte en berceau, contrairement à ce que soutient Jane Elliot Mc Kinne, *The Church of S. Maria e S. Sigismondo in Rivolta d'Adda and the Double-bay System in Northern Italy in the Late Eleventh and Early Twelfth Centuries*, Phil. Diss., Berkeley, Université de Californie, 1985, I, p. 266.

76. Dartein 1865, p. 142.

77. Porter 1915-1017, II, p. 580.

78. Sur San Fermo, voir Gianpaolo Trevisan, « L'architettura (secoli XI-XIV) », dans *I santi Fermo e Rustico: un culto e una chiesa in Verona*, Paolo Golinelli et Caterina Gemma Brenzoni (dir.), Vérone, 2004, p. 169-183. Paolo Verzone s'est particulièrement intéressé aux voûtes d'arêtes de l'église Santo Stefano à Lenta, dans la région de Verceil (P. Verzone, *L'architettura romanica nel Vercellese*, *op. cit.* note 3, p. 41 *sq.*). Les voûtes d'arêtes coffrées étaient courantes dans les cryptes protoromanes de Lombardie (G. Chierici, *La chiesa di S. Satiro…*, *op. cit.* note 9).

79. Il faut tenir compte du fait que la tête du berceau était soulignée, tant du côté de l'abside que du côté du *tiburio*, par des cordons moulurés en stuc contemporains du décor en stuc de l'abside. Dès lors, sauf à assigner une date plus tardive aux stucs, il est difficile d'imaginer une reconstruction de la voûte en berceau du chœur à une date avancée de l'époque romane, qui plus est suivant une technique « à l'antique » qui ne se retrouve dans aucune autre partie du chantier de reconstruction de la basilique (entre environ 1090 et 1130) ni dans aucun autre chantier milanais de la même époque.

80. Verzone 1942, p. 172-173.

81. Sur la question des niches de l'abside, soulevée par Raffaele Cattaneo (Cattaneo 1888, p. 205 *sq.*) et développée par Arthur Kingsley Porter (Porter 1915-1917, I, p. 227) et Josep Puig i Cadafalch (*La geografia…*, *op. cit.* note 5, p. 175), voir Adriano Peroni, « L'abside di S Caprasio di Aulla e il tema architettonico delle nicchie a fornice », dans *Società civile e società religiosa in Lunigiana e nel vicino Appennino dal IX al XV secolo*, Atti del Convegno, Aulla, 5-7 ottobre 1984, Aulla, 1986, p. 265-280 ; Carlo Tosco, « Architettura e riforma ecclesiastica nell'XI secolo: il San Tommaso di Busano », *Bollettino della Società Piemontese di Archeologia e Belle Arti*, n. s., 47, 1995, p. 59-84 ; Diego Pejrano, « I fornici a nicchie e le gallerie absidali: alcune osservazioni su esempi del Piemonte meridionale », dans De Venustate et Firmitate. *Scritti per Mario dalla Costa*, Turin, 2002, p. 186-202 ; Susanne Hohmann, *Blendarkaden und Rundbogenfriese der Frühromanik*, Francfort, 1999, p. 197-212. Jean-Pierre Caillet, « Le mythe du renouveau architectural roman », *Cahiers de civilisation médiévale*, 43e année, 172, octobre-décembre 2000, p. 365-368 est revenu sur la question de la précocité présumée de l'abside de Saint-Ambroise dans l'adoption de cette solution en Occident. Voir aussi Éliane Vergnolle, « Saint-Bénigne de Dijon. Cinquante ans de recherches sur l'abbatiale de l'an mil », *Bulletin monumental*, t. 174-2, 2016, p. 143, qui a émis l'hypothèse que la rotonde de Saint-Bénigne ait été couronnée d'une série de niches.

82. Landriani 1889, p. 10-11.

83. Dartein 1865, *Atlas*, pl. 29 ; sur la partialité avec laquelle Dartein a interprété le système de niches de l'abside, voir Tancredi Bella, « Dossiers des archives de Fernand de Dartein – IV. Tra le chiese di Milano, il caso di Sant'Ambrogio », dans *Architettura dell'XI secolo* 2013, p. 27 ; Bella 2013, pl. X, et p. 125 *sq.*

84. C. Edson Armi, *Design and Construction in Romanesque Architecture: First Romanesque Architecture and the Pointed Arch in Burgundy and Northern Italy*, Cambridge, 2004, p. 82.

85. L. C. Schiavi, « Considerazioni su alcune chiese… », *op. cit.* note 67, p. 160-163. À Vimercate (comme à Saint-Martin d'Aime dans la travée droite de chœur), les bas-côtés présentent un dispositif comparable à celui de l'abside, mais qui rappelle aussi celui qui ceinture la grande coupole de la rotonde de Brescia, où les niches du pourtour sont surmontées d'un grand berceau annulaire.

86. Y compris dans la superbe étude d'Adriano Peroni, « Riflessioni sul rapporto tra interno ed esterno nelle coperture dell'architettura romanica lombarda », dans *Medioevo: arte lombarda*, *op. cit.* note 8, p. 113-127.

87. Landriani, dans une lettre du 27 avril 1883 adressée à Dartein, laisse entendre que la voûte en berceau était couverte à l'origine d'une toiture en tuiles alors que l'abside était revêtue de « métal », c'est-à-dire de plomb (Bella 2013, p. 180-181).

88. C. Bertelli, « Il ciborio restaurato », *op. cit.* note 49, p. 12, attribue à Lorenzo la réalisation du ciborium ; voir également Bertelli 1986, p. 342-343. Il y eut certainement, au temps de cet évêque, un réaménagement des tombes : L. Biraghi, *I tre sepolcri…*, *op. cit.* note 40, p. 30-34 ; Alberto De Capitani D'Arzago, *Antichi tessuti della basilica ambrosiana*, Milan, 1941, p. 98 *sq.* ; Marielle Martiniani Reber, « Stoffe tardoantiche e medioevali nel Tesoro di Sant'Ambrogio », dans *Millennio ambrosiano* 1987, p. 178 ; Enrico Cattaneo, *La chiesa di Ambrogio. Studi di storia e di liturgia*, Milan, 1984, p. 253 ; Bertelli 1986, p. 342-343 ; Silvia Lusuardi Siena associe à ce réaménagement des sépultures la transformation d'un élément de transenne du chancel paléochrétien décoré d'un chrisme – retrouvé en 1864 sous l'autel d'or de Volvinius – qui appartenait au mobilier d'origine (Lusuardi Siena 2009, p. 138). Sur Lorenzo I, voir Enrico Cattaneo, *Terra di Sant'Ambrogio. La chiesa milanese nel primo millennio*, Milan, 1989, p. 85-89 ; Cesare Pasini, « Lorenzo I di Milano, santo († c. 511) », dans *Dizionario della Chiesa Ambrosiana*, III, Milan, 1989, p. 1169-1170 ; Gianluca Borghese, « Lorenzo », dans *Dizionario Biografico degli Italiani*, 66, Rome, 2006, p. 46-48. Jean-Charles Picard situait également à l'époque de Lorenzo I la construction de la basilique *Concilia sanctorum* (Picard 1988, p. 33).

89. *Magni Felicis Ennodi Opera*, Carm. 2, 56 (*MGH*, *Auctores Antiquissimi*, VII), F. Vogel (éd.), Berlin, 1885, p. 157-158.

90. Voir note 34. Carlo Bertelli avait noté à juste titre que les peintures imitant le marbre de la travée de chœur de Saint-Ambroise, inspirées d'un modèle ravennate tel que celui du baptistère des Orthodoxes, étaient peut-être des copies réalisées « par des fresquistes médiévaux à partir d'un modèle pris dans la basilique même », modèle de l'époque de Lorenzo (C. Bertelli, « Introduzione », *op. cit.* note 34, p. 21).

91. Silvia Lusuardi Siena, Cinzia Fiorio Tedone, Marco Sannazaro, Maria Motta Broggi, « Le tracce materiali del Cristianesimo dal tardo antico al Mille », dans *Il Veneto nel medioevo. Dalla « Venetia » alla Marca Veronese*, Andrea Castagnetti et Gian Maria Varanini (dir.), II, Vérone, 1989, p. 188-205 (texte de Silvia Lusuardi Siena) ; Paolo Verzone n'excluait pas l'existence d'une voûte en berceau au-dessus de la travée de chœur (Verzone 1942, p. 40).

92. Voir enfin Caterina Giostra, « La basilica di San Simpliciano fra età paleocristiana e altomedioevo. Alcuni spunti », *Studia Ambrosiana*, 1, 2007, p. 77-98 ; Paola Greppi et Luigi Carlo Schiavi, « Riflessioni sulla fabbrica di San Simpliciano e le sue trasformazioni medievali a settantacinque anni dalla riscoperta », dans *Wart Arslan e lo studio della storia dell'arte tra metodo e ricerca*, Monica Visioli (dir.), Milan, 2019, p. 105-127.

93. Mario Mirabella Roberti, « La Cattedrale antica di Milano e il suo Battistero », *Arte Lombarda*, VIII, 1 1963, p. 77-98; enfin, Elisabetta Neri, Elena Spalla et Silvia Lusuardi Siena, « Il complesso episcopale di Milano: dall'insediamento romano al duomo visconteo. Una problematica sintesi diacronica », *Hortus Artium Medievalium*, 20, 2014, p. 198-199. C'est lors de cette campagne de construction que l'abside de Santa Tecla aurait été dotée d'une mosaïque, hypothèse qui ouvre de nouvelles perspectives sur les premières mosaïques de l'abside de Saint-Ambroise. Il faudra, pour en savoir plus sur cette question, attendre la publication des actes du congrès qui s'est tenu en 2009, *Piazza Duomo prima del Duomo*, Silvia Lusuardi Siena (dir.). Je remercie mon amie Paola Greppi de m'avoir fourni à l'avance cette précieuse information.

94. Landriani 1889, p. 10.

95. Je rejoins l'opinion de Silvia Lusuardi Siena qui propose d'en relier « l'édification au projet global de restauration et de valorisation des principaux lieux de culte paléochrétiens porté par Lorenzo » (Lusuardi Siena 2009, p. 147-148).

96. Cinzia Fiorio Tedone, « Dati e riflessioni sulle tombe altomedievali intonacate e dipinte rinvenute a Milano e in Italia settentrionale », dans *Milano e i milanesi prima del Mille…*, *op. cit.* note 23, p. 411-413.

97. Cesare Alzati, « Il lessico nell'esegesi delle tradizioni cultuali cristiane: riflessioni sul caso ambrosiano », dans « *Colligere fragmenta* ». *Studi in onore di Marcello Rotili per il suo 70e genetliaco*, Gabriele Archetti, Nicola Busino, Paolo de Vingo et Carlo Ebanista (dir.), Milan-Spolète, 2019, p. 545-562.

98. Cesare Alzati, *Ambrosianum Mysterium. La chiesa di Milano e la sua tradizione liturgica*, Milan, 2000, p. 118. Si, comme le propose Silvia Lusuardi Siena (Lusuardi Siena 2009, p. 143-144), le pavement Q – ainsi que deux fragments compatibles (H et K), situés en avant du chœur, dans l'axe longitudinal de la basilique et appartenant peut-être à une *solea* – est bien lié à la campagne de Lorenzo, l'idée de Bertelli (voir note 88) selon laquelle la première installation du ciborium – dont les bases reposent sur le pavement le plus bas (P) – pourrait dater de l'époque du même Lorenzo perdrait quelque crédit.

99. Verzone 1942, p. 164-165.

100. Picard 1988, p. 65. Voir aussi Paolo Tomea, « Il culto e la memoria di Lorenzo a Milano (sec. V-XIII) », dans *Il culto di San Lorenzo tra Roma e Milano. Dalle origini al Medioevo*, Raffaele Passarella (dir.), Rome, 2015, p. 87-88. La voûte de la chapelle a été reconstruite au XVIe siècle. Elle ne peut donc pas être utilisée comme argument pour l'attribution à Lorenzo I de la voûte en berceau du chœur de Saint-Ambroise. Des observations intéressantes sur les fondations et les murs de Saint-Sixte – qui devraient être approfondies dans le cadre d'une comparaison avec ceux du chœur de Saint-Ambroise – ont été faites par Gino Chierici, « L'architettura », dans *La basilica di San Lorenzo Maggiore in Milano*, Aristide Calderini, Gino Chierici et Carlo Cecchelli (dir.), Milan, 1951, p. 79, ainsi que par Laura Fieni, « L'architettura tardoantica », dans *La costruzione della basilica di San Lorenzo a Milano*, Laura Fieni (dir.), Cinisello Balsamo, 2004, p. 83.

101. Picard 1988, p. 84-85, 94.

102. A. Peroni, « Riflessioni sul rapporto... », *op. cit.* note 86, p. 126, note 19.

103. Cette opinion est partagée par Carlo Tosco, *L'architettura medievale in Italia 600-1200*, Bologne, 2016, p. 61.

104. Luigi Carlo Schiavi, « *Ubi elegans fundaverat ipse monasterium.* L'architettura ecclesiastica negli anni dell'arcivescovo Ariberto », dans *Ariberto da Intimiano. Fede, potere e cultura a Milano nel secolo XI*, Ettore Bianchi, Martina Basile Weatherill, Miriam Rita Tessera et Manuela Beretta (dir.), Cinisello Balsamo, 2007, p. 200 *sq.*; *id.*, « L'architettura religiosa nel territorio milanese negli anni di Guido da Velate e della Pataria », dans *La reliquia del sangue di Cristo...*, *op. cit.* note 28, p. 509, et note 38.

105. Marco Petoletti, «Voci immobili: le iscrizioni di Ariberto », dans *Ariberto da Intimiano...*, *op. cit.* note 104, p. 148-149.

L'Église Saint-Thomas-de-Cantorbéry à Moulineux (Essonne) : une création originale des années 1180

Géraud Kerhuel *

Sur la commune de Chalou-Moulineux, une impressionnante tour en partie cachée par les arbres domine le paysage du haut de son éperon rocheux. Située à environ quinze kilomètres au sud-ouest d'Étampes, elle surplombe un grand étang formé par une digue retenant les eaux de la Chalouette, ruisseau prenant sa source sur la commune à la fontaine Sainte-Apolline. Construite en pierres de taille avec une mise en œuvre de grande qualité, la tour constituait le clocher de l'ancienne église Saint-Thomas-de-Cantorbéry de Moulineux (fig. 1).

Les ateliers de deuxième année de l'École de Chaillot, menés dans l'Étampois entre septembre 2017 et juin 2018, ont donné l'occasion à une équipe d'élèves architectes de mener une étude approfondie de l'édifice [1]. Un travail de relevé et d'observations sur le terrain, enrichi par des recherches documentaires et archivistiques, a abouti à une analyse inédite de cette église, révélant son importance dans le paysage monumental à la toute fin du XIIe siècle en Île-de-France.

Chalou-Moulineux au Moyen Âge

La première mention de Chalou date du 22 avril 872, sous le nom de la *villa* de Calau en Étampois, dans un acte par lequel Charles le Chauve confirme des donations faites par l'abbé de Saint-Germain-des-Prés en faveur des moines de son monastère [2]. Selon Maxime Legrand et René Ravault [3], il est très probable que l'ancien domaine de Calau regroupait alors Chalo-Saint-Mars et Chalou-Moulineux : si une partie comptait parmi les possessions du monastère parisien, une autre devait appartenir au chapitre Saint-Aignan d'Orléans. En 1174, Chalou fit l'objet d'un échange entre le chapitre Saint-Aignan d'Orléans et la reine Adèle (ou Alix) de Champagne, troisième femme du roi Louis VII et mère du futur Philippe Auguste [4]. Selon une clause de l'acte, qui fut confirmé par des bulles papales, le droit de patronage des églises construites ou à construire n'était pas compris dans l'échange. La clause ne mentionne toutefois pas la paroisse de Saint-Thomas de Moulineux, ce qui indique qu'elle n'était pas encore créée mais peut-être déjà projetée.

Le 29 décembre 1170, l'assassinat de Thomas Becket, archevêque de Canterbury, par des partisans du roi Henri II d'Angleterre fit scandale. L'archevêque, entré en conflit ouvert avec le Plantagenêt sur la question des privilèges de l'Église d'Angleterre, avait dû s'exiler en France de 1164 à 1170, sous la protection du roi Louis VII. Reconnu par les fidèles comme martyr, Thomas Becket fut canonisé par le pape Alexandre III dès le 21 février 1173. En 1179, soucieux de transmettre le trône de son vivant à son fils unique Philippe, Louis VII organisa son sacre pour la fête de l'Assomption [5]. En route vers Reims, la cour séjourna à Compiègne, au début du mois d'août, où Philippe, victime d'un accident de chasse, tomba gravement malade. Benoît de Peterborough raconte que saint Thomas Becket serait alors apparu en songe à Louis VII trois nuits de suite, ce qui aurait poussé le monarque à se rendre en Angleterre pour entreprendre un pèlerinage à Canterbury sur la tombe de son ancien protégé, afin d'obtenir la guérison de son fils. Reçu à Douvres par son rival Henri II, dont il est dit qu'il chevaucha toute une nuit pour l'accueillir au port, il pria avec lui sur la tombe du saint martyr du 22 au 24 août 1179. À la suite de ce pèlerinage, le prince Philippe guérit. Aux yeux des contemporains, la guérison ne pouvait qu'être un miracle opéré par saint Thomas Becket.

L'année suivante, Louis VII mourut. Pour le salut de son âme, la reine Adèle donna « en aumône » la terre de Chalou-Saint-Aignan à l'ordre des Templiers, comme le prouvent deux actes de reconnaissance rédigés en 1183, le premier par frère Amion [6], grand maître de l'ordre, et le second par Philippe Auguste [7]. La donation fut confirmée par une bulle de Clément III [8]. La paroisse Saint-Thomas-de-Cantorbéry n'est toujours pas mentionnée dans ces actes. À Chalou-Saint-Aignan, rebaptisé Chalou-la-Reine, les Templiers installèrent leur commanderie dans le village, à côté de l'église Saint-Aignan. Ils sont certainement à l'origine de la construction

Cl. L. Vanalderwerelt.

Fig. 1 - Moulineux (Essonne), église Saint-Thomas-de-Cantorbéry, vue générale du site.

des digues qui leur permirent l'aménagement de viviers et la création de moulins, sources de revenus pour la commanderie en qualité de seigneur banal. L'acquisition ou la construction de moulins était effectivement une constante dans la pratique politique patrimoniale des Templiers [9]. Le plus important moulin étant situé en aval de Chalou, à près d'un kilomètre de leur commanderie. Les Templiers créèrent sûrement un hameau autour du bâtiment pour en contrôler l'activité, avec une probable maison-forte aujourd'hui disparue mais dont les tours d'angles sont visibles sur les anciens cadastres. Ce nouveau hameau fut alors élevé au rang de paroisse par démembrement de celle de Chalo, prenant le nom de Moulineux, qui signifie « moulin neuf» (*molendinum novum*). Il est, en effet, mentionné pour la première fois dans l'énumération des paroisses du doyenné de Rochefort, au diocèse de Chartres, en 1190 [10]. Une église était donc déjà construite ou en voie de l'être à cette date. Aucune mention dans les textes et aucun vestige ne révélant une église antérieure, la nouvelle paroisse de Moulineux peut donc être datée de la décennie 1180-1190. En choisissant Saint-Thomas Becket, protégé de Louis VII et guérisseur de Philippe Auguste, comme vocable de la nouvelle paroisse, les Templiers rendaient hommage à la générosité de la reine Adèle. La nouvelle paroisse était un démembrement de celle de Chalou-Saint-Aignan et, conformément à une des clauses de l'acte d'échange de 1174, la nouvelle église était donc desservie par le chapitre Saint-Aignan d'Orléans.

En 1312, à la suite de la suppression de l'Ordre du Temple par le pape Clément V, les biens des Templiers furent dévolus aux Hospitaliers de Saint-Jean de Jérusalem. La commanderie d'Étampes, avec Chalou, fut alors rattachée à celle de Ramoulu (Loiret), créée en 1178. Elle demeura aux mains de cet ordre, devenu par la suite Ordre de Malte, jusqu'à la Révolution.

La ruine de l'église et la fin de la paroisse

L'église est aujourd'hui dans un état de ruine. Du bâtiment d'origine, il ne reste, pour l'essentiel, que le clocher, le bas-côté nord et le portail d'entrée. Des maçonneries plus récentes et indatables, de mauvaise qualité et élevées en moellons et pierres taillées de récupération, réduisent à l'est et au sud la superficie originelle de l'édifice (fig. 2).

Les premières sources mentionnant l'église sont les visites des archidiacres de la cathédrale de Chartres au XVIIe siècle, la paroisse relevant de ce diocèse. Les descriptions qu'ils nous ont laissées de l'édifice sont malheureusement très succinctes. Du côté de l'Ordre de Malte, qui a par chance conservé en grande partie les archives de la commanderie, les sources sur l'église sont également laconiques, et se contredisent d'ailleurs. La visite d'améliorissement de 1786 est la seule qui indique que le commandeur avait à sa charge l'entretien du chœur de l'église en tant que «gros décimateur [11]». *A contrario*, la visite de 1782 précise qu'il «n'est ni décimateur, ni colateur [12]», tandis que celles de 1662,

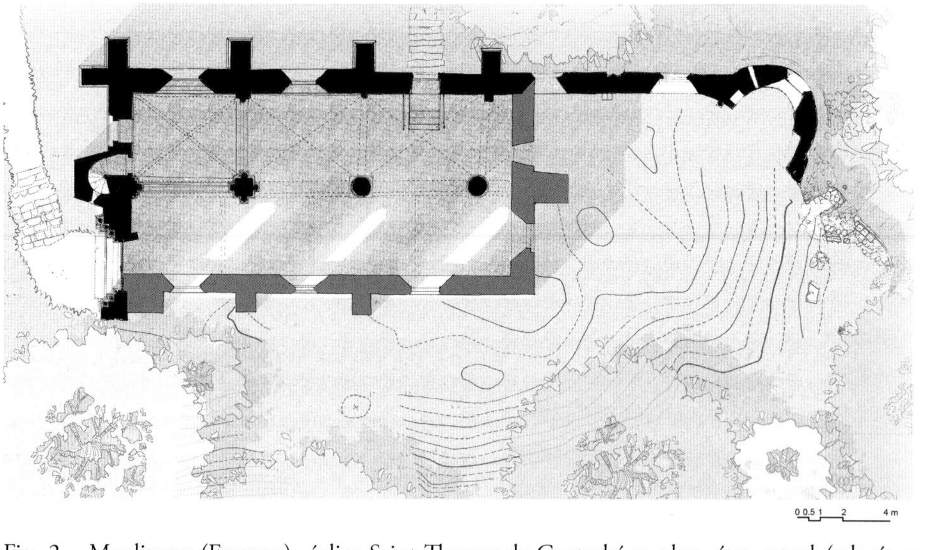

Fig. 2 - Moulineux (Essonne), église Saint-Thomas-de-Cantorbéry, plan, état actuel (relevés et dessin N. Antin, L. Vanalderwerelt, Cl. Chapin, G. Kerhuel, V. Limonne, J.-B. Ramaut, N. Vallée, D. Zybina). En noir, les maçonneries médiévales ; en gris, les maçonneries postérieures.

1759 [13] et 1790 ne la mentionnent pas. Cette absence indiquerait que l'église ne dépendait pas directement des Hospitaliers mais – selon la clause de l'échange de 1174 – du chapitre Saint-Aignan d'Orléans dont les archives ont malheureusement brûlé en 1940. Seule l'étude historique du territoire permet donc d'éclairer le devenir de l'église et son état de ruine.

Pendant la guerre de Cent Ans, les compagnies anglaises de Ruffin pillèrent Étampes en 1358 [14]. À Chalou-la-Reine, les assises de Janville ne furent pas tenues en 1368, « parce que les ennemis du royaume étaient sur le pays [15] ». Entre 1411 et 1425, les armées des deux camps prirent successivement Étampes [16], et Salisbury saccagea toute la Beauce en 1428, pillant les villes les unes après les autres [17]. La région sortit dévastée de la guerre et il fallut faire venir des migrants de Bretagne, de Normandie et du centre du royaume pour la repeupler [18]. Les biens mobiliers de la commanderie d'Étampes et de l'église de Moulineux-lès-Chalo-Saint-Mars avaient dû être mis à l'abri à Orléans, et ne leur furent restitués que le 1er octobre 1444 [19].

Pendant les guerres de Religion, les armées des deux camps prirent d'assaut Étampes à six reprises entre 1562 et 1589 [20], et des actes d'iconoclasme frappèrent les églises [21]. En 1587, les habitants de Chalou-la-Reine érigèrent des murailles autour du village « pour en empêcher les courses des gens de guerre [22] ». La même année, le 24 novembre, les restes de l'armée du baron de Dohna incendièrent le village voisin de Chalo-Saint-Mars [23]. Aucune source ne fait état de dégradations sur l'église de Moulineux pendant ces évènements, mais rien n'indique que le village fut épargné. D'après Gustave Jamet, instituteur à Chalou en 1899, une peinture maladroite représentant saint Fiacre, sur le mur reconstruit à l'entrée du chœur primitif, aurait été réalisée après les guerres de Religion [24], la dévotion à ce saint correspondant aux recommandations de la Contre-Réforme. L'œuvre ayant aujourd'hui disparu, il est difficile de se prononcer sur cette hypothèse.

La Fronde toucha très sévèrement Étampes, notamment lors du siège de la ville par Turenne en mai-juin 1652 [25], qui dévasta les campagnes environnantes [26]. À Chalou-la-Reine, le commandeur Claude Millet de Châtenay périt les armes à la main en défendant son établissement [27]. Le conflit ruina entièrement le village, « les terres étant demeurées en friche et désertes, tous les habitants ayant été tués ou morts de misère [28] ». L'église de Moulineux ne semble pas avoir souffert du sac de Chalou. Elle est décrite comme étant « en bon état » lors de la visite du 10 mai 1647 [29], ainsi qu'à l'occasion de celle du 26 avril 1654 [30]. Aucune démolition ou ruine n'est mentionnée dans les visites suivantes qui s'étalent jusqu'en 1678 [31]. Les descriptions très succinctes concernent essentiellement le mobilier liturgique. On y note cependant la présence de fonts baptismaux et d'une sacristie, aujourd'hui disparus. En revanche, une gravure d'Albert Flamen, datée des environs de 1660, montre une église déjà en ruine, presque dans son état actuel (fig. 3). Le monument a donc

Cl. G. Kerhuel.

Fig. 3 - Albert Flamen, « Veuë de l'Eglise de Moulineux et Commanderie de Chalo », gravure, vers 1660 (BnF, Est., CC-63-FOL).

Cl. G. Kerhuel.

Fig. 4 - Extrait du plan des paroisses de Chalou-la-Reine et de Moulineux, par Jean Delanoüe, 1779 (Arch. nat., CP/N/III/Seine-et-Oise/72). Le n° 136 indique l'église et son cimetière.

subi ses principales dégradations avant la Fronde, et son « bon état », mentionné dans les visites du XVIIe siècle, concerne les dispositions contemporaines. Les parties détruites de l'ancienne église médiévale devaient déjà être affectées à l'usage de cimetière, comme l'indique un plan de 1779, qui précise également l'emplacement du presbytère, en contrebas (fig. 4). Ce plan ne figurant aucune adjonction pouvant servir de sacristie, celle-ci était probablement située derrière le maître-autel, selon un usage habituel.

Une autre hypothèse peut être proposée pour expliquer la destruction de la plus grande partie de l'église. Celle-ci fut construite sur un rocher de grès et certaines maçonneries du bas-côté nord reposent à même la roche. Les terres des environs sont, quant à elles, constituées de marnes, de sables et de « terres à bâtir ». Ainsi, en 1861, sept carrières étaient en activité à Chalou-Moulineux, dont celle de sable de Moulineux [32]. Le 20 avril 1878, un arrêté réglementant l'utilisation de la carrière de sable de la vallée de Pussay interdit l'extraction sous la couche de marne à cause de dangers d'effondrement [33].

Or, le grand étang de Moulineux constituait, pour la commanderie, une importante source de revenus grâce à la vente du poisson avant le Carême [34]. La pêche, strictement interdite au cours de l'année, était l'occasion d'un grand rassemblement triennal où le peuple venait assister à la vidange de l'étang. Ainsi, tous les trois ans depuis la fin du XIIe siècle, la retenue se vidait de sa masse d'eau [35], ce qui n'était certainement pas sans conséquence sur les terres sableuses et marneuses du terrain. La fréquence de cette opération aurait-elle pu déstabiliser le rocher sur lequel était construite l'église ? De grands blocs de grès renversés sur les pentes et les bords de l'étang, ainsi qu'une dépression du terrain à l'angle sud-est de l'éperon, pourraient accréditer cette hypothèse. Cet accident, impossible à dater précisément, semble toutefois antérieur au premier rapport de visite archidiaconale de 1645.

La Révolution sonna le glas de la paroisse de Moulineux, qui fut réunie à celle de Chalou-la-Reine, le 8 octobre 1792, pour former le village de Chalo-la-Raison, puis de Chalou-Moulineux. L'église de Moulineux ne servait donc plus quand celle de Chalou devint « Temple de l'Être suprême ». Jean-Baptiste Lefort, dernier curé de Moulineux, renonça à son ministère le 22 novembre 1793 [36].

En 1797, le presbytère, l'église de Moulineux, son cimetière, le moulin et l'étang furent achetés par Simon Bourgine [37]. Désacralisé et devenu propriété privée, l'ancien édifice cultuel ne servit plus que de lieu d'entrepôt, de grange en 1899 [38], ou de serre selon l'affectation qui la caractérise en 1931 lors de son inscription à l'Inventaire supplémentaire

Fig. 5 - « Moulineux – La Tour et l'Etang », carte postale (coll. part.).

des Monuments historiques, par arrêté du 17 avril [39]. Ses vestiges décoraient un jardin à l'anglaise, probablement aménagé en 1869, date à laquelle des ossements provenant de l'ancien cimetière désaffecté et de l'église furent déposés dans l'angle sud-est de l'édifice, ainsi que l'indique une plaque de marbre encore en place. L'ancien presbytère s'embellit quant à lui de tourelles au début du XXe siècle, pour devenir le « château de Moulineux ». La qualité des ruines de l'église et son implantation dans le paysage, au-dessus de l'étang de Moulineux, constituèrent un sujet idéal pour beaucoup de peintres et de photographes, qui multiplièrent les prises de vue pour des cartes postales (fig. 5).

ANALYSE ARCHITECTURALE

État des ruines

De l'édifice médiéval, il ne reste plus, à l'ouest, que le clocher, haut d'environ 23 mètres, et un pan de la façade, avec son portail encore pourvu de ses colonnettes d'ébrasement, de ses voussures et de son gâble, ces deux ensembles étant élevés en pierre de taille de moyen appareil (fig. 6). À cela s'ajoutent, au nord, les trois premières travées du bas-côté, réalisé en moellons, et une partie de l'élévation du mur gouttereau, depuis les grandes arcades jusqu'à l'appui des baies qui constituaient le clair-étage du troisième niveau. Le chevet conserve le mur nord de son déambulatoire, la chapelle rayonnante nord-est, ainsi que les fondations de celle située dans l'axe (fig. 2).

À la suite de la destruction d'une part importante de l'édifice, son usage fut conservé moyennant la fermeture des vestiges par un mur gouttereau sud, élevé au droit de la porte occidentale, et par un mur-pignon à l'est épaulé par un large contrefort. Ces maçonneries ont réduit l'emprise de l'église, initialement longue d'environ 35 mètres et large d'environ 20 mètres (fig. 7), à un rectangle de 21 mètres de long et 12 mètres de large. Elles sont construites en moellons et pierres de remplois liés au mortier de terre,

Cl. MAP.

Fig. 6 - Moulineux (Essonne), église Saint-Thomas-de-Cantorbéry, façade occidentale, photographie par Jules de Burthe d'Annelet, vers 1910 (MAP, cl. MH0122432A).

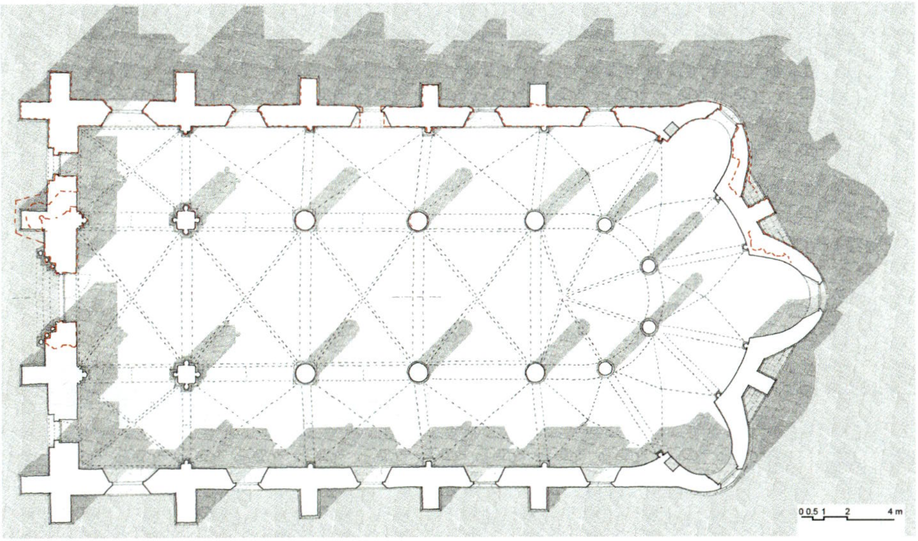

Fig. 7 - Moulineux (Essonne), église Saint-Thomas-de-Cantorbéry, plan, restitution (dessin J.-B. Ramaut). Les tiretés rouges marquent les contours existants des maçonneries médiévales.

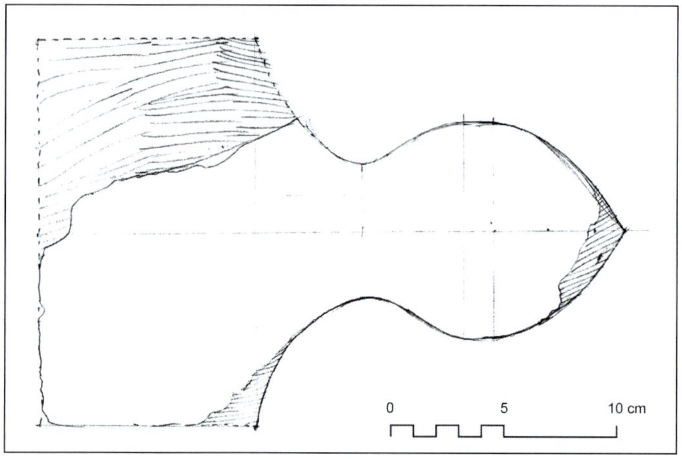

Fig. 8 - Moulineux (Essonne), église Saint-Thomas-de-Cantorbéry, profil d'un voussoir en amande d'une nervure de la nef, dimensions 26 x 17 cm (dessin J.-B. Ramaut).

Fig. 9 - Moulineux (Essonne), église Saint-Thomas-de-Cantorbéry, claveau d'un arc doubleau de la nef, dimensions 28,5 x 21 cm.

parmi lesquels il est possible d'identifier quelques tambours des demi-colonnes engagées, ainsi que des claveaux provenant des ogives (profil en amande) [fig. 8] et des arcs-doubleaux de la nef (fig. 9). Ces murs sud et est, qui ne se prêtent guère à une datation, sont percés de baies en arc brisé, et d'une rose faisant écho à celles du clocher et du mur gouttereau nord. Ils sont couverts par une toiture à deux pans dont le faîtage correspond aux appuis des fenêtres de l'ancien clair-étage du mur gouttereau nord.

Le clocher

Le clocher, à trois niveaux et construit en pierres de taille, s'élève au-dessus de la travée occidentale du bas-côté nord (fig. 10). Il est épaulé par des contreforts et par une cage d'escalier en vis, à l'ouest. Au rez-de-chaussée, sur sa face ouest, il est percé d'une porte cintrée et couronnée d'un larmier filant à profil en cavet, surmontée d'un oculus polylobé. En raison de la déclivité naturelle de l'éperon, une importante différence de niveau (1,50 m de haut) sépare le sol extérieur du seuil de la porte cintrée. Des baies en arc brisé éclairent le premier étage et de hautes lancettes jumelées, redentées de trilobes probablement postérieurs, le deuxième étage. Dans les maçonneries du premier étage, des culots et des corbeaux devaient

Fig. 10 - Moulineux (Essonne), église Saint-Thomas-de-Cantorbéry, façade, état actuel (relevés et dessin N. Antin, L. Vanalderwerelt, Cl. Chapin, G. Kerhuel, V. Limonne, J.-B. Ramaut, N. Vallée, D. Zybina).

Fig. 11 - Moulineux (Essonne), église Saint-Thomas-de-Cantorbéry, coupe longitudinale, état actuel (relevés et dessin N. Antin, L. Vanalderwerelt, Cl. Chapin, G. Kerhuel, V. Limonne, J.-B. Ramaut, N. Vallée, D. Zybina).

autrefois supporter le beffroi et des niveaux de plancher. Sur la façade nord, à l'extérieur, une importante console se trouve sous la baie du premier étage, dans l'axe. Une corniche à modillons couronne le clocher, qui a perdu sa toiture. Sur le mur sud, les traces d'un solin témoignent d'une couverture qui devait palier les fuites du chéneau entre le clocher et l'ancienne couverture de nef (fig. 11).

Selon la gravure d'Albert Flamen, une toiture à deux pans reposant sur deux pignons triangulaires couvrait le clocher. Les couvertures étaient faites en tuiles plates, certaines étant encore prises dans le mortier du chéneau sud du clocher. Celui-ci a été modifié à une date inconnue. La cage d'escalier a été apposée postérieurement à sa construction. En effet, elle enjambe le larmier de la porte cintrée du rez-de-chaussée et ses assises de pierre ne filent pas avec celles des parements du clocher. Cet ajout a entraîné d'autres modifications, puisque la rose et la baie du premier étage ne sont pas alignées sur l'axe du clocher, mais au centre du parement entre le contrefort et la cage d'escalier ; en revanche, sur les autres faces du clocher, la baie du premier étage est bien dans l'axe.

De plus, les reprises de maçonneries en moellons sont visibles au premier étage, sous la baie qui a été rétrécie. Après le palier du deuxième étage, quelques marches continuant la vis sont enserrées dans la maçonnerie, prouvant que cette cage d'escalier est restée inachevée.

La façade occidentale

Dans son état actuel, la façade occidentale s'élève jusqu'à l'appui de l'ancienne grande baie de l'étage. Au rez-de-chaussée, le portail est encadré de chaque côté par deux minces colonnettes adossées, et il est couvert par trois voussures en arc brisé qui délimitent un tympan nu et retombent, pour les deux dernières, sur des colonnettes placées dans les ressauts des ébrasements. La troisième voussure reposait sur des colonnettes aujourd'hui disparues. Tous les chapiteaux possèdent un décor constitué de crochets végétaux dans les angles et de feuilles plaquées sur les faces principales de la corbeille (fig. 12). Un gâble, sommé d'une petite tête sculptée, surmonte l'ensemble. Deux consoles prennent place de chaque côté du gâble, et devaient probablement supporter la panne muraillère d'un auvent ou d'un porche en bois, mais pour lequel aucune encoche n'est visible sur la tourelle d'escalier.

La grande baie, aujourd'hui disparue, était divisée par deux meneaux dont les départs restent visibles, ainsi que les feuillures du vitrage (fig. 10). L'amorce encore en place contre le clocher demeure le seul témoin d'un grand arc brisé à double

Cl. L. Vanalderwerelt.

Fig. 12 - Moulineux (Essonne), église Saint-Thomas-de-Cantorbéry, chapiteaux des colonnettes du porche d'entrée.

Fig. 13 - Moulineux (Essonne), église Saint-Thomas-de-Cantorbéry, façade, restitution de l'état antérieur à la pose de la cage d'escalier et au percement de l'oculus à la base du clocher (dessin J.-B. Ramaut). Les tiretés rouges marquent les contours des maçonneries médiévales actuellement visibles.

Fig. 14 - Moulineux (Essonne), église Saint-Thomas-de-Cantorbéry, élévation nord, état actuel (relevés et dessin N. Antin, L. Vanalderwerelt, Cl. Chapin, G. Kerhuel, V. Limonne, J.-B. Ramaut, N. Vallée, D. Zybina). En noir sur le plan, les maçonneries médiévales ; en gris, les maçonneries postérieures.

rouleau venant coiffer cette ouverture. Nous avons restitué une grande baie à deux meneaux sur le modèle de celle de la collégiale Saint-Martin de Champeaux (Seine-et-Marne), dont elle paraît avoir été proche, à en juger par les dimensions et la modénature (fig. 13).

Le mur gouttereau nord et l'amorce du chevet

Le mur gouttereau nord, bâti en moellons, est rythmé par des contreforts en pierres de taille disposés régulièrement, selon l'ordonnance des travées intérieures (fig. 14). Si les deux premières travées sont percées d'une baie simple en arc brisé, la troisième, permettant un accès plus direct à l'église depuis le presbytère, se trouve dotée d'une porte cintrée, avec encadrement à profil torique et larmier filant avec profil en cavet, surmontée d'une rose redentée de polylobes à feuillures. Cette partie a été modifiée postérieurement : l'appareillage en petits moellons grossiers du parement intérieur est différent de ceux des autres travées. De plus, les jambages à profil torique de la porte reposent à même le sol, sans retomber sur des congés ou piédestaux. Au-dessus de la rose subsistent trois corbeaux régulièrement espacés à l'arase de la maçonnerie, alors que des pierres de remplois forment des arases irrégulières à la seconde travée. Entre la rose et la porte, deux corbeaux, différents, devaient soutenir la panne muraillère d'un auvent ou d'un porche, dont les encoches sont encore visibles dans les contreforts. La charpente de la toiture des travées subsistantes de ce bas-côté nord est constituée de remplois et elle est affectée de nombreuses malfaçons : des demi-entraits, non raccordés au mur gouttereau de la nef, reposent sur les extrados des voûtes et les fragilisent.

Les autres parties subsistantes du mur permettent de restituer la présence d'une quatrième travée de nef se raccordant directement avec un déambulatoire dont il reste encore, au nord, les ruines du pourtour et de la première chapelle rayonnante, ainsi que les fondations d'une deuxième, située dans l'axe. Ce plan à seulement trois chapelles rayonnantes, séparées les unes des autres par une travée du déambulatoire, renvoie à des modèles romans, par exemple la cathédrale de Chartres élevée par Fulbert au début du XIe siècle, et paraît quelque peu étonnant pour un monument de la fin du XIIe siècle.

Le bas-côté nord

À l'intérieur, les premières travées du bas-côté conservent leurs voûtes d'origine : un couvrement d'ogive pour la première devant supporter le clocher et des voûtes d'arêtes pour les suivantes (fig. 15). Quant aux arcs-doubleaux, du côté extérieur, ils retombent, pour ceux du collatéral, sur des pilastres engagés, tandis que ceux du déambulatoire sont canalisés par des demi-colonnettes engagées portées à mi-hauteur par des culots, dont l'un, encore en place, représente une tête monstrueuse (fig. 16). Cette différence dans les retombées semble moins correspondre à

Cl. L. Vanalderwerelt.

Fig. 15 - Moulineux (Essonne), église Saint-Thomas-de-Cantorbéry, bas-côté nord vu depuis le chevet.

Cl. L. Vanalderwerelt.

Fig. 16 - Moulineux (Essonne), église Saint-Thomas-de-Cantorbéry, culot figuré et chapiteau d'une demi-colonne engagée du mur gouttereau du déambulatoire.

une évolution chronologique entre nef et chevet qu'à une volonté de modulation des espaces. En effet, on n'observe aucune rupture sur le mur extérieur entre la nef et le déambulatoire. Ajoutons encore la conception similaire des baies en lancette du bas-côté et de celle de la première chapelle rayonnante (la seule qui subsiste en élévation).

La nef

Malgré l'état de ruine du monument, les éléments qui subsistent des travées occidentales du mur gouttereau nord permettent de restituer l'élévation de la nef (fig. 17). On doit plus particulièrement relever le caractère relativement austère de celle-ci, notamment par la simplicité des supports et l'importance laissée aux surfaces murales. Ce choix de la sobriété s'explique peut-être par une tradition de bâtir propre aux Templiers, proches des Cisterciens et à l'initiative de cette construction. L'élévation se

Fig. 17 - Moulineux (Essonne), église Saint-Thomas-de-Cantorbéry, coupe longitudinale, restitution (dessin J.-B. Ramaut). Les tiretés rouges marquent les contours existants des maçonneries médiévales.

Cl. L. Vanalderwerelt.

Fig. 18 - Moulineux (Essonne), église Saint-Thomas-de-Cantorbéry, chapiteau à feuille d'eau de la troisième pile de la nef. On remarque des traces de peinture rose et orangée.

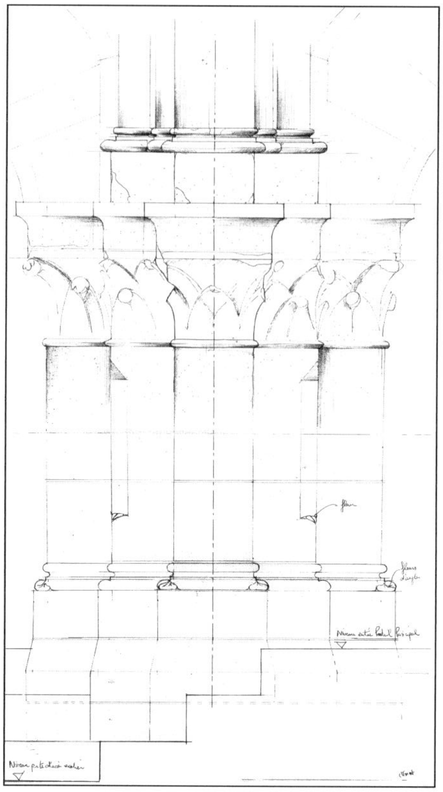

Fig. 19 - Moulineux (Essonne), église Saint-Thomas-de-Cantorbéry, détail des chapiteaux et des bases du pilier de la première travée de la nef, supportant le clocher (relevé et dessin Cl. Chapin).

les tailloirs des chapiteaux des piliers, jusqu'à la naissance des voûtes reçues par des chapiteaux à crochets aux angles et feuilles plaquées sur la face principale de la corbeille (fig. 20). Les trois premières travées possèdent une simple ouverture : une baie en arc brisé qui correspond au premier étage du clocher puis des baies rectangulaires qui ouvrent sur les combles du bas-côté. Au-delà, dans la dernière travée de nef, l'ouverture sous combles a été remplacée par une arcature aveugle (fig. 21). Cela semble moins le résultat d'un changement de projet que d'une volonté de mettre en valeur cette partie du monument située juste avant le sanctuaire et qui devait probablement correspondre au chœur liturgique destiné à la communauté desservant la paroisse. Quant à l'étage des fenêtres hautes, il peut être restitué à partir des vestiges de la deuxième travée de ce même mur gouttereau nord (fig. 22) : d'étroites lancettes en arc brisé encore

compose de grandes arcades, en arcs brisés à double rouleau, supportés par des colonnes rondes appareillées, aux larges chapiteaux dont le décor s'apparente à ceux du portail : des crochets soulignent les angles alors qu'une large feuille plate s'étale sur le milieu des faces (fig. 18). On notera, toutefois, entre la première et la deuxième travée, la présence, au lieu d'une pile circulaire, d'un pilier composé d'un noyau carré flanqué de quatre colonnes engagées, un peu plus puissant et destiné à recevoir le poids du clocher (fig. 19).

Le niveau médian se trouve encadré par deux cordons : le premier régnant à sa base, puis d'un second dans la continuité des tailloirs des chapiteaux recevant les voûtes. Ce second niveau se caractérise par la différence de son traitement entre les trois travées occidentales de la nef et la dernière, dont seulement une partie est conservée, qui assurait la jonction avec le chevet dont il n'existe plus aucun témoignage de l'élévation. Les travées sont délimitées par des colonnettes engagées qui s'élèvent depuis

Cl. N. Vallée.

Fig. 20 - Moulineux (Essonne), église Saint-Thomas-de-Cantorbéry, chapiteaux et départs des voûtes de la nef.

Cl. L. Vanalderwerelt.

Fig. 21 - Moulineux (Essonne), église Saint-Thomas-de-Cantorbéry, départ des arcatures aveugles du registre médian de l'élévation du chœur.

Cl. L. Vanalderwerelt.

Fig. 23 - Moulineux (Essonne), église Saint-Thomas-de-Cantorbéry, culée arasée de contrefort dans les combles du bas-côté nord.

comprises dans la lunette de la voûte, selon la formule en usage dans les édifices du premier art gothique, jusqu'au début des années 1190.

Si les voûtes de la nef ont entièrement disparu, le mur sud du clocher conserve l'amorce d'une ogive ainsi que le fantôme d'un arc formeret (fig. 10 et 20). Ces traces indiquent que des voûtes quadripartites couvraient la nef; l'absence d'alternance entre temps fort et temps faible sur les élévations intérieures permet en effet de rejeter l'hypothèse de voûtes sexpartites. L'observation des profils des départs de cette nervure et d'un arc-doubleau a permis d'identifier les pierres sculptées insérées en remploi dans les maçonneries sud et est : profil en amande (fig. 8) pour les claveaux des nervures; profil à deux tores (fig. 9) pour les claveaux des arcs-doubleaux. Ajoutons que la coexistence de voûtes d'arêtes pour les bas-côtés et d'ogives pour le haut vaisseau évoque, à nouveau, l'architecture gothique cistercienne de la seconde moitié du XIIe siècle [40].

Les voûtes de la nef étaient certainement contrebutées par des arcs-boutants, dont les départs de culées sont visibles dans les combles du bas-côté nord (fig. 23). En revanche, l'absence de contrefort près de la chapelle rayonnante nord indiquerait que, comme à Saint-Martin d'Étampes, certains arcs-boutants nécessaires pour contenir les poussées de la voûte rayonnante de l'abside n'ont pas été construits [41]. Un tel dispositif aurait-il fragilisé à la longue la structure du chevet, entraînant son écroulement?

Cl. N. Vallée.

Fig. 22 - Moulineux (Essonne), église Saint-Thomas-de-Cantorbéry, vestiges de la lancette du clair-étage de la deuxième travée de la nef.

L'église de Moulineux à la lumière des collégiales Saint-Martin et Sainte-Croix d'Étampes

Pour construire l'église de Moulineux, les bâtisseurs ont pu s'inspirer d'édifices situés aux alentours. Deux exemples peuvent être cités à Étampes.

Entièrement et rapidement rebâtie à partir de 1142, la collégiale Saint-Martin d'Étampes [42] présente quelques similitudes avec Saint-Thomas-de-Cantorbéry de Moulineux. En plan, la collégiale présente un chœur avec un déambulatoire distribuant trois chapelles rayonnantes, dans la tradition romane (fig. 24). L'élévation de la nef, elle-même inspirée de la cathédrale de Sens, compte trois niveaux, avec des baies géminées au niveau intermédiaire, ce qui a pu correspondre à l'élévation du sanctuaire de Moulineux.

Le second exemple est contemporain de l'église de Moulineux. Alors même que celle-ci était en cours de construction, entre 1180 et 1190, la ville d'Étampes était le théâtre d'un chantier d'importance. En 1183 y avait été fondée la collégiale Sainte-Croix, sur l'emplacement d'une synagogue, dans le but d'abriter des restes de la vraie Croix [43]. Elle fut vraisemblablement construite vers 1190. L'église a été vendue et démontée en 1793, et ses maigres restes sont visibles dans une cour privée au bout de l'impasse Saulay.

Néanmoins, un plan très précis [44], levé à la Révolution, montre de grandes similarités avec l'église de Moulineux, malgré une différence d'échelle (fig. 25). En plan, les deux édifices présentent un déambulatoire à trois chapelles rayonnantes, et ils sont dépourvus de transept. De même, les piles des premières travées de la nef, cruciformes à quatre colonnettes engagées, laissent ensuite la place à des piles circulaires pour les dernières travées de la nef et le rond-point de l'abside.

Quelques photographies du début du XXe siècle des vestiges de la collégiale (fig. 26 et 27) montrent également des similitudes quant à leurs élévations, caractéristiques de l'architecture de la fin du XIIe siècle. Les murs gouttereaux des bas-côtés de Sainte-Croix, en moellons, comportent des baies en arc brisé, sans réseau, et sont couronnés d'une corniche à arcatures trilobées reposant sur des culots. Un fragment de frise semblable a été retrouvé à Moulineux, témoignant d'un même parti décoratif sur les murs gouttereaux de la nef et des bas-côtés, au vu des corbeaux encore en place (fig. 28). De même, un chapiteau à crochets d'une colonne engagée soutenant un départ de nervure, avec un profil en amande, est

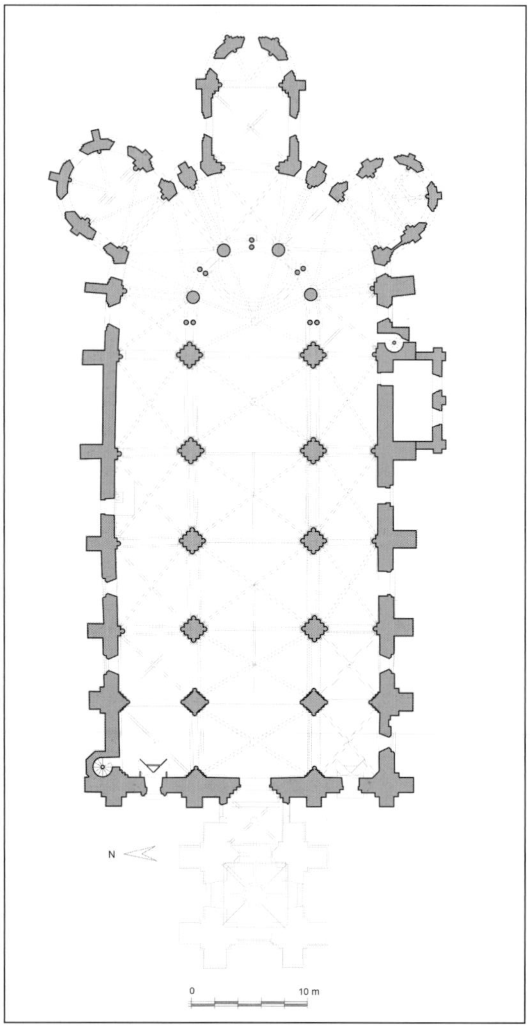

Fig. 24 - Étampes (Essonne), collégiale Saint-Martin, plan (dessin P.-A. Lemaire).

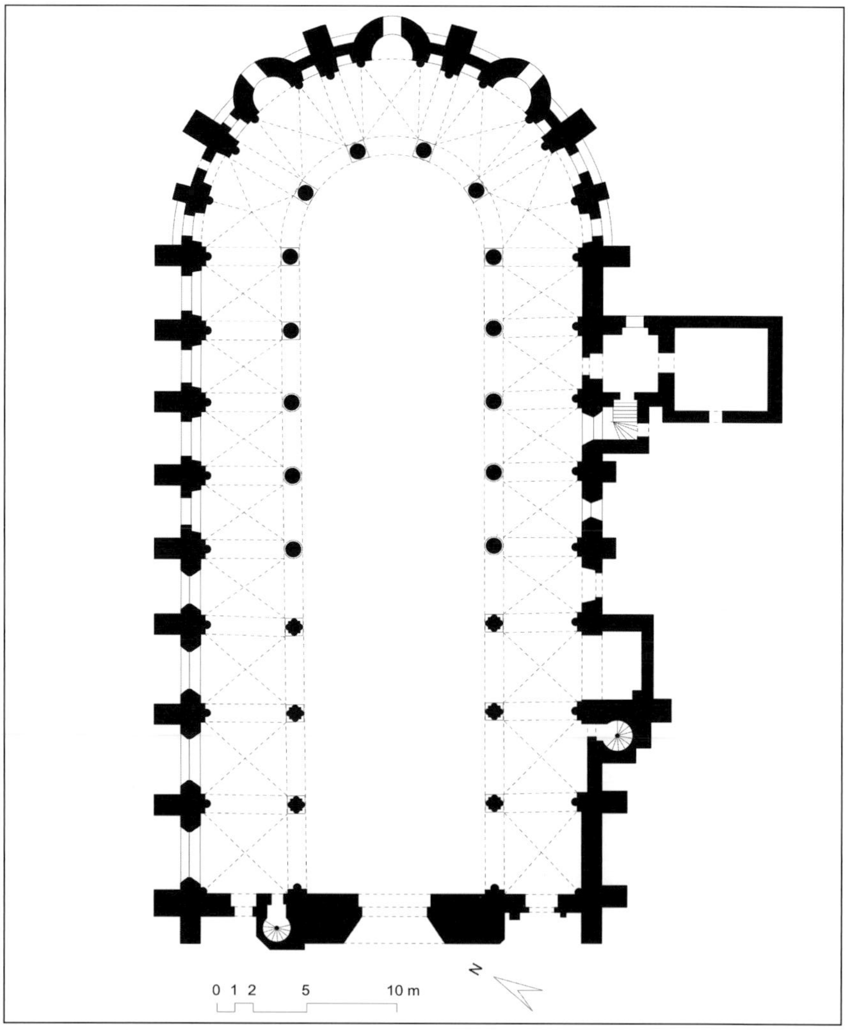

Fig. 25 - Étampes (Essonne), ancienne collégiale Sainte-Croix, plan (redessiné par G. Kerhuel d'après le plan reproduit dans J. Fritsch et D. Hervier [dir.], *Étampes, un canton entre Beauce et Hurepoix*, Paris, 1999, p. 98).

Cl. Arch. dép. Essonne.

Fig. 26 - Étampes (Essonne), vestiges d'une baie et de la corniche de l'ancienne collégiale Sainte-Croix, carte postale, début du XXe siècle (Arch. dép. Essonne, 2 FI 69/411).

Cl. Arch. dép. Essonne.

Fig. 27 - Étampes (Essonne), vestiges d'une colonnette à chapiteau de l'ancienne collégiale Sainte-Croix, carte postale, début du XXe siècle (Arch. dép. Essonne, 2 FI 69/412).

semblable à celui qui soutient les voûtes de Moulineux.

Ces correspondances semblent fonder l'hypothèse d'un véritable lien entre les maîtres d'œuvre des deux édifices. L'analyse de l'église de Moulineux nous paraît ainsi apporter des informations permettant d'affiner les connaissances sur la collégiale disparue qui était, selon Robert Branner, le chaînon manquant entre Saint-Martin d'Étampes et la cathédrale de Bourges [45].

*

Malgré les maigres sources archivistiques, l'étude historique de l'église Saint-Thomas-de-Cantorbéry a permis de déterminer une fourchette très précise pour sa construction, entre 1183, date à laquelle les Templiers devinrent seigneurs de Chalou, et 1190, date de la première mention de la paroisse. Cette précision est inhabituelle pour un monument de la fin du XIIe siècle, dont l'analyse architecturale des vestiges établit l'importance dans le paysage monumental de l'Île-de-France à la fin du XIIe siècle, à côté notamment des églises étampoises de Saint-Martin et de Sainte-Croix presque entièrement disparue.

Mais l'église de Moulineux témoigne aussi d'une étonnante sobriété décorative. L'élévation intérieure à trois niveaux avec des ouvertures sous combles pourrait apparaître comme une transposition de celle de la cathédrale de Sens, dans une version très simplifiée que l'on retrouve d'ailleurs à la même époque dans le monde cistercien, et dont l'influence a également fortement marqué l'architecture des ordres militaires. Une même sobriété se retrouve sur les élévations extérieures des faces latérales, à deux registres de baies en arc brisé à simple ébrasement (fig. 28). Outre la corniche trilobée, le principal accent décoratif était apporté par les baies du deuxième étage du clocher. Le portail de la façade occidentale était pour sa part dépourvu de tympan sculpté. L'austérité de l'architecture appuie l'hypothèse d'une construction commanditée par l'ordre du Temple, renforçant également la thèse de la création *ex nihilo* par les Templiers du hameau de Moulineux, qui n'a jamais pu égaler le prestige de la nouvelle église.

Ces vestiges sont malheureusement très délabrés et certaines parties risquent la ruine sans intervention rapide. Une généreuse opération de sauvegarde permettrait de mettre en valeur la totalité du site et de conserver ce magnifique témoin pour les générations à venir.

Fig. 28 - Moulineux (Essonne), église Saint-Thomas-de-Cantorbéry, élévation nord, restitution (dessin J.-B. Ramaut). Les tiretés rouges marquent les contours existants des maçonneries médiévales.

Notes

* Architecte du patrimoine, diplômé de l'École de Chaillot.

1. L'équipe d'atelier était composée de Nina Antin, Lisa Vanalderwerelt, Clément Chapin, Géraud Kerhuel, Vincent Limonne, Jean-Baptiste Ramaut, Nicolas Vallée, avec la participation de Daria Zybina. Elle fut suivie tout au long de l'année par Florence Babics, Véronique Villaneau-Ecalle, Stéphane Berhault, Stefan Manciulescu et Frédéric Martorello. Cette étude fut possible grâce à l'accueil du propriétaire, M. Rimbert, dont nous lui savons gré.

2. René Poupardin, *Recueil des chartes de l'abbaye de Saint-Germain-des-Prés*, t. 1, Paris, 1909, n° XXXVI, p. 58-63.

3. Maxime Legrand et René Ravault, *Note sur l'histoire de Chalou-Moulineux*, chez l'auteur, 1902, p. 4.

4. Charles Forteau, *Chalou-Moulineux pendant la Révolution*, Étampes, 1989, p. 24; Arch. dép. Eure-et-Loir, G 3204 : copie du XVIIIe siècle.

5. Aryeh Graboïs, «Louis VII pèlerin», *Revue d'histoire de l'Église de France*, t. 74, n° 192, 1988, p. 18.

6. Arch. dép. Eure-et-Loir, G 3204. Acte par lequel frère Amio reconnaît également que la commanderie de Chalou devra chaque année 20 muids de blé, mesure de Chalou, au prieuré grandmontain de L'Ouÿe, près de Dourdan.

7. Arch. nat., S 5131, 1re liasse. Datée de 1185 dans les archives (la fin de la date est peu lisible), l'acte serait en fait de 1183 car signé «la quatrième année [du] règne» de Philippe Auguste, couronné en 1179. Henri-François Delaborde indique même la fourchette 01/11/1182 – 16/04/1183 (Henri-François Delaborde, *Recueil des actes de Philippe Auguste, roi de France*, t. 1, Paris, 1916, p. 87).

8. Arch. nat., S 5131, 1re liasse.

9. Alain Demurger, *Les templiers, une chevalerie chrétienne au Moyen Âge*, Paris, 1985, rééd. 2014, p. 306-309.

10. Ch. Forteau, *Chaloux-Moulineux…*, *op. cit.* note 4, p. 82, source non indiquée.

11. Arch. nat., S 5134, visite d'améliorissement de 1786.

12. *Ibid.*, visite d'améliorissement de 1782.

13. Arch. dép. Yvelines, 3 Q 13, visite d'améliorissement de 1759.

14. Julia Fritsch et Dominique Hervier (dir.), *Étampes, un canton entre Beauce et Hurepoix*, Paris, 1999, p. 29.

15. Louis Jarry, *Inventaire des Templiers d'Étampes et de l'église de Moulineux-les-Chalo (1444)*, s. l., 1897, p. 9.

16. J. Fritsch et D. Hervier (dir.), *Étampes…*, *op. cit.* note 14, p. 29, 47; L. Jarry, *Inventaire…*, *op. cit.* note 15, p. 10.

17. Amicie Foulques de Villaret, *Campagnes des Anglais dans l'Orléanais, la Beauce chartraine et le Gâtinais (1421-1428)*, Orléans, 1893.

18. J. Fritsch et D. Hervier (dir.), *Étampes…*, *op. cit.* note 14, p. 29.

19. L. Jarry, *Inventaire…*, *op. cit.* note 15, p. 13-16.

20. J. Fritsch et D. Hervier (dir.), *Étampes…*, *op. cit.* note 14, p. 115.

21. *Ibid.*, p. 98, 113.

22. Arch. dép. Essonne, 81 H 1, fol. 2 r-v, selon acte du 24 février 1587.

23. Simone Fauvet-Buffet, *Châlo-Saint-Mars, village de Beauce,* Paris, 2007, p. 47-48.

24. Arch. dép. Essonne, 4 T 11 : Gustave Jamet, *Monographie communale*, 1899, p. 6.

25. Michel Pernot, *La Fronde, 1648-1652*, Paris, 2012, p. 292, 299.

26. J. Fritsch et D. Hervier (dir.), *Étampes…*, *op. cit.* note 14, p. 114-115.

27. Arch. dép. Essonne, 81 H 1, texte introductif.

28. *Ibid.*, fol. 37.

29. Arch. dép. Eure-et-Loir, G 810, visite de 1647.

30. *Ibid.*, visite de 1654.

31. *Ibid.*, visite de 1678.

32. Arch. dép. Essonne, 8 S 3.

33. *Ibid.*

34. Arch. dép. Essonne, 81 H 1, fol. 44v.

35. *Ibid.*

36. Ch. Forteau, *Chalo-Moulineux…*, *op. cit.* note 4, p. 114.

37. Arch. dép. Essonne, 4 Q 2, 572, fol. 7r-v.

38. G. Jamet, *Monographie communale*, *op. cit.* note 24, p. 6.

39. MAP, dossier 91131/2/1.

40. Matthias Untermann, *Forma Ordinis. Die mittelalterliche Baukunst der Zisterzienser*, Munich-Berlin, 2001.

41. Jacques Henriet, «Recherche sur les premiers arcs-boutants. Un jalon : Saint-Martin d'Étampes», *Bulletin monumental*, t. 136-4, 1978, p. 309-323; Andrew Tallon, «Nouveau regard sur les arcs-boutants des églises d'Étampes», *Mémoires et documents de la Société historique et archéologique de l'Essonne et du Hurepoix*, t. 20 : *Art et architecture à Étampes*, Élise Baillieul (dir.), 2010, p. 75-83.

42. J. Henriet, «Recherche sur les premiers arcs-boutants…», *op. cit.* note 41.

43. Monique Chatenet, «La collégiale Sainte-Croix d'Étampes», dans J. Fritsch et D. Hervier (dir.), *Étampes…*, *op. cit.* note 14, p. 97-99.

44. Arch. dép. Yvelines, 1 Q 53.

45. M. Chatenet, «La collégiale Sainte-Croix d'Etampes», *op. cit.* note 43; Robert Branner, *La cathédrale de Bourges et sa place dans l'architecture gothique*, Paris, Tardy, 1962, p. 165, 167, 181, 188.

Le monument sculpté de Sains-en-Amiénois (Somme)

La mémoire des martyrs Fuscien, Victoric et Gentien

Dominique Paris-Poulain *

Dans les premières décennies du XIIIe siècle, un monument sculpté dédié à la mémoire des trois saints martyrs Fuscien, Victoric et Gentien fut élevé dans l'église paroissiale de Sains [1] (aujourd'hui Sains-en-Amiénois), à l'emplacement même où, selon la tradition, avaient été inhumés leurs restes corporels. À l'évidence, l'entreprise avait pour ambition d'offrir un nouvel éclat au lieu d'ancrage d'un culte que l'on s'accorde à reconnaître, au vu des sources liturgiques et hagiographiques qui nous sont parvenues, comme l'un des plus anciens du diocèse d'Amiens.

Située à une dizaine de kilomètres au sud d'Amiens, l'église, entièrement reconstruite à la fin du XVe siècle et au début du suivant, fut consacrée le 11 avril 1511 par Nicolas de La Couture, évêque d'Hébron (1500-1517), suffragant de l'évêque d'Amiens François Halluin (1503-1538) [2]. De cette période datent la nef, le collatéral qui lui fut adjoint côté nord, les six grandes arcades qui les séparent et la charpente lambrissée qui les couvre. L'aspect initial de cet édifice de style flamboyant fut modifié en 1664 à la suite de la décision de l'abbé Antoine Rogeau, curé-doyen de Sains (1657-1684), d'en agrandir le chœur. C'est à cette campagne de travaux que l'abbé Adolphe Messio, titulaire de la cure de Sains entre 1861 et 1905, attribua la démolition de « l'autel primitif monolythe [*sic*] » situé à l'occident du monument [3].

Le dispositif actuel respecte cette localisation du cénotaphe à l'extrémité orientale de la nef derrière l'autel. Sur une dalle légèrement trapézoïdale supportée par six petits piliers prenant appui sur un soubassement, reposent les corps des trois saints associés, selon un agencement inédit, à une représentation hagiographique de type narratif. Le choix figuratif s'est orienté vers la formule du gisant, dont le pouvoir d'évocation était propre à stimuler la dévotion des fidèles qu'on imagine impressionnés à la vue de la triple effigie des saints représentés en relief (fig. 1).

Si les questions autour de l'émergence du culte et du récit hagiographique dont ils furent l'objet ont retenu l'attention des chercheurs [4], le monument, en dépit de la qualité de sa facture, de l'originalité de sa conception et de sa proximité avec le grand chantier de la cathédrale, n'a pas suscité le même intérêt auprès des historiens de l'art [5].

L'ouvrage ne laissa pas indifférents ceux qui, par le passé, s'intéressèrent à l'histoire et au patrimoine religieux de la région. De l'Ancien Régime nous sont parvenus un certain nombre de manuscrits et d'ouvrages renfermant les mémoires ou les chroniques d'hommes d'église et d'érudits locaux qui nous apportent des éléments d'information sur le monument et mentionnent l'existence, en leur temps, d'un pèlerinage [6]. Parmi ces sources, pour la plupart de seconde main, celles provenant de deux chanoines de la cathédrale, Nicolas de Lestocq et E. Nerlande, occupent une place de première importance [7].

Absent de la collection constituée par François-Roger de Gaignières (1642-1715), le monument donna matière à plusieurs dessins réalisés par Aimé et/ou Louis Duthoit. Une lithographie exécutée d'après l'un deux, publiée en 1835 dans les *Voyages pittoresques et romantiques dans l'ancienne France*, le porta à la connaissance du public éclairé [8] (fig. 2).

Au cours de la seconde moitié du XIXe siècle débutèrent les premières investigations, où les regards croisés de disciplines aussi complémentaires que l'histoire, l'hagiographie et l'archéologie exhumèrent au propre comme au figuré les données essentielles à une meilleure compréhension du lieu vénéré. Ces travaux se sont principalement appuyés sur le récit colporté par les Actes des trois martyrs [*BHL* 3224-3229], que ce soit le travail d'édition de ces textes établi par Charles Salmon à partir des recensions publiées par les Bollandistes [9] ou les fouilles archéologiques, dirigées par l'abbé Adolphe Messio entre 1863 et 1874, qui visaient à découvrir les plus anciennes

Cl. D. Paris-Poulain.

Fig. 1 - Sains-en-Amiénois (Somme), église paroissiale, monument gothique dédié à la mémoire des saints martyrs Fuscien, Victoric et Gentien : vue d'ensemble.

traces matérielles du culte des trois saints dont le récit hagiographique se faisait l'écho [10].

Il revient à l'abbé Bouvier, dans une étude publiée en 1913-1914, d'avoir, le premier, manifesté un intérêt pour certains motifs figuratifs du monument, d'en avoir proposé une date et tenté d'en identifier le commanditaire [11].

Pour plusieurs raisons liées à l'absence de distance critique vis-à-vis de leur objet d'étude ou à une évaluation incorrecte des caractéristiques formelles des sculptures, ces auteurs n'ont pas toujours résolu de manière convaincante certaines questions touchant à l'ancienneté de la sépulture présumée des trois martyrs et au contexte de la commande du monument commémoratif qui leur fut dévolu.

Cet essai se propose de relancer le débat sur ces questions et d'examiner un point, resté jusque-là inédit, relatif à un éventuel dispositif destiné à marquer l'emplacement de la sépulture vénérée avant la réalisation du monument gothique actuellement en place dans l'église de Sains-en-Amiénois.

Le *Locus Sanctus* d'après les Actes

Dans la version la plus ancienne de leur Passion [*BHL* 3226], le lieu de sépulture des trois martyrs n'est pas précisément localisé. Le texte rattache Fuscien et Victoric à un groupe de douze missionnaires qui, sous la conduite de Denis, partirent de Rome dans le but d'évangéliser le nord de la Gaule. Après avoir accompli une mission d'évangélisation en Morinie, Fuscien et Victoric se rendirent à Amiens où ils échouèrent à rejoindre, comme ils l'espéraient, leur ancien compagnon Quentin. Ils prirent alors la direction de Paris où ils rencontrèrent un païen dénommé Gentien qui, tout en les informant du martyre de Quentin par Rictiovar près de la cité de Vermand, leur offrit l'hospitalité en les avertissant du danger qu'ils encouraient eux-mêmes. Peu après avoir converti leur hôte, les deux missionnaires furent découverts par Rictiovar. Gentien tenta courageusement de s'interposer avec son épée, mais il fut aussitôt décapité. Sur le chemin les ramenant à Amiens, Fuscien et Victoric subirent de cruels supplices qui n'ébranlèrent nullement leur détermination à proclamer leur foi et eurent, à leur tour, la tête tranchée. Puis les deux martyrs se redressèrent, se saisirent de leur tête et rebroussèrent chemin vers la demeure de Gentien, distante de plus d'un mille, afin de reposer auprès de celui « qui devait partager éternellement leur gloire dans les cieux ».

Le récit de l'Invention [*BHL* 3229] fait état de la révélation miraculeuse, à un prêtre d'Amiens dénommé Lupicin, de la *cripta* où reposaient les trois saints. Les chants de louange qu'il entonna à la découverte des corps parvinrent, à cinq milles de là, aux oreilles de l'évêque d'Amiens, Honoré, alors qu'il célébrait la messe. Ayant appris la nouvelle depuis Paris où il résidait, le roi des Francs Childebert commanda à des chapelains de son palais d'aller chercher les précieux restes. Mais la translation échoua et Childebert ordonna alors de les ensevelir sur place et de construire en cet endroit un sanctuaire (« *aulam templi* ») afin que les fidèles puissent les honorer dignement ; peu de temps s'écoula avant que les miracles se multiplient, en ce lieu, par la volonté divine (« *Christus Dominus* ») [12].

Le récit ne donne donc d'autre indication topographique que le chemin de Paris, en précisant toutefois que le lieu de la sépulture se situe à cinq milles d'Amiens et à un mille de l'endroit où les deux missionnaires subirent le martyre. La tradition a localisé ces lieux respectivement à Sains-en-Amiénois et à Saint-Fuscien, deux villages situés au sud d'Amiens, le long de l'ancienne voie romaine qui reliait la cité épiscopale à Paris.

L'auteur anonyme de ce récit légendaire prit soin d'attirer l'attention sur les miracles de la céphalophorie et de la translation avortée, deux *topoï* hagiographiques par lesquels les saints sont censés désigner l'emplacement de leur inhumation mais dont l'objectif est d'authentifier et de légitimer un lieu de culte déjà bien enraciné.

Cl. Gallica/BnF.

Fig. 2 - « Tombeau des trois martyrs st. Fuscien, st. Victorice et st Gentien dans l'église de Sains », dessin Duthoit, lithographie Tirpenne (d'après J. Taylor, Ch. Nodier et A. de Cailleux, *Voyages pittoresques et romantiques dans l'ancienne France. Picardie*, vol. 1, Paris, 1835, pl. 67).

Les prémices du culte des trois martyrs

La dévotion à l'égard des trois martyrs amiénois est parfaitement établie au VIIIe siècle, grâce aux témoignages concordants des trois plus anciennes transcriptions de la version gallicane du Martyrologe hiéronymien [13] et de l'exemplaire le plus anciennement conservé du récit hagiographique, copié à l'abbaye de Corbie [14]. Toutefois, dans la mesure où cette version corbéienne de la *Passio sanctorum Fusciani et Victorici* dérive d'un archétype plus ancien que Michèle Gaillard propose de dater de la fin du VIIe siècle, il est permis de situer l'émergence du culte des trois martyrs bien avant la rédaction des manuscrits qui nous sont parvenus [15]. Selon un scénario bien connu, lié à la christianisation des campagnes environnant la cité épiscopale, la promotion de ce culte a pu bénéficier de la part active de l'évêque d'Amiens dont l'*episcopium* manquait cruellement de *loca sanctorum*. Plusieurs indices, que nous avons récemment examinés, conduisent à émettre l'hypothèse qu'il s'agirait soit de Bertefridus (644-vers 670), soit plus vraisemblablement de Theodefridus, premier abbé de Corbie puis titulaire de la dignité épiscopale entre 673 et 683 [16].

Les fouilles de l'abbé Messio ont révélé, sur le lieu où s'élève aujourd'hui l'église de Sains-en-Amiénois, l'existence d'une nécropole gallo-romaine et mérovingienne [17] qui a pu offrir à un évêque en quête de reliques la possibilité de procéder à l'invention de corps saints et de prélever les ossements nécessaires à l'établissement d'un culte.

D'après la documentation à notre disposition, le culte des trois martyrs ne semble pas avoir franchi les limites

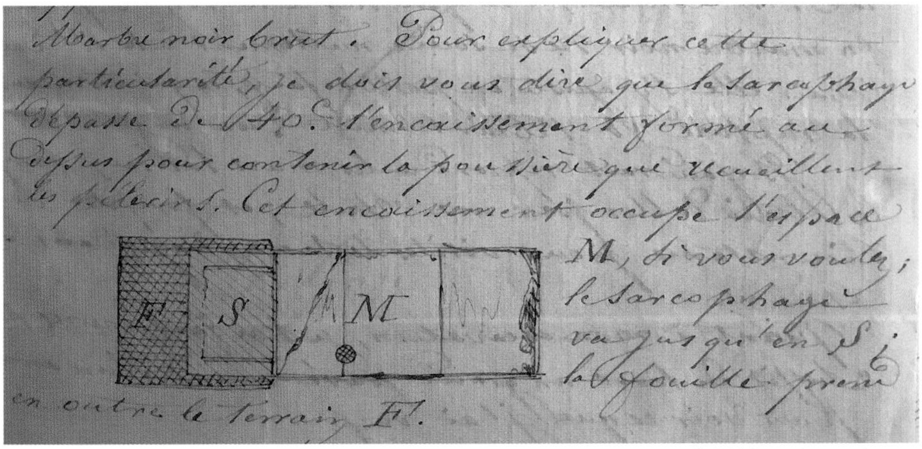

Cl. Bibl. Louis Aragon, Amiens.

Fig. 3 - Croquis de l'abbé Messio, 1863 (Amiens, Bibl. mun., ms. 821 D, Fonds Goze, t. VI, p. 187).

de la cité épiscopale et de ses proches environs avant le IXe siècle [18] : leurs noms manquent dans les litanies copiées entre 795 et 800 dans le *scriptorium* de l'abbaye Notre-Dame de Soissons et dans celles, contemporaines, du *Psautier dit de Charlemagne* que celui-ci, alors roi des Francs, aurait offert à Angilbert pour l'abbaye *Centula*/Saint-Riquier [19].

Le constat est identique pour ce qui concerne la diffusion de leurs reliques. Elles sont absentes du lot recueilli par l'abbé Angilbert, au cours de la dernière décennie du VIIIe siècle, pour la consécration de l'abbatiale [20]. Cette lacune fut comblée, comme nous l'apprend Hariulf, sous l'épiscopat d'Hilmeradus (849-871), lorsqu'à la demande du trésorier de l'abbaye, l'évêque consentit à lui accorder, à la fin de l'année 865, quelques os des genoux (« *ossibus poplitum* ») des trois martyrs qu'il avait en sa possession [21]. Puis ce fut au tour de l'évêque Otgarius (892/893-928) de concéder en 893, à l'abbaye de Corbie, une partie du corps de Gentien [22], et à l'abbatiale, future collégiale de Saint-Quentin, des reliques partielles de Victoric [23].

Une première tentative d'une translation des restes corporels de Victoric avait eu lieu aux alentours de 830, à la demande de l'abbé Warin pour l'abbaye de Corvey en Westphalie. Selon le récit de la *Translatio sancti Viti* [*BHL* 8719], copié dans les années 840-850 par un moine de l'abbaye saxonne, Warin « s'était tourné vers la *civitas* d'Amiens pour obtenir le corps de Victoricus », mais « l'hostilité de la population locale » à satisfaire un tel souhait avait fait échouer sa requête [24]. Ainsi que le suggère Hedwig Röckelein [25], le refus du transfert fut très probablement signifié par l'évêque, ce qui laisse à penser que les reliques de Victoric et celles de ses compagnons étaient alors conservées dans la cité épiscopale.

LA SÉPULTURE PRÉSUMÉE

Se faisant l'écho des « mémoires de ce temps-là », le chanoine Nicolas de Lestocq nous rapporte la mise au jour, lors d'investigations réalisées sous le monument gothique en 1663 – à l'époque donc où l'abbé Antoine Rogeau administrait la paroisse –, d'un sarcophage dont le contenu se résumait à trois *capsulae* servant de réceptacles à quelques ossements qui furent transférés l'année suivante dans une châsse offerte par l'évêque François Faure à l'église de Sains [26]. Le chanoine précise qu'on ne trouva point « de reliques à la table de l'autel sous lequel estoit ce tombeau ». Le dispositif destiné à accueillir les fidèles venus implorer l'intercession des trois martyrs associait ainsi leur tombeau à l'autel de la célébration eucharistique, selon une configuration librement inspirée de la vision des âmes des martyrs sous l'autel céleste, décrite dans le verset 9 du chapitre VI de l'*Apocalypse* [27].

Deux siècles plus tard, sous la conduite de l'abbé Messio, de nouvelles explorations permirent de mieux appréhender la physionomie du sarcophage. On peut suivre les différentes phases des opérations dans la correspondance de l'abbé et dans les rapports qu'Antoine Goze, en sa qualité d'Inspecteur adjoint des Monuments historiques, adressa au Préfet de la Somme.

Une première intervention menée le 5 octobre 1863, à l'est du monument gothique, révéla à 1 mètre de profondeur et sur une distance de 40 centimètres, l'extrémité du sarcophage qualifié de « caisse de marbre noir brut » par l'abbé. Il était brisé au niveau de sa face orientale et les fragments en étaient rassemblés alentour. Un « marbre noir de Boulogne » et « de forme convexe », que l'abbé supposait être le couvercle du sarcophage, en fermait l'extrémité. Quelques « petits ossements sans signe distinctif » furent également trouvés en dehors de la sépulture. Un orifice « fait à la mesure du poignet » pratiqué dans le soubassement du monument, et dont un croquis de l'abbé Messio garde le souvenir (fig. 3) [28], permettait aux pèlerins de prendre de la terre ou d'obtenir des reliques de contact en y introduisant des *brandea*. À cet effet, un encaissement contenant la terre qui leur était destinée recouvrait entièrement la cuve du sarcophage. Telle qu'elle se révéla à l'abbé Messio, la sépulture livrait l'état dans lequel l'avait laissé l'abbé Rogeau en 1664.

À la suite de cette découverte, l'abbé Messio émit le souhait de déposer le monument gothique afin d'accéder à l'intégralité du sarcophage. Satisfaire une légitime curiosité ne fut pas le seul motif qu'il invoqua ; le soubassement menaçait la stabilité du monument et il fallait de toute urgence le restaurer :

> « Je ne vous dissimule pas que j'ai un vif désir d'explorer tout le sarcophage. Il faut, pour cela, déposer le monument qui le recouvre. Or, outre le motif précité nous avons la raison de solidité. Les trois dalles qui forment plancher sont mal établies, et l'on en peut juger à présent, en descendant dans notre fouille. La 1ère est fendue diagonalement ; la 2e, à peu

près intacte, est usée sur ses moulures; la 3e est dentelée, écharpée vers le lutrin. Le pignon en marbre noir ne se soude nullement à la 1ère dalle, mais elle s'y ajuste en porte à faux; ce qui aura causé la rupture et l'ébranlement d'un angle. Il faudrait reprendre les murs latéraux, remplacer les trois dalles par une seule; et profiter de la circonstance pour visiter le sarcophage dans son étendue [29]. »

Le rapport très circonstancié sur l'état du monument qu'Antoine Goze adressa au Préfet le 30 octobre 1863 n'était pas moins alarmant :

« Le soubassement sur lequel il repose est formé de trois pierres en très mauvais état; l'une d'elles est fendue et a subi un affaissement tel, que deux des piliers qui portent la pesante table supérieure vacillent quand on les touche; les autres pierres sont tellement usées qu'on ne peut plus distinguer la moulure qui les borde. Depuis longtemps on s'apercevait que l'eau qu'on versait pour nettoyer le pavé du sanctuaire disparaissait sur le champ du côté du tombeau; on fit une fouille au pied et l'on remarqua qu'il reposait sur des pierres disjointes et sur un sarcophage en marbre noir, brisé; il en résulta un porte à faux qui causa la rupture du soubassement et la perte de solidité de l'assiette du monument [30]. »

La décision fut donc prise de soulever le monument gothique et les résultats de l'opération comblèrent en tous points les attentes de l'abbé :

« On leva le tombeau avec précaution, au moyen d'un cric et on le maintint exhaussé sur une charpente solide qui laissa l'espace nécessaire pour travailler en dessous. On découvrit le sarcophage en pierre bleue dont, quelques jours auparavant, on appercevait [*sic*] l'extrémité. Il avait à l'intérieur de longueur 2 mètres 14 centimètres, de largeur 60 centimètres et de hauteur 48 centimètres. Ses parois avaient 12 centimètres d'épaisseur. On ne retrouva que quelques débris du couvercle qui avait une forme bombée. Cette forme de couvercle et de la cavité qui n'allait pas en diminuant de la tête aux pieds assigne au sarcophage une antiquité reculée. On a cherché en vain les restes d'inscriptions. La tradition voulait que le sol de l'église renfermât trois sarcophages mais les recherches n'en firent découvrir aucun autre [31]. »

Dans l'ouvrage qu'il publia en 1869, l'abbé Messio apporta une précision complémentaire en décrivant la cuve comme un « bloc à peine dégrossi [32] ».

À la lecture de ces informations, les questions relatives à la date de réalisation du sarcophage et à la véritable nature du matériau qui le compose ne manquent pas de se poser.

Soucieux de mettre en conformité sa découverte avec les sources hagiographiques, l'abbé Messio s'empressa d'identifier le sarcophage à la sépulture primitive des trois saints dont le martyre se serait déroulé, selon le récit de la Passion, au tournant des IIIe et IVe siècles, lors de la grande persécution orchestrée par Dioclétien. Sur la base des données apportées par les textes, il aurait été plus logique de situer sa réalisation peu après la découverte des corps saints, sous l'épiscopat de l'évêque Honoré, à l'époque où le roi franc Childebert Ier régnait à Paris, soit entre 511 et 558. Au vu des seuls descriptifs qui nous sont parvenus, une datation même approximative de sa fabrication s'avère difficile. Tout au plus, la morphologie de la cuve parallélépipédique accuse une typologie en usage durant une large période comprise entre l'Antiquité tardive et le haut Moyen Âge, qui correspond au temps d'occupation de la nécropole révélée par les fouilles de l'abbé Messio.

Établir une chronologie précise des différentes structures exhumées par l'abbé dans l'église, parmi lesquelles il crut reconnaître les fondations du sanctuaire mérovingien mentionné dans le récit de l'Invention, est tout aussi ardu [33]. Il est malaisé, en effet, de se prononcer sur les résultats de ces fouilles menées en l'absence de méthodes rigoureuses et soumises à une lecture trop univoque. Néanmoins, la présence de « cercueils de pierre, posés à double étage », « vides de bijoux » et « dépourvus d'inscriptions » [34], orientés et occupant la partie occidentale d'un édifice antérieur à l'église actuelle, semblerait attester la pratique de l'inhumation *ad sanctos* et corroborer l'existence d'une basilique funéraire [35].

Pour en revenir au sarcophage, contrairement à ce qu'avancent l'abbé et l'Inspecteur des Monuments historiques, le matériau utilisé pour sa fabrication ne peut aucunement être de la pierre de Tournai dont la structure schistoïde et la faible épaisseur des bancs ne se prêtent nullement à la réalisation d'une cuve monolithique atteignant les dimensions du sarcophage.

Une dalle funéraire antérieure au monument gothique

Une mission de prospection effectuée en septembre 2017 à l'extrémité orientale du monument gothique révéla la présence de nombreux fragments de roche mêlés à la terre qui remplissait en grande partie la cavité abritant le sarcophage (fig. 4). L'analyse pétrographique d'un de ces fragments diagnostiqua bien « une roche paléozoïque d'âge carbonifère inférieur connue sous le nom de Pierre bleue ou Pierre de Tournai [36] ».

À n'en point douter, ces fragments sont ceux découverts par l'abbé Messio à proximité du sarcophage et dont il pensait qu'ils provenaient du couvercle de ce dernier. En raison, toutefois, de la particularité du calcaire tournaisien évoquée précédemment, il est permis d'envisager une tout autre origine. Ces fragments pourraient se rapporter à une dalle lisse et sans décor, à l'exemple de celle conservée dans l'ancienne collégiale de Saint-Quentin au-dessus de la tombe supposée du saint éponyme, et datée par Christian Sapin à la fin de l'épiscopat d'Éloi (641-660) ou après sa mort [37].

Mais il pourrait également s'agir des vestiges d'une dalle funéraire figurée dont le chanoine E. Nerlande nous donne une description dans sa *Dissertation* composée en l'honneur de saint Honoré qu'il dédia à l'évêque Louis-François-Gabriel de la Motte (1733-1774) :

« Le tombeau de ces s[aint]s qu'on voit par veneration est couvert d'une pierre grise et antique avec une representation grossiere des trois s[aint]s couchés de

Cl. D. Paris-Poulain.

Fig. 4 - Sains-en-Amiénois, église paroissiale, vue de la cavité située sous le monument gothique : fragments de pierre de Tournai.

> leurs longueurs et a leurs pieds quelques figures de bêtes, ce que je prens pour un hierogliphe qui nous fait connaître que ces s[aint]s ont combattu les vices de leur temps, l'idolatrie [38]. »

Cette description ne correspond pas à l'iconographie du monument gothique qui nous est parvenue, puisqu'au lieu de représentations zoomorphes, c'est le martyre des deux apôtres de la Morinie, Fuscien et Victoric, qui figure aux pieds des gisants.

Un peu plus loin dans son texte, le chanoine nous livre une autre description du tombeau, plus succincte et conforme à la représentation que nous connaissons :

> « Dans un tombeau qu'on a toujours pris pour celui des trois s[aint]s la pierre qui le couvre représente l'histoire de leur martyre [39]. »

Ce bref descriptif s'insère dans un texte qui est manifestement un ajout, copié dans la marge en regard d'un développement sur les reliques des trois saints, qui reprend mot pour mot la relation de la découverte de la sépulture faite par Nicolas de Lestocq [40].

À la lecture du premier descriptif, on ne saurait douter que le chanoine Nerlande ait vu la dalle dont il est question : l'utilisation du présent de l'indicatif, la mention de la couleur de la pierre, l'interprétation symbolique des figures animales et l'appréciation négative des caractéristiques formelles de la représentation témoignent en faveur d'une observation directe. Ce qui implique que la dalle figurée existait aux alentours de 1760, à l'époque où il écrivit ces lignes [41].

La qualification du matériau de la dalle comme pierre grise et l'aversion partagée par les hommes de l'Ancien Régime pour les représentations peu réalistes de l'époque romane invitent à imaginer au-dessus du tombeau une dalle funéraire en pierre de Tournai, réalisée à l'époque où les ateliers tournaisiens commencèrent à se spécialiser dans la production de dalles sculptées en demi-relief à l'effigie des défunts [42].

Deux dalles funéraires, en particulier, dédiées respectivement à l'évêque Roger d'Old Sarum († 1139) [43] et à un abbé non identifié de l'ancienne abbaye de Saint-Menge [44], comptent parmi les réalisations tournaisiennes les plus précoces appartenant à cette catégorie. Les deux gisants, que Jean-Claude Ghislain propose de dater aux environs de 1140 pour le premier et aux alentours des années 1135-1145 pour le second, pointent leur crosse en direction d'un dragon ailé situé à leurs pieds, qui entre en résonance avec les « figures de bêtes » citées par Nerlande.

L'état dans lequel se trouve la centaine de fragments retrouvés récemment sous le monument ne permet pas, à l'œil nu, une reconstitution même partielle de la dalle et on ne peut affirmer que cette dernière comportait des figures en demi-relief [45]. On devine un listel sur le plus gros de ces fragments et des traits incisés sur d'autres qui pourraient correspondre à un dessin gravé (fig. 5).

Le cénotaphe de sainte Alène à Forest-Lez-Bruxelles pourrait offrir un élément de comparaison pertinent [46]. La dalle, en calcaire tournaisien et de forme légèrement trapézoïdale, est gravée à l'effigie d'une des premières moniales du prieuré bénédictin de Forest, morte à la fin du XIIe siècle et canonisée en 1193 par l'abbé du monastère d'Affligem dont dépendait le prieuré. La lourdeur et la maladresse du trait, notamment pour le visage de la sainte, auraient probablement suscité chez E. Nerlande le même jugement défavorable qu'il exprimait à propos de la représentation des trois martyrs amiénois.

Il n'y a pas, à ce jour, de réponse définitive à la question de savoir si les fragments de calcaire tournaisien découverts sous le monument gothique peuvent être corrélés à la dalle romane mentionnée par le chanoine Nerlande. Dans l'affirmative, cela supposerait que ces fragments y auraient été déposés à une date ultérieure à la rédaction de son texte. En outre, il n'est

Cl. D. Paris-Poulain.

Fig. 5 - Sains-en-Amiénois, fragment de pierre de Tournai extrait de la cavité située sous le monument gothique.

Cl. D. Paris-Poulain.

Fig. 6 - Sains-en-Amiénois, vue de la cavité située à l'extrémité orientale du monument gothique après l'extraction de la terre et des fragments de pierre de Tournai.

pas certain que la totalité des fragments aient été recueillis lors de la seconde prospection menée dans ce but en juin 2018. Il nous manque en particulier un élément qui, sans nul doute, aurait été décisif pour y voir clair : « le marbre noir de forme convexe » découvert par l'abbé Messio devant l'extrémité orientale du sarcophage. De même, restent en suspens la raison et la date de leur morcellement. Quant à l'extrémité orientale du sarcophage qui outrepasse d'une quarantaine de centimètres le monument gothique, son accès s'est révélé impossible en raison de la présence d'un encaissement constitué de dalles de pierre établi à l'imitation de celui découvert par l'abbé Messio en 1864 (fig. 6).

Un événement survenu peu après 1100 dut contribuer à amplifier la notoriété des trois martyrs dans le diocèse d'Amiens et ses environs. Enguerran Ier, seigneur de Boves († en 1117) et alors à la tête du comté d'Amiens, entreprit d'établir une abbaye bénédictine placée sous le patronage de Saint-Fuscien, à l'emplacement présumé du martyre de ce dernier et de son compagnon. Le choix du patronage se justifiait pleinement en vertu de la prééminence de Fuscien sur Victoric dans l'intitulé de la *Passio* (*Incipit Passio sanctorum ac beatissimorum Fusciani et Victurici martyrum*) mais également en raison de la conservation de la plus grande partie de ses reliques dans la cathédrale. De manière tout aussi éloquente, l'évêque d'Amiens Gervin ne mentionne que le nom de Fuscien dans la lettre qu'il adressa à Lambert d'Arras peu de temps avant la fondation de l'abbaye, afin de l'inviter à une translation des reliques des trois martyrs dans un nouveau reliquaire [47].

L'installation d'une communauté monastique au cœur de sa terre de Boves répondait probablement à la préoccupation d'Enguerran Ier d'assurer la perpétuation de sa mémoire et de celle de sa descendance [48]. On sait, grâce au témoignage d'Adrian de La Morlière [49], qu'il avait choisi l'abbaye comme lieu de sépulture.

L'acte de donation, confirmé en 1105 par l'évêque Geoffroy [50], ajoute au territoire nécessaire à l'établissement du monastère un grand nombre d'églises, de biens ecclésiastiques et d'autels dont la moitié de celui de Sains (*altare Sanctis*), qui atteste l'existence, à cette époque, d'une église paroissiale dans ce village.

Dans l'état actuel de nos connaissances et en dépit des fouilles de l'abbé Messio, très mal documentées, nous sommes dans l'impossibilité de retracer la chronologie exacte des édifices qui se sont succédé avant la construction de l'église actuelle. L'initiative du seigneur de Boves a pu générer la construction d'une église romane qui se substitua à un édifice plus ancien. L'établissement de l'abbaye toute proche, dédiée à saint Fuscien, a dû être un facteur déterminant pour le renouvellement du dispositif destiné à matérialiser l'emplacement de la sépulture du saint patron et de ses compagnons, sous l'aspect d'une dalle à leur effigie. Mais en raison de la perte de celle-ci, préciser le moment de son installation relève de la pure conjecture.

En dehors de la dalle funéraire mentionnée par Nerlande, l'époque romane nous a légué une autre représentation des trois martyrs sous la forme d'une initiale historiée conservée dans un lectionnaire à l'usage de l'abbaye de Corbie, daté des années 1140 (fig. 7) [51]. L'initiale, qui introduit le texte lu le jour de l'office commémorant la Passion des trois

Cl. IRHT.

Fig. 7 - Lectionnaire à l'usage de Corbie, 1140-1150 : rencontre des deux apôtres de la Morinie et de Gentien (Amiens, Bibl. mun., ms. 143, fol. 107v).

martyrs, sert de cadre à leur rencontre. Nimbés et pieds nus, à l'égal des apôtres, Fuscien et Victoric viennent d'évangéliser le pays des Morins et sont munis du bâton des voyageurs. Index pointé vers Gentien, ils s'enquièrent du sort de leur ancien compagnon, Quentin. Devant le seuil de sa demeure dont la porte est largement ouverte, Gentien, figuré sous les traits d'un vieillard, le dos voûté et s'appuyant sur une béquille, s'apprête à leur offrir l'hospitalité. De manière significative, celui dont l'abbaye possédait une partie des reliques bénéficie du privilège d'être béni par la *Dextra Domini* émergeant des nuées.

Le monument gothique

Lorsqu'il fut décidé de remplacer la dalle romane, le choix se porta en faveur d'une relative stabilité iconographique et pour un monument en pierre calcaire d'origine locale [52], de belles dimensions, plus au goût du jour et à la mesure de la dévotion dont les trois martyrs étaient l'objet.

Le bloc monolithique légèrement trapézoïdal, sur lequel ont été sculptés les gisants, est supporté par six petits piliers composés d'un faisceau de quatre colonnettes surmontées de chapiteaux à crochets [53] ; chacun de ces piliers repose sur une base carrée munie de quatre griffes et rehaussée d'un tore de plus petite dimension : une structure traditionnelle comparable, par exemple, à celle que présentait le monument de la reine Frédégonde dans l'abbatiale de Saint-Germain-des-Prés [54].

Le soubassement mouluré, sur lequel s'appuient les piliers, est le résultat de la restauration réalisée en 1864 pour les raisons évoquées plus haut [55]. On prit soin alors de répondre aux attentes des pèlerins en ménageant à l'avant du monument une ouverture qui leur permettait d'obtenir des reliques de contact [56]. Sans atteindre l'usure du pied de la statue de saint Pierre à Rome, le poli de la pierre sur les parties les plus accessibles des

Cl. M. Toubin.

Fig. 8 - Sains-en-Amiénois, église paroissiale, monument gothique : les trois gisants et la scène hagiographique.

sculptures atteste le passage des fidèles au fil du temps. Exposés dans la direction de l'orient, prêts à se redresser face au Christ de la Parousie, les trois corps endormis de ceux qui par leur vertu ont pu accéder directement au Royaume des Cieux, offraient aux fidèles une représentation susceptible de leur faire entrevoir la Résurrection finale et de les conforter dans leurs espérances.

Sculptée en demi-relief, chacune des effigies se détache d'une surface très légèrement incurvée selon un procédé visible sur le monument funéraire d'un prélat, conservé dans l'église Sainte-Anne de Gassicourt à Mantes-la-Jolie, que Léon Pressouyre a rapproché des grands ensembles monumentaux des années 1170-1180 [57].

La configuration symétrique qui gouverne l'agencement des trois gisants contribue à valoriser la figure centrale, présentée de face, mains jointes en prière. Sa stature dépasse en hauteur, de quelques centimètres, celle des deux autres figures [58]. Le rôle d'intercesseur privilégié qui lui est dévolu invite à l'identifier au saint patron de l'abbaye voisine à qui avait été confiée la responsabilité spirituelle (*cura animarum*) de l'église paroissiale de Sains. Ses deux compagnons l'encadrent, têtes tournées légèrement de trois quarts de son côté, une main sur la poitrine, l'autre dirigée vers le bas, selon un schéma en miroir qui ne permet pas de les différencier (fig. 8). Tous trois sont auréolés d'un large nimbe qui épouse le profil en plein cintre des arcs du dais qui les abrite (fig. 9). Leurs pieds chaussés prennent appui sur la bordure en saillie délimitant le champ figuratif où s'inscrivent les derniers épisodes du récit de la Passion (fig. 10). La scène narrative s'ouvre sur la représentation de Rictiovar qui préside du haut de sa monture à l'exécution de Fuscien et de Victoric : l'un des deux martyrs gît aux pieds du bourreau, sa tête tranchée, reposant sur le sol, tournée vers la droite; le second, debout face au bourreau, s'apprête à recevoir le coup fatal : tandis que son exécuteur lui incline la tête, il maintient des deux mains le pommeau de l'épée dans un geste exprimant le martyre consenti. Nul doute qu'il faille, ici encore, reconnaître sous les traits du personnage, la figure de saint Fuscien. Suit le miracle de la céphalophorie : les deux saints, la tête entre leurs mains, s'éloignent vers la droite pour rejoindre, selon la tradition, la dépouille de Gentien [59].

Pour la mise en place des scènes hagiographiques, il y a tout lieu de penser que le concepteur du monument de Sains n'était pas dépourvu de modèles. L'une des sources les plus probables pourrait être la châsse en vermeil, aujourd'hui disparue, exécutée à l'initiative de l'évêque d'Amiens

Cl. M. Toubin.

Fig. 9 - Sains-en-Amiénois, église paroissiale, monument gothique : les trois gisants en buste sous la triple arcature.

Cl. D. Paris-Poulain.

Fig. 10 - Sains-en-Amiénois, église paroissiale, monument gothique : scène du martyre et céphalophorie.

Cl. P. Augé, UPJV.

Fig. 11 - Sains-en-Amiénois, église paroissiale, monument gothique : décor ornemental sur les tranches de la dalle.

Thibault d'Heilly peu avant 1175 et destinée à être exposée dans le sanctuaire de la cathédrale, aux côtés d'autres reliquaires des saints du diocèse [60]. Le procès-verbal rédigé en 1651 à l'occasion de son ouverture stipule qu'elle était « de bois, couverte d'une lame d'argent et enrichie de plusieurs figures en bosses représentans les martirs desdits saincts [61] ».

Agencé symétriquement, de part et d'autre d'un motif floral, un élégant décor de rinceaux orne l'épaisseur de la dalle du côté occidental, tandis qu'une frise de feuillage uniforme et plus schématique se déploie sur les trois autres côtés (fig. 11). Nous ne partageons pas le jugement défavorable émis par Julien Louis sur la décoration de la tranche occidentale qu'il qualifie de « médiocre », ni l'hypothèse non argumentée qu'il emprunte à l'abbé Messio, selon laquelle elle était à l'origine dépourvue de décor [62]. Si tel avait été le cas, on ne s'explique pas la présence des listels encadrant le motif de rinceaux qui sont, en tous points, identiques aux listels délimitant la frise végétale des trois autres tranches. L'abbé Messio date la réalisation de ces rinceaux du XIVe siècle, « lorsqu'on dégagea le monument de l'autel fixe jusque-là contigu [63] ». Cette affirmation ne repose sur rien de concret. Selon toute vraisemblance, le cénotaphe fut fabriqué en dehors de l'église et positionné ensuite à une certaine distance de l'autel afin de ménager un espace de circulation pour les pèlerins. On ne voit pas pourquoi il aurait été décidé de laisser nue cette partie de la dalle, située en regard de l'autel et en étroite contiguïté avec les têtes des gisants. En raison de cette proximité, la composition végétale constituée de rinceaux se prête à une lecture spirituelle visant à exprimer la Résurrection à la vie éternelle : agrémentée de deux petites grappes de fruits et de huit palmettes dont les extrémités pointent en direction du motif efflorescent disposé au centre, elle semble bien pouvoir être assimilée à un *Arbor vitae*, en vertu de l'interprétation allégorique du chiffre huit largement exploitée dans les commentaires exégétiques (fig. 12). L'adéquation entre ce motif de rinceaux et son lieu d'inscription suggère une conception dès la mise en œuvre du monument. La proposition d'en attribuer la réalisation au XIVe siècle est tout aussi irrecevable ; sa formulation appartient incontestablement au répertoire ornemental de l'époque romane. On la rencontre dès le premier quart du XIIe siècle dans un manuscrit provenant vraisemblablement de l'abbaye Saint-Pierre de Moissac [64] et il présente d'étroites similitudes avec les rinceaux du cénotaphe roman de sainte Pharaïlde, conservé dans l'église de Bruay-sur-l'Escaut [65].

Le déficit de la documentation ne facilite pas la datation précise des sculptures du monument de Sains. L'abbé Bouvier a

Cl. P. Augé, UPJV.

Fig. 12 - Sains-en-Amiénois, église paroissiale, monument gothique : face occidentale de la dalle.

Cl. P. Augé, UPJV.

Fig. 13 - Sains-en-Amiénois, église paroissiale, monument gothique : arbre situé derrière Rictiovar.

Cl. IRHT.

Fig. 14 – Bible, Corbie, XIIIe siècle : mort de Saül (Amiens, Bibl. mun., ms. 21, fol. 183).

Cl. musée de Picardie, Amiens.

Fig. 15 - Dessin d'un pilier provenant de l'ancienne abbatiale Saint-Fuscien (Amiens, musée de Picardie, MP Duthoit, B XVII-140, XIXe siècle).

tenté d'en attribuer la paternité à Thibaut d'Heilly (1169-1204). Cette attribution s'appuie sur la prise en considération de la grande vénération de l'évêque à l'égard des reliques des trois martyrs qu'il transféra dans une nouvelle châsse en vermeil, ainsi que nous l'avons précédemment mentionné, et sur la présence de certains éléments figuratifs – comme le plein cintre de la triple arcature surmontée de tourelles et la cotte d'armes sans manche recouvrant le haubert dont le capuchon laisse à découvert les visages de Rictiovar et de son acolyte – qui ne peuvent appartenir, selon lui, qu'à une période située entre 1160 et 1200 [66].

Les critères retenus par l'abbé Bouvier ne résistent pas à une analyse plus poussée. L'intérêt porté aux reliques des saints du diocèse est inhérent à la fonction épiscopale. La dispersion de celles des trois martyrs à l'époque carolingienne n'a pas pour autant privé la cathédrale d'Amiens des précieux ossements. On garde la trace de leur translation par l'évêque Gervin en 1096, si l'on en croit le chanoine François Villeman [67], et après Thibaut d'Heilly, Guillaume de Mâcon (1278-1308) s'est accordé le privilège de procéder à l'ouverture du reliquaire [68]. Quant aux éléments figuratifs mentionnés par l'abbé, ils ne constituent pas un point de repère solide en raison de leur utilisation sur une longue durée.

La formulation de l'arcature en plein cintre associée à des tourelles et le haubert revêtu d'une cotte d'armes sans manche se sont effectivement maintenus bien au-delà de 1200. Pour ce qui concerne la cotte d'armes sans manche, les exemples sont multiples : le carnet de Villard de Honnecourt en donne une belle illustration [69], mais on pourrait citer également l'image du soldat représenté dans le *Massacre des Innocents* au soubassement de l'ébrasement nord du portail méridional de la cathédrale d'Amiens ou encore, pour s'en tenir à un autre exemple provenant de la même sphère géographique, l'initiale figurée du *Quid gloriaris* d'une bible datée dans le second quart du XIIIe siècle que Robert Branner a attribuée à un atelier amiénois [70].

Quant à l'usage du plein cintre au niveau de la micro-architecture, les exemples abondent jusqu'aux années 1230-1240. Aux portails occidentaux de la cathédrale d'Amiens, il occupe une place non moins éminente que l'arc brisé, comme l'attestent la modénature d'encadrement des quadrilobes ornant les soubassements ou encore les dais en grand nombre, dont celui en position dominante au-dessus du Christ Juge. Mais la formulation de la triple arcature surmontant les gisants de Sains adopte un agencement horizontal qui se démarque des dais trilobés amiénois. Un rapprochement plus étroit peut être établi avec la double arcature en plein cintre dotée d'une tourelle, qui surplombe l'épisode où Pierre et Jean découvrent le tombeau vide du Christ, figuré dans le vitrail de la baie axiale du chœur de la cathédrale de Laon (vers 1200-1228) [71]. Dans le domaine de la sculpture monumentale, le cycle des Vices et des Vertus du portail central de Notre-Dame de Paris (vers 1200-1210) [72] présente des arcades trilobées construites selon la même formulation qu'à Sains-en-Amiénois, laquelle répond toutefois davantage à une nécessité imposée par le profil et l'alignement des nimbes qu'à l'adoption de modèles en cours.

Un autre motif pourrait constituer un repère chronologique plus tangible. Les feuilles découpées en cinq lobes arrondis, inspirées de la feuille de chêne, visibles sur l'arbre situé derrière Rictiovar (fig. 13) et sur les retombées extérieures de l'arcature, trouvent leur équivalent dans quatre bibles enluminées que Robert Branner a classées parmi les sources de l'atelier responsable du Psautier commandé par Blanche de Castille entre 1223 et 1235 [73]. Deux de ces bibles ont été enluminées à Corbie [74] (fig. 14), la troisième pourrait avoir une origine identique [75], la quatrième provient de Saint-Vaast d'Arras [76]. Les premières occurrences de cette formulation dans les manuscrits auraient donc vu le jour dans les toutes premières années de 1220, dans un espace territorial circonscrit à Amiens et ses environs. Un dessin des Duthoit, montrant l'emploi de feuilles similaires sur les chapiteaux d'un pilier cantonné de l'ancienne abbatiale Saint-Fuscien, confirme l'implantation locale du motif [77] (fig. 15), mais en l'absence d'une documentation fiable sur la construction de l'église, nous ne pouvons tirer de cet exemple aucune conclusion permettant de préciser la date de réalisation du monument de Sains-en-Amiénois.

Le motif de rinceaux de la tranche occidentale de la dalle fournit un second point de contact avec les trois bibles enluminées à Corbie qui en proposent des variations étroitement apparentées [78], donnant à penser que leurs réalisations respectives n'auraient pas été trop éloignées dans le temps.

L'examen des procédés stylistiques déployés pour la mise en œuvre des statues pourrait livrer des garanties plus assurées pour affiner l'âge du monument. On y relève les accents et les formules typiques du mouvement antiquisant dont les manifestations se sont épanouies depuis les années 1180-1200 jusqu'aux trois premières décennies du XIIIe siècle [79] : fluidité des drapés laissant deviner le volume des corps, plis curvilignes et creusés en cuillère plus ou moins serrés, tuniques blousant à la taille ou pans des manteaux animés de plis rectilignes tombant à la verticale.

Ces caractéristiques se signalent, dans une moindre mesure, sur le chantier de la cathédrale d'Amiens dans la réalisation notamment de trois statues (sainte Ulphe au portail septentrional [fig. 16], Isaïe au portail central [fig. 17] et un roi de Juda dans les voussures du portail méridional [80]), dont l'esthétique antiquisante tranche nettement avec le « style sévère » et le « style proprement gothique », représentatifs des nouvelles

Cl. D. Paris-Poulain.

Fig. 16 - Amiens, cathédrale Notre-Dame, façade occidentale, portail septentrional, ébrasement gauche : sainte Ulphe, saint Fuscien et saint Victoric céphalophores entre deux anges, saint Honoré.

Cl. D. Paris-Poulain.

Fig. 17 - Amiens, cathédrale Notre-Dame, façade occidentale, portail central, ébrasement droit : prophète Isaïe.

orientations des années 1230-1240 adoptées pour l'ensemble des portails sculptés [81]. L'isolement, au sein de cet ensemble, de ces statues – qui trahissent par ailleurs des personnalités artistiques fort différentes –, plaide en faveur d'une datation haute de leur réalisation, aux environs de 1225 [82], soit au début de l'activité des imagiers sur le chantier avant que ne fut prise la décision d'opter pour des formes plus en phase avec les expérimentations novatrices lancées au tympan du Couronnement de la Vierge de Notre-Dame à Paris [83] ou avec des méthodes de production plus efficaces visant un meilleur rendement [84].

Si chacune des statues de « style antiquisant » constitue un *unicum* au sein du chantier amiénois, leurs propriétés intrinsèques n'offrent que peu de similitudes avec celles du monument de Sains. Les trois gisants qui le composent se singularisent par la manière de plisser le bas des tuniques au moyen de plis ovoïdes s'échelonnant le long des jambes de part et d'autre des plis rectilignes ou la fermeture des manteaux par un bouton sur l'épaule entraînant la formation de plis incurvés devant le torse, qu'on ne rencontre pratiquement plus au-delà de 1220 et qui renvoient indiscutablement aux premières réalisations du « style 1200 » auxquelles appartiennent – pour nous en tenir aux références proches géographiquement – les sculptures de la façade occidentale de la cathédrale de Laon (1195-1205) [fig. 18] et du portail de l'ancienne abbatiale Saint-Yved de Braine (1190-1208) [85].

Le « style antiquisant » est moins accentué sur les reliefs de la scène narrative où, contrairement aux gisants, on ne relève nulle trace du « Muldenfaltenstil ». Les vêtements y sont, dès lors, traités avec moins d'élégance tout en étant dotés des valeurs plastiques conformes à celles qu'ont en partage les œuvres portant l'empreinte d'un plus grand naturalisme. Le pan du manteau qui entoure la taille du corps de Victoric, en créant une ceinture traversée de plis incurvés, appartient au répertoire de ces créations. En outre, à la finesse d'exécution qui caractérise les têtes des gisants s'oppose une réalisation moins bien maîtrisée pour les personnages des épisodes hagiographiques, exception faite de la figure de Fuscien s'offrant au martyre : le bourreau présente de face un visage asymétrique, les céphalophores et la tête tranchée de Victoric sont pourvus de physionomies assez frustes ébauchées à grands traits, tout comme le sont leur chevelure et leur barbe.

Se pose alors d'emblée la question des mains et l'hypothèse d'une collaboration entre deux personnalités artistiques de talent inégal [86]. Sans exclure l'aptitude d'un sculpteur à diversifier son langage stylistique, la probabilité d'une collaboration apporterait une explication au caractère hétérogène de la facture des deux frises ornementales qui se déploient sur les tranches de la dalle, le décor de rinceaux se caractérisant par de subtiles nuances dans la taille du relief dont est dépourvue la frise végétale sculptée en méplat.

Les têtes des trois gisants affichent indiscutablement des traits communs qui laissent supposer l'intervention d'un seul exécutant : format rectangulaire du visage encadré de cheveux ondulés mi-longs, traversés de sillons, dont les

Cl. Centre André Chastel.

Fig. 18 - Laon, cathédrale Notre-Dame, façade occidentale, portail nord, voussures : roi de Juda.

pointes s'enroulent vers l'intérieur ; barbe courte, peu fournie ; arcades sourcilières peu saillantes ; fine moustache encerclant une bouche rectiligne pourvue d'un léger renflement de la lèvre inférieure (fig. 19, fig. 20, fig. 21).

Certains aspects stylistiques des statues de Sains répondent de toute évidence à une intentionnalité sémantique. Il en est ainsi de l'épaisse moustache en accent circonflexe du bourreau, pour laquelle il n'existe que peu de références, et dont l'objectif est d'accentuer le caractère négatif du personnage (fig. 22), tout comme l'image sculptée de Fuscien résulte de la détermination à mettre en valeur le saint patron de l'abbaye qui assurait la charge d'âmes de la paroisse de Sains.

Dans la scène narrative, il est le seul personnage dont les traits du visage sont sculptés avec précision. Son gisant incarne un idéal de beauté qui contraste avec les physionomies plus naturalistes de ses deux compagnons, figurés un peu plus âgés, le front marqué de deux ridules. Dans le détail de l'exécution, ses cheveux et sa barbe contribuent également

Cl. P. Augé, UPJV.

Fig. 19 - Sains-en-Amiénois, église paroissiale, monument gothique : tête du gisant de gauche.

Cl. P. Augé, UPJV.

Fig. 20 - Sains-en-Amiénois, église paroissiale, monument gothique : tête du gisant de droite.

Cl. D. Paris-Poulain.

Fig. 21 - Sains-en-Amiénois, église paroissiale, monument gothique : buste du gisant de Fuscien.

à le différencier de ces derniers : sa chevelure, légèrement plus longue et plus finement striée que la leur, présente une petite masse ondulée sur le haut du front faisant office de frange, tandis que celle attribuée à ses compagnons est constituée de deux petites mèches taillées en pointe; l'extrémité de sa barbe se prolonge sous le menton, savamment modelé, en deux petites boucles symétriques (fig. 21). Mais c'est avant tout la régularité de ses traits et la construction parfaitement symétrique de son visage qui le distinguent des deux autres gisants en lui conférant un aspect christique, qui viserait peut-être à exprimer l'idée que son martyre fut consenti, comme le montre la mise en scène de sa décollation, à l'imitation de la mort sacrificielle du Christ.

À la lumière de cette interprétation, il serait tentant d'établir un parallèle avec la représentation du Beau Dieu d'Amiens (fig. 23). Dans les deux cas, nous avons affaire à des figures idéalisées, exécutées avec finesse, selon un schéma rigoureusement symétrique, constitué d'un front droit, de pommettes saillantes et de détails assez similaires, tels la forme des lèvres et le dessin de la barbiche. Cette similitude apparente de leur physionomie découle de la culture visuelle qu'avaient en commun leurs créateurs. La manière très particulière de diviser la barbiche en deux boucles symétriques, par exemple, est un procédé conventionnel qu'on rencontre dès les années 1210-1220 à Chartres [87] et dont on peut suivre le cheminement de Paris [88] à Amiens [89].

Les points de contact entre les figures du Beau Dieu et de Fuscien s'arrêtent là. Chacun d'eux possède des traits qui les différencient nettement. Le Christ se signale par le format très allongé de sa tête, la conception très plastique de sa chevelure, agencée en larges mèches souples encadrant le visage, et une moustache en accolade s'interrompant en forme de bouclettes au niveau des commissures labiales [90]. Exécutée avec beaucoup moins de naturalisme, la chevelure plus graphique du martyr de Sains se caractérise par la forme cylindrique de l'extrémité de ses cheveux qui s'enroule vers l'intérieur selon un modèle figuratif peu répandu,

Cl. P. Augé, UPJV.

Fig. 22 - Sains-en-Amiénois, église paroissiale, monument gothique : décollation de Fuscien.

Cl. E. M. Mouaddib.

Fig. 23 - Amiens, cathédrale Notre-Dame, façade occidentale, portail central : Beau Dieu.

sensiblement similaire à celui repérable dans les années 1145-1150 à Saint-Denis et à la cathédrale du Mans [91].

La différence majeure qui ressort de la confrontation entre le Beau Dieu et le martyr de Sains se situe essentiellement dans le traitement formel très contrasté de leur tenue vestimentaire respective : l'un offrant la conception volumétrique des drapés, traversés de plis cassés aux arêtes vives distinctif du style qui s'est imposé sur le chantier amiénois dans les années 1230-1240 [92], l'autre livrant les inflexions caractéristiques du mouvement antiquisant des premières décennies du XIIIe siècle, présentes au début de l'activité du chantier : une mixité stylistique découlant de l'hétérogénéité des équipes, composées d'hommes de génération et de formation différentes, qui se sont succédé sur ce chantier.

Il n'existe pas de points de comparaison convaincants entre les sculptures de Sains et celles des portails amiénois qui permettraient de défendre l'hypothèse d'une concomitance de leur exécution et d'une circulation des sculpteurs d'un chantier à l'autre, ce qui n'exclut nullement, en revanche, la probabilité d'une proximité chronologique.

Plusieurs indices de nature formelle et stylistique militent en faveur d'une légère antériorité du monument de Sains par rapport aux premières sculptures mises en place sur les portails occidentaux d'Amiens vers 1225 : la forme trapézoïdale du tombeau qui disparaît au début du XIIIe siècle au profit de la forme rectangulaire, la surface de la dalle légèrement taillée en cuvette [93], le dais surmonté de tourelles, les feuilles de chêne assujetties à une facture fortement stylisée, la faible saillie du relief des gisants, les plis de forme ovoïde soulignant leurs jambes et le manteau agrafé sur l'épaule. Tous ces critères invitent à situer la mise en œuvre du monument alors qu'était lancée la première phase des grands travaux entrepris par Évrard de Fouilloy (1211-1222) [94].

Si l'on accepte cette hypothèse, la décision de substituer à la dalle romane de Sains un monument plus en accord avec le goût de l'époque coïnciderait avec le moment où s'élaboraient, sous la houlette de l'évêque et de certains membres du chapitre, le projet de reconstruction de la cathédrale et la conception du programme de l'ensemble de ses portails sculptés [95]. La rénovation de la tombe vénérée relèverait d'une intention similaire à celle qui donna lieu au contenu programmatique du portail Saint-Firmin : glorifier et réactiver la mémoire de ceux qui, selon la tradition, avaient contribué à construire l'identité spirituelle de l'Église diocésaine. Aux ébrasements de ce portail, une place de choix fut offerte à l'évocation du miracle de la céphalophorie de Fuscien et Victoric (fig. 16) situés en vis-à-vis de Gentien qui s'apprête à faire usage de son épée à l'encontre de Rictiovar conformément au récit de la Passion [*BHL* 3224 et 3226] [96]. Au bras sud du transept, sur le tympan du portail dédié à saint Honoré, c'est la représentation de l'Invention des trois corps saints [*BHL* 3229] qui s'est imposée : on y voit l'évêque siégeant *in cathedra* à l'écoute des chants de louange qu'entonne le prêtre Lupicin au moment où il exhume les cercueils [97].

Rénover, à l'occasion de la reconstruction de la cathédrale, la dalle funéraire des saints les plus anciennement vénérés du diocèse, a pu paraître aux yeux des membres du clergé impliqués dans le projet une opportunité à saisir. Leurs intérêts ont pu se conjuguer avec ceux de l'abbé de Saint-Fuscien qui a pu y voir une aubaine pour revivifier la ferveur des pèlerins ou en attirer de nouveaux. Entre 1223 et 1225, l'abbaye qui assurait la *cura animarum* de la paroisse, était dirigée par Robert Cozin, un ancien moine de l'abbaye de Corbie dont le rôle dans le développement du culte des trois martyrs fut essentiel. C'est de cette abbaye qu'étaient originaires plusieurs moines parmi ceux qui furent appelés à former la communauté monastique nouvellement installée à l'initiative d'Enguerran Ier de Boves, alors titulaire de la vicomté de Corbie.

En tant que fondateur de l'abbaye de Saint-Fuscien, ce dernier obtint le privilège de s'y faire inhumer. D'après le témoignage de La Morlière, son gisant occupait le milieu de la nef de l'église abbatiale :

> « [...] sa sépulture s'y voit encor au milieu de la nef, où il est de son long representé en relief sur sa tombe ensemblement d'une pierre seule [98]. »

Il semble peu probable qu'un tel monument ait été réalisé à une date aussi proche que celle de la mort d'Enguerran Ier en 1117, la formule du gisant en relief n'émergeant dans la France du Nord qu'à la fin du XIIe siècle et ne s'y imposant qu'au début du XIIIe siècle. Rien n'interdit, en revanche, de penser que la décision d'ériger un monument de prestige *ad ecclesiam*, qui plus est positionné dans un lieu stratégique à l'intérieur de l'église, revint à l'un de ses descendants, précisément son petit-fils Enguerran IV de Boves († 1222), au moment où il s'engageait dans une politique de réhabilitation de sa lignée, après le meurtre du prévôt royal perpétré par son frère Hugues de Boves († en 1215), à la condamnation à l'exil de ce dernier et à sa trahison par l'alliance qu'il conclut avec le roi Jean d'Angleterre. Avant son départ pour la cinquième croisade qui devait concrétiser son retour parmi les grands du royaume, Enguerran IV, de pair avec son épouse Ade de Nesle, prit l'initiative, à des fins de rédemption, de fonder sur sa terre, en 1219, l'abbaye cistercienne du Paraclet, à l'emplacement de l'ermitage de sainte Ulphe [99] dont la statue côtoie celles de Fuscien et Victoric au portail Saint-Firmin. À l'image de l'abbaye de Saint-Fuscien, celle du Paraclet avait vocation d'assurer la *memoria* de ses fondateurs qui y reçurent sépulture.

Dans ce contexte politique, il n'est pas impossible qu'Enguerran IV ait décidé, probablement avec l'approbation et le soutien d'un autre de ses frères, Thomas de Boves, chantre (1220-1223) puis prévôt (1225-1242) au sein du chapitre cathédral [100], d'offrir à l'église paroissiale de Sains un nouveau monument dédié aux saints patrons et protecteurs du comté. Les effigies en relief de ces derniers, qui rendaient tangible leur présence dans le *locus sanctus*, servaient de toute évidence les intérêts spirituels du clergé, tout comme ceux d'Enguerran IV qui a pu instrumentaliser le nouvel ouvrage pour affirmer le prestige de la fondation monastique de son aïeul comme de la sienne propre et mieux asseoir son autorité territoriale [101].

Notes

* Maître de conférences, université de Picardie Jules Verne.

1. Le nom de la localité est attesté au XIIIe siècle dans le cartulaire de l'abbaye Saint-Martin-aux-Jumeaux (Arch. dép. Somme, 2 H 4).

2. L'inscription aujourd'hui visible sur un des entraits de la nef attribue à tort la consécration à Nicolas de Lagrenée (1517-1541). Dans des notes rédigées en 1894, l'abbé Messio a retranscrit le texte d'une inscription précisant que Nicolas de La Couture présida, avec le consentement de l'évêque François Halluin, à la dédicace et à la consécration de l'église «*ad gloriam Dei, et honorem beatae Virginis, sanctorum Fusciani, Victorici, Gentiani martyrum et omnium sanctorum totius curia coelestis*» (Amiens, Archives diocésaines, 696 P 27, p. 2).

3. *Ibid.*, p. 4. L'abbé ne mentionne pas sa source.

4. Brigitte Meijns et Charles Mériaux, «Le cycle de Rictiovar et la topographie chrétienne des campagnes septentrionales à l'époque mérovingienne», dans *Les premiers temps chrétiens dans le territoire de la France actuelle. Hagiographie, épigraphie et archéologie*, D. Paris-Poulain, D. Istria et S Nardi-Combescure (dir.), Rennes, 2009, p. 19-33; Michèle Gaillard, «Remarques sur les plus anciennes versions manuscrites de la *Passio* et de l'*Inventio* de saints Fuscien, Victoric et Gentien dans les manuscrits Paris, BnF, lat. 12598 et Wien ÖnB 371», dans *Parva pro magnis munera*, M. Goullet *et alii* (éd.), Turnhout, 2009, p. 397-409; *id.*, «Un cycle hagiographique du haut Moyen Âge en Gaule septentrionale : les Passions des martyrs de Rictiovar», *Hagiographica*, XXI, 2014, p. 1-28; Dominique Paris-Poulain, «Les origines du culte des saints martyrs Fuscien, Victoric et Gentien d'après les sources manuscrites», *Revue d'Histoire de l'Église de France*, t. 105, 2019, p. 235-251.

5. Il faut cependant citer la note succincte que Kurt Bauch lui a consacrée dans son étude sur les monuments funéraires du Moyen Âge : *Das mittelalterliche Grabbild. Figürliche Grabmäler des 11. bis 15. Jahrhunderts in Europa*, Berlin-New York, 1976, p. 326, n. 238, et la présentation relativement plus détaillée qu'en a livrée Julien Louis dans sa thèse : *L'effigie funéraire dans le royaume de France, Pays d'oïl, 1134-1267*, thèse de doctorat, Roland Recht (dir.), université de Strasbourg II, 2006, vol. I, p. 108-110 et vol. II, p. 232-233.

6. Pierre Bernard, *L'origine des pèlerinages et comment on les doit faire*, Bibliothèque de la Société des antiquaires de Picardie, ms. 8, 1734.

7. Nicolas de Lestocq, *Justification de la translation de s. Firmin le Confesseur, troisième évêque d'Amiens*, Amiens, 1714; E. Nerlande, *Dissertation sur le temps de la vie, de l'épiscopat et de la mort de saint Honoré, huitième évêque d'Amiens*, 1760, Amiens, Bibl. mun., ms. 466 D.

8. Justin Taylor, Charles Nodier et Alphonse de Cailleux, *Voyages pittoresques et romantiques dans l'ancienne France. Picardie*, vol. 1, Paris, 1835, pl. 67.

9. Charles Salmon, «Actes inédits des saints martyrs Fuscien, Victoric et Gentien», *Mémoires de la Société des antiquaires de Picardie*, t. VIII, 1861, p. 113-154.

10. Abbé Adolphe Messio, *Sains et ses martyrs. Actes des saints Fuscien, Victoric et Gentien*, Amiens, 1869; une synthèse très détaillée des fouilles entreprises par l'abbé Messio figure dans un rapport conservé à la DRAC Hauts-de-France : Florence Flutre et Benoît Mille, *Prospections systématiques pédestres sur la commune de Sains-en-Amiénois*, Service régional de l'archéologie de Picardie, 1992.

11. Abbé Bouvier, «Le tombeau des saints Fuscien, Victoric et Gentien et l'épitaphe mérovingienne de l'église de Sains», *Bulletin de la Société des antiquaires de Picardie*, t. XXVI, 1913-1914, p. 19-43.

12. Une édition de la Passion [*BHL* 3226] et de l'Invention [*BHL* 3229] dans leur version primitive a été publiée, en même temps qu'une version plus récente de la Passion [*BHL* 3224], par Ch. Salmon, «Actes inédits…», *op. cit.* note 9; plus récemment, une réédition du texte primitif de la Passion [*BHL* 3226] a été proposée par Ritva Jonsson, «*Historia*». *Études sur la genèse des offices versifiés*, (*Acta Universatis Stockholmiensis, Studia latina Stockholmiensia*, XV), Stockholm, 1968, p. 210-213.

13. Les noms de Victoric et Fuscien, dans cet ordre et à l'exclusion de celui de Gentien, figurent parmi les saints commémorés le 11 décembre (III Id. Dec.) : *Codex Epternacensis*, BnF, ms. lat. 10837, fol. 31; *Codex Wissenburgensis*, Wolfenbüttel, Herzog-August-Bibliothek, Cod. Guelf. 81 Weiss, fol. 99; *Codex Corbeiensis brevius*, BnF, ms. lat. 12260, fol. 11v.

14. BnF, ms. lat. 12598, fol. 32v-35v; l'*Incipit* de la Passion modifie la tradition martyrologique en attribuant la préséance à Fuscien sur Victoric; quant à celui du récit de l'Invention, il situe la célébration liturgique de l'événement le 27 juin (V Kal. Jul.) ; sur l'origine corbéienne de ce manuscrit, voir D. Paris-Poulain, «Les origines du culte…», *op. cit.* note 4, en part. p. 242-244.

15. M. Gaillard, «Remarques…», *op. cit.* note 4, p. 405.

16. D. Paris-Poulain, «Les origines du culte…», *op. cit.* note 4, p. 240, n. 27.

17. Abbé A. Messio, «Description de Sama au IIIe siècle», *Bulletin de la Société des antiquaires de Picardie*, t. VIII, 1862-1864, p. 261-265; *id.*, *Sains et ses martyrs…*, *op. cit.* note 10, p. 22.

18. La commémoration des deux fêtes principales associant les trois martyrs, la *Depositio* (III Id. Dec.) et l'*Inventio* (V Kal. Jul.) semble apparaître pour la première fois dans le plus ancien exemplaire du Martyrologe de Raban Maur, copié entre 844 et 854 (Saint-Gall, Stiftsbibliothek, Cod. Sang. 457, fol. 180 et fol. 83).

19. Montpellier, Bibl. interuniversitaire, Section Médecine, H 409, fol. 341v-342; BnF, ms. lat. 13159, fol. 164v-165v. Les noms des trois martyrs amiénois figurent pour la première fois dans deux des trois listes de litanies copiées après l'an 800 dans le *Psautier dit de Corbie* (Amiens, Bibl. mun., ms. 18, fol. 142 et 143); Astrid Krüger, *Litanei-Handschriften der Karolingerzeit*, (MGH. Hilfsmittel, 24), Hanovre, 2007, p. 125-126.

20. *Angilberti Abbatis De Ecclesia Centulensis Libellus*, (MGH SS, 15/1), Georg Waitz (éd.), 1887, p. 173-176.

21. Hariulf, *Chronique de l'abbaye de Saint-Riquier (Ve siècle-1104)*, publiée par Ferdinand Lot, Paris, 1894, Lib. III, cap. XII, p. 122.

22. Le récit de la translation des restes de Gentien à Corbie nous est parvenu dans la transcription de la célébration liturgique qui lui est dédiée, copiée au XIe siècle sur deux feuillets ajoutés au *Sacramentaire dit de Corbie* composé après 853 (BnF, ms. lat. 12051, fol. 1v-2); voir également *Acta Sanctorum Ordinis Sancti Benedicti, saeculum* IV, pars II, Jean Mabillon, Luc d'Achery (éd.), Paris, 1680, p. 486-489.

23. *Ibid.* Nicolas de Lestocq précise que l'évêque avait déjà donné auparavant à Saint-Quentin des parcelles corporelles de plusieurs saints dont celles des trois martyrs amiénois : *Dissertation sur la translation du corps de S. Firmin le Confesseur*, Amiens, 1711, p. 51.

24. Irene Schmale-Ott, *Translatio sancti Viti martyris. Übertragung des hl. Märtyres Vitus*, (*Veröffentlichungen der Historischen Kommission für Westfalen*, XLI, Bd.1), Münster in Westfalen, 1979 ; Anne Van Landschoot, «La translation des reliques de saint Vit de l'abbaye de Saint-Denis à celle de Corvey en 836», *Revue belge de philologie et d'histoire*, t. 74, fasc. 3-4, 1996, p. 598-632, en part. p. 597.

25. Hedwig Röckelein, *Reliquientranslationen nach Sachsen im 9. Jahrhundert. Über Kommunikation und Öffentlichkeit im Frühmittelalter*, (*Beihefte der Francia*, 48), Stuttgart, 2002, p. 168-174.

26. N. de Lestocq, *Justification…*, *op. cit.* note 7, p. 85-91. Cette information est reprise par Jean Pagès, *Notices historiques sur la ville d'Amiens, 12e Dialogue*, 1718, Amiens, Bibl. mun., ms. 831 E, p. 66; *Manuscrits de Pagès marchand d'Amiens, écrits à la fin du 17e et au commencement du 18e siècle sur Amiens et la Picardie*, mis en ordre et publiés par Louis Douchet, vol. IV., [s. n.], 1860, p. 343-344.

27. «Quand il ouvrit le cinquième sceau, je vis sous l'autel les âmes de ceux qui avaient été immolés à cause de la parole de Dieu et à cause du témoignage qu'ils avaient rendu.» (*Ap.*, VI, 9); sur l'association des corps saints à l'autel, voir Nicole Herrmann-Mascard, *Les reliques des saints. Formation coutumière d'un droit*, Paris, 1975, p. 144.

28. Lettre de l'abbé Messio à Antoine Goze, datée du 15 octobre 1863, Amiens, Bibl. mun., ms. 821 D, Fonds Goze, t. VI, p. 187; lettre de l'abbé au Président de la Société des antiquaires de Picardie, datée du 20 octobre 1863, Bibliothèque de la Société des antiquaires de Picardie, correspondance 1862-1863. Cette pratique est mentionnée par N. de Lestocq : «les peuples y venoient les reverer, ils

avoient coûtume d'y prendre de la terre par une ouverture, qui était à l'extrémité de ce Tombeau» (*Justification…*, *op. cit.* note 7, p. 85).

29. Lettre de l'abbé Messio à Antoine Goze, *ibid.*

30. Arch. dép. Somme, 60 T 291/30. Dans son rapport adressé au préfet le 26 février 1864, Antoine Goze attribue la réalisation du soubassement défectueux aux travaux entrepris en 1664 par l'abbé Rogeau. Voir *infra* note 55.

31. *Ibid.* ; le brouillon du rapport destiné au préfet précise «pierre bleue de Belgique» (Amiens, Bibl. mun., ms. 821 D, Fonds Goze, t. VI, p. 198).

32. A. Messio, *Sains et ses martyrs…*, *op. cit.* note 10, p. 14.

33. «[…] on doit accueillir avec beaucoup de prudence la reconstitution d'une église mérovingienne à une seule nef avec au sud du chœur, une petite structure rectangulaire ayant accueilli les trois sépultures.» (B. Meijns et Ch. Mériaux, «Le cycle de Rictiovar…», *op. cit.* note 4, p. 26).

34. A. Messio, *Sains et ses martyrs…*, *op. cit.* note 10, p. 25.

35. Fl. Flutre et B. Mille (*Prospections…*, *op. cit.* note 10) ont proposé une restitution hypothétique du plan de cette basilique qu'ils datent du VIIIe siècle sur la base d'éléments comparatifs livrés par les églises Saint-Michel et Saint-Pierre-Lentin d'Orléans.

36. La prospection fut réalisée par un petit groupe d'étudiants de l'UFR Arts de l'université de Picardie Jules Verne avec la collaboration du Service d'archéologie préventive d'Amiens Métropole. L'analyse pétrographique fut effectuée au laboratoire d'UniLaSalle à Beauvais par Pascal Barrier.

37. Christian Sapin, «L'archéologie d'un site : les origines de Saint-Quentin révélées», dans *Aux origines de Saint-Quentin. De la tradition littéraire à la réalité archéologique*, Chr. Sapin et F. Vallet (dir.), Saint-Quentin, Musée Antoine Lécuyer, 2011, p. 29-58, en part. p. 35 et fig. 7; Michèle Gaillard et Christian Sapin, «Autour de la tombe de saint Quentin : histoire et archéologie d'un culte (milieu IVe-début VIIIe s.)», dans *L'empreinte chrétienne en Gaule du Ve au IXe siècle*, (*Culture et société médiévales, EB. 5*), M. Gaillard (éd.) Turnhout, 2014, p. 271-288, en part. p. 288.

38. E. Nerlande, *Dissertation…*, *op. cit.* note 7, Amiens, Bibl. mun., ms. 466 D, fol. 73. Dans une lettre, où il relate son *Voyage archéologique en Picardie en 1758*, Gabriel-Claude Danse nous apprend qu'il s'agit probablement du neveu du chanoine François Nerlande : «J'ay rendu mes hommages au précieux chef de St. Jean. J'ay cherché longtemps M. Nerlande, le neveu, pour m'en entretenir avec lui; mais mes recherches ont été infructueuses» (*Mémoires de la Société des antiquaires de Picardie*, t. 9, 1848, p. 257-277, en part. p. 262).

39. *Ibid.*, fol. 82v.

40. N. de Lestocq, *Justification…*, *op. cit.* note 7, p. 87.

41. C'est la date que le relieur a inscrite au dos du volume et qui, selon Jacques Garnier, «paraît être celle où ce travail fut composé» (Jacques Garnier, *Catalogue descriptif et raisonné des manuscrits de la bibliothèque communale de la ville d'Amiens*, Amiens, 1843, p. 385). Il ne semble pas y avoir d'autre témoignage de l'existence de cette dalle. Jean Pagès, par exemple, n'en fait pas état dans ses *Notices*. De son côté, l'abbé Messio ne semble pas avoir eu connaissance de la *Dissertation* du chanoine Nerlande.

42. Jean-Claude Ghislain, «La production funéraire en pierre de Tournai à l'époque romane. Des dalles funéraires sans décor aux œuvres magistrales du 12e siècle», dans *Les grands siècles de Tournai (XIIe-XVe siècles)*, J. Dumoulin et J. Pycke (éd.), Tournai/Louvain-la-Neuve, 1993, p. 115-208.

43. Cathédrale de Salisbury, *ibid.*, p. 155-163, fig. 50 et 51.

44 Église Saint-Memmie, Saint-Memmie (Marne), *ibid.*, p.163-164, fig. 55.

45. En juin 2018, lors d'une seconde mission de prospection, les fragments de pierre de Tournai ont été extraits de la cavité. Un projet de numérisation 3D de ces fragments est à l'étude pour parvenir à une reconstitution, même partielle, de la dalle.

46. Jean-Claude Ghislain, «Forest-Lez-Bruxelles : le cénotaphe roman de sainte Alène en l'église Saint-Denis», *Bulletin de la Commission royale des monuments et des sites*, t. 9, 1980, p. 5-29.

47. L'original du document est perdu mais une copie datée de 1690 est conservée dans le *Codex Lamberti* de la Médiathèque d'Arras, ms. 140; la copie de la lettre a été publiée par Étienne Baluze, *Miscellanea*, V, p. 283-284 et dans la *Patrologia Latina* 162, *Epistolae Lamberti episcopi Atrebatensis et aliorum ad ipsum, Epistola II*, col. 647-648. Le chanoine François Villeman situe cette translation en 1096 (Arch. dép. Somme, Papiers Villeman, 4 G 3010, 131).

48. Son petit-fils Robert II de Boves (1190-1226) fut inhumé dans l'abbaye; Olivier Leblanc, *Les seigneurs de Boves : origines et exercice du pouvoir en Picardie, IXe-XIIIe siècles*, 3 vol., thèse de doctorat, Philippe Racinet (dir.), université de Picardie Jules Verne, Amiens, 2003, II, p. 173.

49. Adrian de La Morlière, *Les Antiquitez, Histoires et choses plus remarquables de la ville d'Amiens*, Paris, 3e éd., 1642, liv. II, chap. XXXVI, p. 186.

50. Arch. dép. Somme, 23 H 1/1 et 23 H 1/2; *Gallia christiana*, X, *Instrumenta*, 1761, col. 299-302. Seul nous est parvenu le *vidimus* des chartes de confirmation de Geoffroy qui ne permet pas de fixer la date de fondation en 1105 : Joseph Estienne, «Chartes de saint Geoffroi, évêque d'Amiens (1105-1112)», *Bibliothèque de l'École des chartes*, t. 90, 1929, p. 37-50; Laurent Morelle, «Un "grégorien" au miroir de ses chartes : Geoffroy, évêque d'Amiens (1104-1115)», dans *À propos des actes d'évêques. Hommage à Lucie Fossier*, M. Parisse (éd.), Nancy, 1991, p. 177-218. D'après la *Vita Ebrulfi abbatis Bellovacensis* [*BHL* 2372], transmise par un manuscrit copié dans les premières décennies du XIIe siècle (BnF, ms. lat. 17627, fol. 122-124v), la reine Frédégonde aurait confié à Evrols la direction d'un monastère créé sur le lieu où Fuscien et Victoric luttèrent pour un glorieux martyre. La charte de confirmation de la donation ne fait pas état du rétablissement d'un ancien monastère.

51. Amiens, Bibl. mun., ms. 143, fol. 107v; Walter Cahn, *Romanesque Manuscripts. The Twelfth Century*, (*A Survey of Manuscripts illuminated in France*), Londres, 1996, vol. 1, ill. 250 et vol. 2, cat. 105, p. 127-128.

52. La pierre calcaire, d'un teint jaunâtre et incrustée de silex noirs, est caractéristique des carrières situées dans les vallées de la Selle et de la Noye. Antoine Goze a émis l'hypothèse qu'elle pourrait provenir de la carrière de La Faloise, éloignée d'environ 13 km de Sains (Arch. dép. Somme, 60 T 291/30, rapport adressé au préfet en octobre 1862).

53. La dalle mesure 2,36 m de long sur 1,23 m de large à la tête et 1,11 m à l'autre extrémité. La hauteur des piliers atteint 0,43 m.

54. Dessin de la collection Peiresc, BnF, ms. fr. 9530, fol. 187; le monument a probablement été réalisé avant 1163, année de la consécration de l'abbatiale de Saint-Germain-des-Prés : Philippe Plagnieux, «L'abbatiale de Saint-Germain-des-Prés et les débuts de l'architecture gothique», *Bulletin monumental*, t. 158-1, 2000, p. 6-88, en part. p. 25, pl. 14.

55. «Nous avons choisi, pour servir de soubassement au tombeau, une très belle pierre de banc royal de Néry (Oise). […] L'ancien soubassement refait en 1664, par le curé Rogeau, était bordé d'une doucine renversée, moulure qui n'était guère usitée au Moyen Âge. Un simple biseau ou chanfrein aurait été assez convenable, mais aurait eu trop de sécheresse et de raideur pour un monument aussi orné. J'ai consulté à ce sujet Mr Massenot, architecte diocésain pour le département de la Somme. Il a eu la complaisance de retracer le profil dont la copie est ci-jointe. Ce profil est parfaitement raisonné, en rapport avec le style du monument, disposé de manière à présenter de la solidité et à ne pas laisser de prise à la poussière.» (Arch. dép. Somme, 60 T 291/30, rapport d'A. Goze adressé au préfet le 26 février 1864, *op. cit.* note 30).

56. «Le trou par lequel les pieux pèlerins puisent de la terre ou touchent ce qui fut la sépulture des saints martyrs, fut percé non plus sur le soubassement mais sur une dalle qui peut être levée à l'aide d'un anneau et couvre une cavité qui laisse apercevoir le sarcophage antique.» (*ibid.*). Par la suite, le dispositif fut modifié : la dalle fut remplacée par une grille et le sarcophage fut dissimulé sous un revêtement en pierre.

57. Léon Pressouyre, «Le gisant de Gassicourt (XIIe siècle)», *Monuments et mémoires de la Fondation Eugène Piot*, 66, 1983, p. 55-66; Alain Erlande-Brandenburg, *Le roi est mort. Étude sur les funérailles, les sépultures et les tombeaux des rois de France jusqu'à la fin du XIIIe siècle*, Paris, 1975, p. 111.

58. La longueur de chaque gisant varie de quelques centimètres; de gauche à droite, on obtient : 1 m 438, 1 m 492, 1 m 436.

59. Il faut souligner le bon état de conservation des sculptures. En dehors de la perte de la polychromie qui devait les recouvrir, seules ont souffert les parties les plus fragiles : l'extrémité du nez du gisant de

Fuscien, la pointe du glaive tenu par le bourreau et les rênes du cheval.

60. J. Pagès, *Notices historiques sur la ville d'Amiens, 3e Dialogue*, 1709, Amiens, Bibl. mun., ms. 829 E, p. 61 ; *Manuscrits de Pagès marchand d'Amiens, écrits à la fin du 17e et au commencement du 18e siècle sur Amiens et la Picardie*, mis en ordre et publiés par Louis Douchet, vol. V., [s. n.], 1859, p. 483.

61. Arch. dép. Somme, G 40, fol. 5v.

62. J. Louis, *L'effigie funéraire…*, *op. cit.* note 5, p. 232.

63. A. Messio, *Sains et ses martyrs…*, *op. cit.* note 10, p. 39.

64. Vatican, Bibl. apost. vat., lat. 3305, fol. 8v. Voir W. Cahn, *Romanesque Manuscripts…*, *op. cit.* note 51, vol. 1, fig. 70 et vol. 2, cat. 33.

65. Hervé Oursel date ce monument funéraire du troisième quart du XIIe siècle : Hervé Oursel, Colette Deremble-Manhès et Jacques Thiébaut, *Nord roman : Flandre, Artois, Picardie, Laonnois*, La-Pierre-qui-Vire, 1994, p. 224, pl. 95.

66. Abbé Bouvier, « Le tombeau… », *op. cit.* note 11.

67. Voir *supra* note 47.

68. Georges Durand, *Monographie de l'église Notre-Dame d'Amiens*, t. 2, *Mobilier et accessoires*, Amiens-Paris, 1903, p. 47-48.

69. BnF, fr. 19093, fol. 2. Voir en dernier lieu les arguments de Jean Wirth en faveur d'une réalisation des dessins de l'Album, dans une période comprise entre 1210/1215 et 1225, une datation qui va à l'encontre de celle habituellement admise autour des années 1220-1235 (*Villard de Honnecourt, architecte du XIIIe siècle*, Genève, 2015, p. 268-273).

70. Douai, Bibl. mun., ms. 17, t. VI, fol. 121. Voir Robert Branner, *Manuscript Painting in Paris during the Reign of Saint Louis. A Study of Styles*, Berkeley-Los Angeles-Londres, 1977, p. 210.

71. La date de cette verrière fait encore débat : Louis Grodecki et Catherine Brisac, *Le vitrail gothique au XIIIe siècle*, Fribourg, 1984, p. 34 ; Claudine Lautier, « Les vitraux du chevet de la cathédrale de Laon. Première approche », *Österreichische Zeitschrift für Kunst und Denkmalpflege*, 54, 2000, p. 257-264.

72. Willibald Sauerländer, *La sculpture gothique en France : 1140-1270*, Paris, 1972 (trad. fr. de *Gotische Skulptur in Frankreich, 1140-1270*, Munich, 1970), pl. 151.

73. R. Branner, *Manuscript Painting…*, *op. cit.* note 70, p. 29-30, p. 204.

74. Amiens, Bibl. mun., ms. 21, fol. 163v, fol. 183 ; Amiens, Bibl. mun., ms. 23, fol. 108v, fol. 109, fol. 113v.

75. Paris, Bibl. Mazarine, ms. 36, fol. 214, fol. 225v ; Walter Cahn a suggéré une provenance corbéienne pour la partie la plus ancienne du manuscrit, datée dans les années 1170-1180 et il est vraisemblable que la seconde partie, plus tardive, où l'on repère ce type de feuille, provienne du même *scriptorium* (*Romanesque Manuscripts…*, *op. cit.* note 51, vol. II, p. 157).

76. Boulogne, Bibl. mun., ms. 5, fol. 20v.

77. Amiens, musée de Picardie, MP Duthoit, B XVII-140.

78. Amiens, Bibl. mun., ms. 21, fol. 114v, fol. 183 ; Amiens, Bibl. mun., ms. 23, fol. 234v, fol. 267v, fol. 297v, fol. 301v ; Paris, Bibl. Mazarine, ms. 36, fol. 240.

79. Voir en dernier lieu : Laurence Terrier Aliferis, *L'imitation de l'Antiquité dans l'art médiéval (1180-1230)*, (*Les études du Rilma*, 7), Turnhout, 2016, p. 19.

80. La statuette occupe la quatrième place dans le deuxième cordon situé à gauche ; voir illustration dans Iliana Kasarska, « La sculpture des portails » dans *Amiens, la grâce d'une cathédrale*, Mgr Jean-Luc Bouilleret (dir.), Strasbourg, 2012, p. 175-211, en part. p. 205.

81. Fabienne Joubert, *La sculpture gothique en France, XIIe-XIIIe siècles*, Paris, 2008, p. 149.

82. Stephen Murray, *Notre-Dame, cathedral of Amiens. The Power of Change in Gothic*, Cambridge-New York, 1996, p. 96-97.

83. Willibald Sauerländer, « Die kunstgeschichtliche Stellung der Westportale von Notre-Dame in Paris. Ein Beitrag zur Genesis des hochgotischen Stiles in der französischen Skulptur », *Marburger Jahrbuch für Kunstwissenschaft*, 17, 1959, p. 1-56.

84. W. Sauerländer, *La sculpture…*, *op. cit.* note 72, p. 54 ; Jean Wirth, *La datation de la sculpture médiévale*, Genève, 2004, p. 119 ; pour une étude synthétique des questions touchant à la chronologie du chantier et aux aspects stylistiques des sculptures de la façade, voir en dernier lieu : Marie Lekane, *Les portails occidentaux de la cathédrale d'Amiens. La statuaire amiénoise et sa postérité en Europe au XIIIe siècle*, thèse de doctorat, Benoît Van den Bossche (dir.), université de Liège, 2016.

85. Pour le graphisme des plis sur la jambe : prophète conservé dans la chapelle de la commanderie de Laon, provenant des ébrasements de l'ancienne façade de la cathédrale (Iliana Kasarska, *La sculpture de la façade de la cathédrale de Laon. Eschatologie et humanisme*, Paris, 2008, fig. 76) ; Christ du tympan de Braine (W. Sauerländer, *ibid.*, pl. 74). Pour le manteau agrafé sur l'épaule : voussures du portail central et tympan du portail nord de Laon (I. Kasarska, *ibid.*, fig. 283, fig. 31) ; voussures de Braine (W. Sauerländer, *ibid.*, pl. 75).

86. Sur la question de la collaboration de plusieurs sculpteurs à une même œuvre : W. Sauerländer, *ibid.*, p. 22 ; J. Wirth, *La datation…*, *op. cit.* note 84, p. 152-156.

87. Voir le Christ figuré sur le trumeau du portail central de la façade sud : W. Sauerländer, *La sculpture…*, *op. cit.* note 72, pl. 109.

88. Voir les têtes colossales des rois provenant de la galerie de Notre-Dame de Paris datées vers 1220 : Xavier Dectot, *Sculptures des XIe-XIIIe siècles-Collections du musée de Cluny, Notre-Dame de Paris, galerie des Rois*, catalogue en ligne (<https://www.sculpturesmedievales-cluny.fr/collection/galerie-des-rois-notre-dame.php> ; consulté le 1/10/21), têtes no 11 et no 12.

89. Outre le Beau Dieu, deux autres statues portent ce type de barbiche : le prophète Malachie et l'apôtre Barthélemy.

90. Voir en particulier le moulage en plâtre reproduit dans *Set in Stone: The face in Medieval Sculpture*, Charles T. Little (éd.), New Haven, 2006, fig. 2.

91. Roi de l'Ancien Testament provenant du cloître de l'abbaye dionysienne, conservé au Metropolitan Museum of Art de New York ; saint Pierre sur le piédroit gauche du portail méridional de la cathédrale du Mans : *Naissance de la sculpture gothique, 1135-1150*, Damien Berné et Philippe Plagnieux (dir.), Paris, 2018, fig. 197 et 138.

92. W. Sauerländer, *La sculpture…*, *op. cit.* note 72, pl. 163 ; pour la datation du Beau Dieu : St. Murray, *Notre-Dame…*, *op. cit.* note 82, p. 98.

93. Sur la forme trapézoïdale et la taille en cuvette des dalles, voir A. Erlande-Brandenburg, *Le roi est mort…*, *op. cit.* note 57, p. 111.

94. Cette datation est un peu plus resserrée que celle proposée par Julien Louis qui opte pour le premier tiers du XIIIe siècle : *L'effigie funéraire…*, *op. cit.* note 5, vol. II, p. 232-233.

95. Dany Sandron, *Amiens, la cathédrale*, Paris, 2004, p. 110-111 ; Pascal Montaubin, « Évêques, chapitre et fabrique : les commanditaires de la cathédrale gothique », dans *Amiens, la grâce d'une cathédrale*, *op. cit* note 80, p. 23-39.

96. D. Sandron, *ibid.*, fig. 66 et 67. Nous défendons cette interprétation, en accord avec Ch. Salmon (« Iconographie du portail de saint Firmin », *Revue de l'Art chrétien*, IV, 1860, p. 617-626), et contre l'avis de G. Durand qui proposait de reconnaître dans ces deux figures saints Ache et Acheul (*Monographie…*, *op. cit.* note 68, t. I, 1901, p. 410-411) ; Dominique Paris-Poulain, « Une lecture renouvelée des figures saintes du portail Saint-Firmin », dans *Amiens, le rayonnement d'une cathédrale*, actes du colloque tenu à Amiens du 6 au 8 février 2020 (publication à paraître).

97. Illustration dans *Amiens, la grâce d'une cathédrale*, *op. cit.* note 80, p. 335.

98. A. de La Morlière, *Les Antiquitez…*, *op. cit.* note 49.

99. Arch. dép. Somme, 65 H 1/1 et 65 H 88, Cartulaire de l'abbaye Notre-Dame du Paraclet, acte XLI ; O. Leblanc, *Les seigneurs…*, *op. cit.* note 48, III, p. 140-160 ; *id.*, « Origines et développement de l'abbaye cistercienne du Paraclet au XIIIe siècle », *Mélanges de science religieuse*, vol. 60, 3, 2003, p. 23-35.

100. Pierre Desportes et Hélène Millet, *Fasti Ecclesiae Gallicanae*, t. I, Diocèse d'Amiens, Turnhout, 1996, p. 213, no 412.

101. À propos des reliques instrumentalisées par les détenteurs du pouvoir temporel, voir en dernier lieu Edina Bozóky, *La politique des reliques de Constantin à Saint Louis*, Paris, 2007.

Une crosse d'inspiration limousine de l'atelier du faussaire Louis Marcy (1860-1945) ?

Frédéric Tixier *

Au cours d'une importante vacation d'objets d'art en novembre 2015 à l'hôtel des ventes de Drouot, une belle crosse épiscopale d'inspiration limousine a été adjugée pour 8000 euros [1] (fig. 1a). S'il s'agit bien, comme le précise la notice du catalogue, d'un pastiche du XIXe siècle « dans le style des émaux de Limoges du XIIIe siècle [2] », l'œuvre n'en demeure pas moins intéressante, du fait de sa qualité d'exécution et de l'iconographie de sa volute. D'une hauteur de 32 cm, la crosse, en cuivre doré et ciselé, est entièrement ornée d'un réseau continu de filigranes simples perlés, de cabochons de pierreries (et de verroteries ?) et de plaques d'émaux champlevés à décor de personnages aux nimbes rouges sur fond bleu ou de motifs pseudo-héraldiques [3]. Le nœud est surmonté d'un beau buste d'ange couronné en ronde-bosse dont les ailes déployées rejoignent la partie terminale de la volute du crosseron. Sur celle-ci est représentée la scène de la Présentation de l'Enfant Jésus au Temple (fig. 1b). L'historique de l'objet reste à ce jour très lacunaire. En effet, il avait déjà été répertorié sous le n° 35 lors d'une vente publique d'objets de Haute Époque, qui s'était tenue à Paris le 5 février 1980 chez Maîtres Couturier et de Nicolay [4].

Cl. Fr. Tixier.

Fig. 1 - (a) Crosse de la Présentation au Temple d'inspiration limousine, XIXe siècle (vente Tessier-Sarrou et Associés, 27 novembre 2015, lot n° 445) ; (b) Présentation au Temple dans la volute (détail de l'autre face) [d'après cat. vente *Objets de vitrine, Nappes, Argenterie, Bijoux, Horlogerie, Catholica*, Tessier-Sarrou et Associés, 27 novembre 2015, p. 65].

Une œuvre composite d'inspiration limousine de l'atelier Louis Marcy?

De par son ornementation, la crosse s'inscrit dans cette vaste production de pastiches d'objets médiévaux de la seconde moitié du XIXe siècle, que l'on peut sans doute attribuer à l'atelier de l'un des plus importants faussaires et anarchistes des années 1900, Luigi Parmeggiani dit Louis Marcy [5]. En plein courant néo-gothique, la constitution de vastes collections d'œuvres d'art du Moyen Âge et de la Renaissance par de riches aristocrates ou industriels – le plus souvent simples amateurs – entraîne l'apparition d'une importante production de faux ou de copies, plus ou moins bien réalisés, afin de répondre aux attentes de cette nouvelle clientèle avide de beaux objets dits de Haute Époque [6]. Parmi ces derniers, les émaux limousins suscitent dès les premières décennies du XIXe siècle un certain engouement et toute véritable collection se doit alors de posséder de

© Fr. Magnoux, DRAC Nouvelle-Aquitaine, Limoges.

Fig. 2 - Reliquaire-monstrance, XIIIe siècle (église paroissiale d'Arnac-la-Poste, Haute-Vienne).

© Fr. Magnoux, DRAC Nouvelle-Aquitaine, Limoges.

Fig. 3 - Reliquaire-monstrance, XIIIe siècle (église paroissiale d'Arnac-la-Poste, Haute-Vienne). Détail : filigranes perlés et camées antiques.

6e Année. L'ART POUR TOUS. N° 164.

XIIIe SIÈCLE. — ORFÉVRERIE FRANÇAISE. (ÉCOLE DE LIMOGES.)

CROSSE EN CUIVRE ÉMAILLÉ. (COLLECTION DE M. BASILEWSKI.)

In fig. 1, we have represented the whole of this fine enamelled crosier from the beginning of the xiiith., or even perhaps, from the end of the xiith. century. The article, since it was completed by its skilful creator, has doubtless been passing from hand to hand. It is that very thing which gives us an explanation of a certain deflection from the general axis, which we purposely preserved in our engraving. In fact, the crosier properly said is no more in keeping with the upper portion of the staff; the knot which is to unite both, is, too, out of the perpendicular. In spite of all that, this precious sample of the Limosin goldsmith and enameller's art, has lost nothing of its merit, and, particularly, its enamels have kept entire their brilliancy.

The volute is springing out of a winged angel's figure, half length, and placed on the elliptic knot ornated with other angels whose heads are in relief. Those very angels, on a ground of blue enamel, are separated by similarly enamelled roses. At its origin, the volute is covered with a running ornament out of the metal; but, from fig. A, the ornamentation is only in engraving. The flower which terminates this twisting has received, too, enamelled ornaments, and is, in our mind's eye, distinguished by a most pithy execution.

Fig. 2 shows the face of the crowned angel who comes after the knot, and fig. 3 indicates in its development one of the dragons represented on the staff. We cannot say it too much: all this work has a fine character and deserves being given as an example for its careful and happy execution. We are not alone, let us assert it, to so highly appreciate that crosier, which is a part of Mr. Basilewski's collection. (Size of the original.)

Wir stellen hier in Figur 1. die Gesammtansicht dieses schönen emaillirten Krummstabes dar, dessen Ursprung aus dem dreizehnten, vielleicht sogar aus dem zwölften Jahrhundert herzuleiten ist. Dieses Stück muß, seitdem es die Hände des geschickten Künstler's verlassen, noch durch verschiedene andere Hände gegangen sein. Dieses ist deutlich aus der Abweichung der oberen Windung von der Richtung des Stabes zu erkennen, eine Abweichung, die wir geglaubt haben in unserer Zeichnung getreu veröffentlichen zu müssen. Man bemerkt deutlich, wie der obere gewundene Theil sich nicht in seiner direkten Linie an das Ende des Schaftes anschließt; der Knopf, der als Bindeglied dient, hat auch eine schiefe Richtung angenommen. Dessen ungeachtet hat dieses werthvolle Meisterwerk der Limosiner Email- und Goldarbeiterkunst nichts von seinem Verdienste verloren, und besonders haben die Emailverzierungen ihren Glanz vollständig bewahrt.

Die Endwindung entspringt aus der Büste eines geflügelten Engels, welcher auf dem ovalen, mit Engelsköpfen in Relief verzierten Mittelknopfe ruht. Diese Reliefs treten auf einem Grunde von blauem Email hervor, und sind untereinander durch emaillirte Rosetten verbunden. Auf der schneckenförmigen Endverzierung läuft, vom Ursprung ab, zwischen Emailplatten eine gewundene Zierath, welche jedoch vom Punkte A ab nur gravirt ist. Die Hauptrosette auf dem Ende der Windung ist mit Emailornamenten versehen, und tritt, unserer Ansicht nach, durch eine scharfe und vorzügliche Ausführung hervor.

Fig. 2. zeigt die Vorderansicht des gekrönten Engels über dem Knopf; Fig. 3. veranschaulicht einen der Drachen die sich auf dem verzierten Ende des Schaftes abzeichnen. Wir können zuversichtlich behaupten daß das Ganze, ein Meisterwerk, sowohl seines schönen Charakters, als auch seiner sorgfältigen und gelungenen Ausführung wegen, veröffentlicht zu werden verdient. Im Uebrigen stehen wir in unserem günstigen Urtheil nicht allein da, das dieser Krummstab aus der Sammlung des Herrn Basilewski mit Recht verdient. (Größe des Originals.)

A

Fig. 2

Fig. 3

Fig. 4

1524

Nous avons représenté, fig. 1, l'ensemble de cette belle crosse émaillée du commencement du XIIIe siècle et peut-être même de la fin du douzième. L'objet, depuis qu'il est sorti des mains de l'habile artiste, son auteur, a dû passer souvent de mains en mains. C'est ce qui explique l'espèce de déviation qui existe dans son axe général, déviation que nous avons cru devoir respecter dans notre gravure. En effet, la crosse proprement dite ou volute ne s'emmanche plus avec la partie supérieure de la hampe; le nœud qui sert de lien a perdu aussi son aplomb. Malgré cela, ce précieux exemple d'orfévrerie et d'émaillerie limousine n'a rien perdu de son mérite, et les émaux en particulier ont conservé tout leur éclat.

La volute naît d'une figure d'ange ailé à mi-corps, et posé sur le nœud elliptique orné de figures d'anges dont les têtes sont en relief. Ces anges, disposés sur un fond d'émail bleu, sont reliés entre eux par des rosaces émaillées aussi. La volute est revêtue à son début d'un ornement courant réservé sur l'émail, mais à partir du point A, l'ornement est gravé seulement. Le fleuron qui termine cet enroulement a reçu aussi des ornements en émaux, et se distingue, à notre avis, par une exécution des plus énergiques.

La fig. 2 montre la face de l'ange couronné qui succède au nœud, et la fig. 3 indique, dans son développement, un des dragons qui se dessinent sur la douille. Cette œuvre entière, nous ne saurions trop le dire, est d'un beau caractère, et mérite d'être citée pour son exécution soignée et réussie. Nous ne sommes pas seul, du reste, à apprécier ainsi avec éloges cette crosse, qui fait partie de la collection de M. Basilewski. (Grandeur de l'original.)

656

Cl. BnF.

Fig. 4 - Crosse à l'ange, XIIIe siècle, ancienne collection Basilewsky (d'après *L'art pour tous*, n° 164, 1866, p. 656).

© Victoria & Albert Museum, Londres.

© Victoria & Albert Museum, Londres.

Fig. 6 - Crosse avec la Vierge à l'Enfant, fin du XIXe siècle, atelier de Louis Marcy (Londres, Victoria and Albert Museum, inv. 434-1895). Détail : Vierge à l'Enfant dans la volute.

Fig. 5 - Crosse avec la Vierge à l'Enfant, fin du XIXe siècle, atelier de Louis Marcy (Londres, Victoria and Albert Museum, inv. 434-1895).

l'*Opus Lemovicense* [7]. Très recherchées sur le marché de l'art, les pièces émaillées limousines sont, par voie de conséquence, les plus souvent contrefaites par les faussaires, à l'imagination fertile [8]. D'un point de vue stylistique, la crosse combine en effet plusieurs éléments empruntés à la production de diverses pièces orfévrées du Moyen Âge : tout d'abord, le foisonnant filigrane perlé s'inspire du décor des œuvres en cuivre doré, réalisées entre les XIIIe et XIVe siècles dans la région limousine, comme le suggèrent deux reliquaires d'origine grandmontaine, conservés à Arnac-la-Poste [9] (fig. 2 et 3) et à Gorre [10]. Il en est de même pour les médaillons émaillés du nœud – aux personnages nimbés – qui ne sont pas sans évoquer ceux des dernières pièces produites à Limoges au début des années 1300 (sur le pied de la monstrance-reliquaire du musée de Guéret, par exemple [11]). À la base de la volute, la figure de l'envoyé céleste renvoie, quant à elle, à la petite série des crosses dites « aux anges [12] », réalisée entre la toute fin du XIIe et la première moitié du siècle suivant dans ces mêmes ateliers méridionaux [13] (fig. 4). Toutefois, les ailes de l'ange ne sont pas émaillées [14] et la couronne est pourvue d'un réseau de filigranes perlés et de cabochons de pierres turquoise. De grande qualité, la crosse résulte d'une savante association aux emprunts multiples qui n'est donc pas sans rappeler la production du faussaire Louis Marcy, actif sur les marchés de l'art parisien et londonien au tournant du XXe siècle. Réalisées avec soin dans son atelier, ses œuvres ont longtemps été considérées comme d'authentiques objets du Moyen Âge ou du début de la Renaissance au point d'être achetées par les plus grands musées européens ou américains, tels par exemple le South Kensington Museum (aujourd'hui Victoria and Albert Museum), le British Museum ou encore le Metropolitan Museum of Art [15].

Parmi les leitmotivs de sa production, on peut noter la surabondance du décor et une attention accordée aux détails. Des similitudes ornementales peuvent d'ailleurs être relevées avec d'autres œuvres « Marcy » : le filigrane perlé qui se répand le long de la douille, du nœud et du crosseron semble très proche de celui présent sur le doigt-reliquaire de la Galleria Parmeggiani à Reggio Emilia [16] ou encore sur la crosse des collections du Victoria and Albert Museum [17] (fig. 5). De même, les émaux champlevés et les cabochons de pierreries sont positionnés de manière similaire, à savoir en amande (fig. 6). Ainsi, comme le relève à juste titre Marian Campbell, « la principale raison du succès de Marcy réside sûrement dans la qualité d'exécution de la plupart des objets, et dans l'heureux éclectisme de leurs décors, qui n'étaient jamais des imitations directes, mais bien souvent d'habiles transpositions du matériau dans un autre : de l'ivoire au métal ou de l'enluminure à l'émail [18] ». En cela, il semble bel et bien possible d'attribuer cette crosse parisienne à l'importante production de l'habile artiste-faussaire italien.

La question du modèle : le thème de la Présentation au Temple

L'originalité de l'objet réside surtout dans le décor de la volute puisque l'orfèvre a représenté la scène de la Présentation de l'Enfant Jésus au Temple. Au sein de l'importante production de l'œuvre de Limoges, les crosses dites « de la Présentation au Temple » sont extrêmement rares. Dans son ouvrage sur *Les crosses limousines du XIIIe siècle* publié en 1941, Jean-Joseph Marquet de Vasselot n'en répertorie que deux exemplaires : l'un conservé dans les collections du Cabinet des médailles et antiques de la Bibliothèque nationale de

Cl. BnF.

Fig. 7 - Crosse de la Présentation au Temple (BnF, Cabinet des médailles et antiques, inv. 55.417).

Cl. Fr. Tixier.

Fig. 8 - Crosse de la Présentation au Temple, ancienne collection Stoclet (d'après *Collection Adolphe Stoclet (première partie). Choix d'oeuvres appartenant à madame Feron-Stoclet*, Bruxelles, 1956, p. 203).

France [19]; l'autre dans le commerce d'art parisien [20]. Aujourd'hui encore, ces deux œuvres constituent les seuls (et modestes) témoignages connus de ce type de crosses limousines. Dessiné par Charles Rohault de Fleury dans les années 1874 [21], le crosseron de la Bibliothèque nationale de France (fig. 7) – dont l'enfant, entre la Vierge et le prêtre Siméon, a disparu – pourrait provenir d'une saisie révolutionnaire issue de la bibliothèque Sainte-Geneviève de Paris [22].

Quant au second objet, signalé par J.-J. Marquet de Vasselot sur le marché de l'art, il appartenait à la collection d'Adolphe Stoclet (1871-1949), riche financier bruxellois, qui l'acheta au début du XXe siècle (1912) au « collectionneur-marchand » Henri Daguerre [23]. En 1995, la pièce est mentionnée dans les collections du grand galeriste antiquaire parisien Brimo de Laroussilhe [24], au 7 quai Voltaire (fig. 8) [25]. Malgré quelques différences dans le rendu de la scène biblique, les deux crosses sont relativement proches et, au regard de leurs historiques respectifs, se pose alors la question de la circulation des modèles dans la seconde moitié du XIXe siècle. En d'autres termes, d'où vint l'idée à Louis Marcy de faire reproduire sur sa pièce orfévrée une telle iconographie, extrêmement rare dans toute l'œuvre de Limoges des XIIe et XIIIe siècles ? Si les crosses dites « aux anges » font l'objet de nombreuses publications dès le milieu du siècle, en particulier dans les *Annales archéologiques* ou dans la revue *L'art pour tous* [26], force est de constater qu'aucun autre exemple à décor de la Présentation au Temple ne semble avoir été reproduit. Seules quelques mentions de la crosse des collections de la Bibliothèque nationale de France figurent dans plusieurs ouvrages consacrés à l'orfèvrerie du Moyen Âge [27]. D'un point de vue stylistique et iconographique, la scène de la Présentation au Temple de notre pièce semble être influencée par les deux objets précédemment cités. En effet, la forme simple de l'autel, entièrement émaillé de blanc, se rapproche de celui que porte l'objet de l'ancienne collection Stoclet et, détail important, la crosse est complète avec la présence du Christ-Enfant entre la Vierge et Siméon ; or, ce n'est pas le cas pour celle des collections publiques dont les premiers inventaires du début des années 1800 signalent déjà cette lacune [28]. Néanmoins, il existe bel et bien plusieurs similarités dans la posture, la physionomie et les vêtements des deux personnages présents dans la volute de la crosse de la Bibliothèque nationale : pour exemple, le grand prêtre de Jérusalem est figuré avec une longue barbe et les yeux perlés d'émail noir, à l'instar de notre objet. Bien évidemment, il serait difficile d'affirmer avec certitude que les deux objets médiévaux aient servi de sources d'inspiration directes au faussaire – autrement dit Louis Marcy – dans la mesure où une troisième hypothèse peut être émise. En effet, il pourrait exister un chaînon intermédiaire, aujourd'hui disparu (ou bien non encore localisé), à savoir une crosse limousine de la Présentation au Temple ayant les mêmes caractéristiques que l'objet de cette présente recherche [29].

En un temps où les pièces émaillées limousines sont très recherchées pour rejoindre de grandes collections publiques ou privées d'œuvres d'art de Haute Époque, la production de pastiches ou bien d'objets « dans le style de » tend à se développer et à se diversifier. Si certains optent pour une relecture quelque peu fantaisiste, voire d'inspiration très lointaine, de la production médiévale de *l'Opus Lemovicense*, pour d'autres, la qualité de leur exécution et les différentes sources convoquées dans leur réalisation en font de véritables chefs-d'œuvre d'orfèvrerie. Par de nombreux aspects, cette intéressante et atypique crosse vient ainsi parfaire notre connaissance de l'art de Louis Marcy, l'un des plus intrigants faussaires, actif entre la fin du XIXe et la première moitié du XXe siècle [30].

Notes

* Maître de conférences, université de Lorraine (Nancy).

Dans le cadre de cette recherche, je tiens à remercier Mme Marian Campbell du Victoria and Albert Museum de Londres, Élisabeth Antoine-König et Marie-Cécile Bardoz du département des Objets d'art du musée du Louvre ainsi que Christine Descatoire du musée de Cluny et Alain-Charles Dionnet du musée des Beaux-Arts de Limoges, pour leur aide précieuse. Cet article est issu d'une communication dans le cadre d'une journée d'études sur les émaux du Moyen Âge qui a eu lieu le 13 décembre 2019 au C2RMF–musée du Louvre à Paris.

1. Lot n° 445 du catalogue de la vente *Objets de vitrine, Nappes, Argenterie, Bijoux, Horlogerie, Catholica*, salle 2 de l'Hôtel Drouot, commissaires-priseurs Tessier-Sarrou et Associés, vendredi 27 novembre 2015, p. 65. Aujourd'hui, l'œuvre est très probablement conservée dans une collection privée.

2. *Ibid.*, p. 65.

3. L'un des motifs s'inspire sans doute d'un écu de gueules à 3 bandes d'or.

4. Cat. de vente *Haute Époque. Étains, Objets d'Art, Sculptures des XVe et XVIe siècles, Sièges et Meubles, Tapisseries*, Paris, 5 février 1980, n° 35. L'œuvre est adjugée pour 13 500 francs : *La Gazette de l'Hôtel Drouot*, 89e année, n° 8, 22 février 1980, p. 32.

5. Sur cet anarchiste et faussaire : Marian Campbell et Claude Blair, « "Vive le Vol": Louis Marcy, anarchist and faker », dans *Why Fakes Matter. Essays on Problems of Authenticity*, Mark Jones (dir.), Londres, 1992, p. 134-147 ; Marian Campbell et Claude Blair, *Marcy. Oggetti d'arte della Galleria Parmeggiani di Reggio Emilia*, Turin, 2008.

6. Parmi les plus importants collectionneurs du XIXe siècle, citons le prince Soltykoff, Frédéric Spitzer ou encore Alexandre Basilewsky. Voir Frédéric Tixier, « Le cabinet "Texier" : émaux limousins et autres curiosités », *Histoire de l'art*, n° 62, 2008, p. 55-67 ; *id.*, « Bienvenue chez M. Aimé Desmottes, collection de la place des Vosges ! De l'objet médiéval à l'instrument de musique », *Hortus Artium Medievalium.* Mélanges en hommage à Jean-Pierre Caillet, 2013, p. 521-528 ; *id.*, « Sur les traces parisiennes d'Alexander Petrovich Basilewsky : ses réseaux, ses hôtels particuliers, sa collection », *Palazzo Madama. Studi e Notizie*, IV, 2014-2015, p. 30-42.

7. Françoise Arquié-Bruley, « Émaux limousins et collectionneurs au début du XIXe siècle », dans *L'Œuvre de Limoges. Art et histoire au temps des Plantagenêts*, Danielle Gaborit-Chopin et Élisabeth Taburet-Delahaye (dir.), actes du colloque organisé au Musée du Louvre par le Service culturel, 16-17 novembre 1995 Paris, 1998, p. 19-45. Voir également Barbara Drake Boehm, « Le goût des Américains pour l'Œuvre de Limoges aux XIXe et XXe siècles », dans *L'Œuvre de Limoges et sa diffusion. Trésors, objets, collections*, Danielle Gaborit-Chopin et Frédéric Tixier (dir.), Paris-Rennes, 2011, p. 123-138.

8. À noter qu'elles peuvent également servir de sources d'inspiration aux orfèvres du XIXe siècle, sans pour autant qu'une volonté de tromperie soit sous-jacente à ces créations. Marian Campbell, « Imitation et création : la redécouverte de l'émail champlevé limousin au XIXe siècle », dans *L'Œuvre de Limoges…*, *op. cit.* note 7, p. 47-81. Plus récemment, Christine Descatoire, « Pastiches, faux et copies. Le succès des émaux « de style limousin » au XIXe et au début du XXe siècle », dans *Les émaux de Limoges à décor profane. Autour des collections du cardinal Guala Bicchieri*, Simonetta Castronovo et Christine Descatoire (dir.), Paris, 2016, p. 33-36.

9. Sur cette œuvre, voir *Cuivres d'orfèvres. Catalogue des œuvres médiévales en cuivre non émaillé des collections publiques du Limousin*, Véronique Notin (dir.), cat. exp. Limoges, Musée de l'Évêché-Musée de l'Émail, Limoges, 1996, notice 2, p. 26-29.

10. Robert de Lasteyrie, « Notice sur une croix du XIIIe siècle conservée à Gorre (Haute-Vienne) », *Bulletin archéologique du CTHS de 1884*, 1885, p. 5-16 ; Véronique Notin, « La croix-reliquaire de la Vraie Croix, monument médiéval précieux de l'église de Gorre », *Bulletin de la Société archéologique et historique du Limousin*, t. 135, 2007, p. 333-342.

11. Guéret, musée de la Sénatorerie, inv. 0A 11. En dernier lieu : Frédéric Tixier, *La monstrance eucharistique : genèse, typologie et fonctions d'un objet d'orfèvrerie (XIIIe-XVIe s.)*, Rennes, 2014, p. 120-122.

12. Ces derniers se situent après la collerette entre le nœud et la volute de la crosse.

13. Voir, entre autres, les crosses de la fondation Abegg à Riggisberg (Suisse), du musée de Cluny et du Rijksmuseum d'Amsterdam. Marie-Madeleine Gauthier (†), Élisabeth Antoine et Danielle Gaborit-Chopin (dir.), *Corpus des émaux méridionaux*, t. II, *L'apogée 1190-1250*, Paris, 2011, notice IV A, n°s 2, 21, 41 et IV D, n°s 1 et 9.

14. Dans la grande majorité des cas, les ailes des anges sont émaillées. Néanmoins, certaines peuvent être en cuivre doré, à l'instar de la crosse du Petit-Palais à Paris, inv. ODUT1240.

15. En effet, plusieurs pièces de l'atelier Marcy ont été léguées par différents collectionneurs américains au Metropolitan Museum of Art de New York. Voir par exemple une châsse-reliquaire de sainte Barbe (inv. 55.1) ou encore une valve de miroir armoriée (inv. 50.7.4).

16. M. Campbell et Cl. Blair, *Marcy…*, *op. cit.* note 5, p. 87, n° A4.

17. *Ibid.*, p. 152, n° E3.

18. M. Campbell, « Imitation et création… », *op. cit.* note 8, p. 62.

19. Inv. 55.417. L'œuvre est entrée le 27 février 1797 dans les collections du Cabinet des médailles et antiques de la Bibliothèque nationale de France, Paris.

20. Jean-Joseph Marquet de Vasselot, *Les crosses limousines du XIIIe siècle*, Paris, 1941, n° 60 et n° 61, p. 230-231, pl. XII.

21. BnF, ms. Nouv. Acq. Fr. 20875, fol. 82. Fonds Rohault de Fleury, t. LXIII, Pallia, Crosses, Mitres. Charles Rohault de Fleury, *La messe. Études archéologiques sur ses monuments*, t. VIII, Paris, 1889, p. 103.

22. Sur l'historique de cette pièce : Frédéric Tixier, « La collection d'émaux limousins du Cabinet des médailles de la Bibliothèque nationale de France : un premier essai de synthèse », *Bulletin de la Société nationale des Antiquaires de France*, 2014, p. 209-223.

23. Sur ce collectionneur, voir Germain Seligman, *Merchants of Art: 1880-1960. Eighty Years of Professional Collecting*, New York, 1961, p. 197-198. Sur sa collection qu'il constitue avec sa femme Suzanne Stevens-Stoclet, voir notamment Jules Pierre van Goidsenhoven, *Collection Adolphe Stoclet (première partie). Choix d'œuvres appartenant à madame Feron-Stoclet*, Bruxelles, 1956, p. 200-203 (pour la crosse). Celle-ci fut prêtée lors d'une exposition en 1954 (voir *La Madone dans l'Art*, cat. exp. Anvers, Musée Royal des Beaux-Arts, 28 août-14 novembre 1954, n° 510).

24. Henri Daguerre travailla également avec le galeriste antiquaire Brimo de Laroussilhe. Sur leurs rapports : Étienne Bertrand, *Émaux limousins du Moyen Âge*, Paris, 1995, p. 11-13.

25. *Ibid.*, notice 18, p. 108-109.

26. Voir par exemple le numéro 164 de *L'art pour tous*, année 1866 (crosse aux « anges » de l'ancienne collection Basilewsky).

27. *L'art pour tous*, n° 11, 1905, p. 44. En dernier lieu, Marie-Madeleine Gauthier, *Émaux limousins champlevés des XIIe-XIIIe et XIVe siècles*, Paris, 1950, p. 55.

28. Fr. Tixier, « La collection d'émaux limousins… », *op. cit.* note 22, p. 214-215.

29. Cette hypothèse est d'autant plus plausible que l'Enfant Jésus de notre fausse crosse limousine est très différent de celui de l'ancienne collection Stoclet.

30. Parmi d'autres exemples d'objets pastiches d'inspiration limousine, voir notamment Daniel Thurre, « Deux émaux modernes "à la manière limousine" dans une collection privée suisse », *Zeitschrift für schweizerische Archäologie und Kunstgeschichte*, 54, 1997, p. 185-196.

Actualité

Creuse

Chamberaud. Découverte de panneaux de vitraux du XIIIe siècle provenant de l'église Saint-Blaise.

En mai 2019, quatre panneaux de vitraux du XIIIe siècle représentant les Saintes Femmes au Tombeau, la Crucifixion, la Vierge à l'Enfant et la décollation de saint Blaise ont été découverts à Guéret, alors qu'ils étaient stockés dans les combles de l'hôtel du département. Deux panneaux supplémentaires, une grisaille et des armoiries sur champ losangé, en mains privées, furent rapidement identifiés comme appartenant à la même série [1]. Alors qu'aucun indice ne permettait de connaître la provenance de ces pièces, uniques dans la région, la notice des vitraux disparus du département de la Creuse dans le Recensement des vitraux anciens du Limousin [2] a permis de faire le lien avec des vitraux de l'église Saint-Blaise de Chamberaud, située à quelques kilomètres seulement de Guéret.

Ces vitraux ont été décrits pour la première fois par l'érudit Auguste Bosvieux dans la seconde moitié du XIXe siècle [3], dans ses notes transcrites en 1921 par Albert Lacrocq :

> Ce qu'il y a de mieux [dans l'église], ce sont deux petits vitraux du XVe ou du XVIe. L'un porte ces mots : S. Blasius. Un soldat vêtu de rouge coupe le cou avec une grande épée à saint Blaise dont la tête est inclinée. Le fond du vitrail est bleu. Au-dessus les armes du donateur : de sable à l'aigle éployé d'argent, au chef de la religion (de gueules à la croix d'argent ou de gueules simple) le tout dans une couronne verte.
>
> L'autre vitrail, divisé en deux panneaux verticaux, représente une décollation. Le personnage décollé passe la tête par la fenêtre d'une prison, où il est enfermé. Au-dessus 3 personnages à table : celui du milieu a une couronne, celui de gauche un casque à mentonnière. Ces vitraux sont placés au chevet dans les deux baies latérales. […]
>
> La baie du milieu est également pourvue de vitraux, cachés complètement par le retable de l'autel. 3 panneaux et 1 armoirie. Le 1er panneau représente le Christ en Croix entre la synagogue et la nouvelle religion, surmontée l'une de la lune (à gauche) l'autre du soleil, à droite. Au-dessus de la croix, la date 1451. 2e panneau : la Ste Vierge avec

Fig. 1 - Chamberaud, église Saint-Blaise, chœur.

[au] bras l'enfant Jésus et [tenant] de la [main] droite un bâton fleurdelisé. Le 3e : la Résurrection. Les gardes dorment près du tombeau, l'ange soulève la pierre. L'écusson est d'or à la bande échiquetée de sable et d'argent au croissant d'azur à senestre. Le fond des vitraux est bleu. Ils alternent avec des grisailles d'un bon dessin [4].

D'après l'auteur, l'édifice possédait encore six panneaux figurés (la décollation de saint Blaise, le repas d'Hérode et la décollation de saint Jean-Baptiste, la Crucifixion, la Vierge à l'Enfant et les Saintes Femmes au Tombeau), deux panneaux d'armoiries et des panneaux de grisaille [5].

L'église Saint-Blaise de Chamberaud, inscrite en 1957 et classée en 1991 [6], est une ancienne chapelle templière [7] qui a conservé son dallage médiéval. Elle présente un plan rectangulaire de cinq travées avec une nef unique précédée d'une ancienne tour-clocher, prolongée par un chœur à chevet plat d'une travée et demi. L'éclairage direct est principalement fourni par les trois hautes et étroites lancettes du chevet (fig. 1). On compte aussi une petite baie haute dans le chœur et deux très petites baies basses dans la nef, toutes placées sur le côté sud. L'église est épaulée par des contreforts plats au chevet et au sud, massifs et saillants au nord. Ces contreforts septentrionaux ont été renforcés, peut-être quand les murs furent surhaussés. Le haut des gouttereaux est souligné d'une fine moulure à l'extérieur. L'édifice a été fortifié pendant la guerre de Cent Ans. Les voûtes de pierre ont été remplacées par un faux voûtement de bois, en partie refait au milieu du XIXe siècle. Les voûtes gothiques, qui appartenaient certainement à la première phase de construction, retombaient sur de fines colonnettes engagées posées sur des consoles sculptées, par l'intermédiaire de chapiteaux à feuillages. L'ensemble doit remonter à la première moitié du XIIIe siècle, plus précisément peut-être du premier tiers [8]. Les baies s'ouvrent au sein de profonds ébrasements. La lancette centrale du triplet est plus haute que les ouvertures latérales, mais la largeur des trois est identique, 35 cm au plus étroit. Comme c'est le cas pour les vitraux modernes actuels, les vitraux médiévaux devaient avoir été posés un peu en avant et leur largeur devait être de 45 cm environ. Ces dimensions correspondent à celles des panneaux retrouvés, une fois ôtés les filets d'ajustement périphériques rajoutés après la dépose.

Les vitraux décrits par Auguste Bosvieux furent vendus en 1892 après avis du conseil municipal qui chargea la fabrique, bénéficiaire de la vente, de les remplacer par des nouveaux commandés à l'atelier Gesta [9]. Au moins six panneaux furent acquis par un particulier qui les installa dans sa demeure. Lorsque son descendant vendit les lieux, il en emmena quatre et en laissa deux sur place où ils se trouvent encore. Les quatre panneaux figurés furent finalement légués au département, et entreposés dans les combles [10]. Leur passage en mains privées n'a pas altéré les œuvres qui ont été intelligemment posées dans des cadres métalliques destinés à être placés devant des fenêtres. Un simple filet périphérique a permis d'ajuster les panneaux au cadre et à la vitrerie d'accompagnement.

Les six panneaux proviennent de deux des ouvertures du triplet de Chamberaud : la baie d'axe (baie 0) et l'une des baies latérales (baie 1, à gauche ou baie 2, à droite). Les quatre panneaux figurés, de 43 à 48 cm de large et de 35 à 36 cm de haut1 [1], sont tous placés sur un champ de grisaille et aucun ne comporte de bordure. Les deux scènes de la Passion, la Vierge à l'Enfant (fig. 2 à 4) et la grisaille isolée (fig. 6) font partie d'une même verrière, la baie d'axe, puisque le motif de grisaille est identique. Le panneau de la vie de saint Blaise (fig. 5), bien qu'ayant une esthétique similaire, appartient à un autre vitrail, car le motif de la grisaille d'accompagnement est différent. Le panneau d'armoiries, quant à lui, est plus tardif (fig. 7). Ces éléments étaient situés dans l'une des ouvertures latérales. Tous ces panneaux sont dans un exceptionnel

Fig. 2 - Crucifixion, premier tiers du XIIIe siècle.

Fig. 3 - Saintes Femmes au Tombeau, premier tiers du XIIIe siècle.

Fig. 4 - Vierge à l'Enfant, premier tiers du XIIIe siècle.

Fig. 5 - Décollation de saint Blaise, premier tiers du XIIIe siècle.

Fig. 6 - Grisaille, premier tiers du XIIIe siècle, collection particulière.

Fig. 7 - Armes de Jean Grivel, dernier quart du XIVe siècle, collection particulière.

état de conservation et n'ont subi aucun dommage lors de leur déplacement : les filets de scellement et les plombs médiévaux sont conservés. Les pièces de restauration sont peu nombreuses (la tête de l'une des saintes femmes a été refaite, quelques pièces de grisaille ici ou là), les plombs de casse, attestant d'une restauration relativement récente, sont limités. On trouve aussi des pièces de restauration anciennes, antérieures au XIXe siècle.

Le style de cinq des panneaux (les scènes et le panneau de grisaille) renvoie au premier tiers du XIIIe siècle avec des figures assez classiques, bien proportionnées, aux drapés fluides. La composition de la grisaille, encore placée sur un fond de cages à mouches, même si on sait que ce type de décor évolue très lentement, concorde avec une datation assez haute. L'exécution est soignée, mais elle montre l'intervention de deux peintres différents.

La verrière d'axe est la plus séduisante avec des personnages aux traits du visage assez réguliers bien que sommaires (nez droit dans le prolongement de sourcils épais et légèrement arqués, yeux un peu globuleux, bouche droite et large aux commissures accentuées, menton rond). Les drapés sont très fluides mais manquent de vigueur. Les traits principaux ont souvent été soulignés d'un lavis plutôt large et épais (torse du Christ en croix, visages – en particulier les cernes), mais ce lavis paraît avoir été délaissé pour les drapés. Le panneau de saint Blaise en revanche est d'une exécution plus brutale, avec des traits plus fins, mais confinant à la caricature.

Le parti esthétique est intéressant, car il privilégie des verrières mixtes : non seulement les panneaux figurés alternaient avec des panneaux de grisaille, comme le rapportait Auguste Bosvieux, mais les scènes elles-mêmes étaient posées sur un champ de grisaille, strictement contenues dans un rectangle à l'exception de la décollation de saint Blaise où le bourreau empiète légèrement sur le côté. Cette solution a aussi été tentée ailleurs : on peut citer (sans lien cependant avec Chamberaud) la grande Vierge à l'Enfant d'Angers (vers 1230-1235), les panneaux de l'Enfance du Christ de Sainte-Radegonde de Poitiers (vers 1240), les panneaux d'Auxerre (vers 1230). Ce type de décor, liant pleine couleur et verrière incolore, était plus répandu qu'on ne l'imagine et permettait d'assurer un éclairage optimal, grâce aux verres incolores, tout en continuant de développer un programme iconographique avec des grandes figures ou encore de la narration, comme c'est le cas ici.

Les grisailles semblent avoir obéi au moins à deux schémas différents. Avait-on varié les dessins d'une lancette à l'autre ou bien les lancettes latérales relevaient-elles d'un seul modèle ? Il s'agit de compositions régies par une stricte symétrie horizontale et verticale, suivant des schémas géométriques donnés par le réseau de plombs et la peinture. Les palmettes et les rinceaux se déploient à partir des angles ou du centre des formes, passent par-dessus ou en dessous des lignes directrices. Dans l'axe, la grisaille était conçue autour d'un losange inséré dans un carré, le tout contenu dans un quadrilobe. Celui-ci était accroché, en haut et en bas, par des demi-losanges et sur les côtés par des demi-lobes. Dans les angles des quarts de cercle enserraient chacun un carré. Pour la baie latérale qui avait abrité le martyre de saint Blaise, le schéma différait. Sans posséder de panneau de grisaille indépendant, on ne peut savoir comment était traité le centre du motif, mais il comportait un grand losange passant au-dessus d'un quatrefeuilles, était arrimé aux angles par des demi-cercles. Étant donné l'étroitesse des ouvertures, les panneaux ne possédaient pas de bordure.

La reconstitution des verrières dans le détail est malaisée, bien que leur allure générale soit connue. Auguste Bosvieux indique qu'une partie de la baie d'axe était cachée par un retable : dans quelle mesure cela a-t-il gêné sa lecture ? N'y avait-il que trois panneaux figurés dans ce vitrail ? Qu'en était-il des ouvertures latérales ? Il n'a vu que la décollation de saint Blaise, mais il a en revanche lu deux scènes de la vie de saint Jean-Baptiste : le repas d'Hérode, puis la décollation, ce qui pourrait plaider pour des baies abritant plusieurs scènes chacune. Le martyre de saint Blaise devait être situé relativement bas pour que Bosvieux arrive à lire correctement l'inscription qui nomme le saint.

Les modules des panneaux, qui n'ont pas été retouchés [12], posent un problème. En effet, en règle générale, la grisaille est conçue comme un « tapis ornemental » quasi ininterrompu où les modules décoratifs complets se succèdent ou s'imbriquent. Or, à Chamberaud, les scènes étaient plus petites que les panneaux de grisaille simples : ceux entièrement en grisaille faisaient 52 cm de haut alors que ceux contenant les scènes n'en faisaient que 36, une scène occupant toute la hauteur du panneau. Dans ces conditions, tous ces panneaux mixtes présentent un motif de grisaille tronqué dont il manque le tiers supérieur. La superposition des panneaux scène/grisaille/scène, en raison de ces modules différents, ne permettait pas la continuité du motif décoratif. Ce choix ne trouve pas d'autre explication que celle d'un calibrage différent des modules narratifs et décoratifs : le module décoratif avait besoin d'un format presque carré pour arriver à complétude, tandis que pour poser une scène sur un champ de grisaille, celle-ci devait être nécessairement rectangulaire, sans être trop haute, ce qui l'aurait rendue difficile à composer. Poser la scène en plein centre du module décoratif aurait été cependant la solution logique.

D'après les notes d'Auguste Bosvieux, le programme, tout en mettant à l'honneur les thématiques de l'Incarnation et de la Rédemption, dans l'axe, illustrait le martyre des saints patrons de l'église. Celle-ci en effet aurait été d'abord placée sous le patronage de saint Jean-Baptiste avant de prendre le vocable de Saint-Blaise [13]. Il est malheureusement impossible de savoir où les vitraux consacrés à ces deux saints se trouvaient exactement, entre les baies 1 et 2. On notera que les inventaires du XVIIe siècle évoquent la présence de statues de saint Jean-Baptiste, de saint Blaise, de la Vierge et de saint Roch sur le maître-autel [14]. Le choix de saint Roch est certainement récent, mais la Vierge faisait écho à la Vierge à l'Enfant du vitrail d'axe et les deux autres saints aux scènes de martyre illustrées dans les baies latérales. On peut aussi rapprocher ce décor vitré des peintures murales déployées dans l'église templière de Paulhac, légèrement plus tardives, mettant l'accent sur les saints martyrs (et la décollation de saint Jean-Baptiste, objet de la dédicace de l'édifice) et proposant au chevet un programme illustrant l'Incarnation et la Rédemption (Arbre de Jessé, Vierge à l'Enfant et Crucifixion) [15].

Ces vitraux du XIIIe siècle sont certainement contemporains de la construction de l'édifice qui les abritait. Ils ont été restaurés et remaniés anciennement. En effet, Auguste Bosvieux vit deux panneaux d'armoiries. L'un d'entre eux, le plus ancien, est conservé (fig. 7). Il s'agit d'un écu d'or à la bande échiquetée de sable et d'argent et au croissant d'azur à senestre. Ces armes sont celles de Jean Grivel ou Griveau, chevalier de l'ordre de Saint-Jean de Jérusalem, commandeur de Chamberaud dans le quatrième quart du XIVe siècle [16]. L'autre panneau, plus tardif comme l'indique la présence d'une « couronne verte » – une couronne de feuillages, un élément décoratif caractéristique du XVIe siècle – présentait un écu de sable à l'aigle éployé d'argent, au chef de gueules à la croix d'argent. Il s'agissait des armes d'un membre de la famille limousine de Neuville dont deux membres appartinrent à l'ordre de Malte peu après le milieu du XVIe siècle [17]. L'un d'entre eux fut certainement commandeur de Chamberaud et fit poser ses armes dans le haut de l'une des baies latérales du chevet.

Au total, ces panneaux représentent un exemple unique de l'art du vitrail médiéval en Creuse ; ils témoignent aussi de la diffusion de cet art au XIIIe siècle dans de modestes fondations et du goût pour un décor mixte, mêlant pleine couleur et grisaille, narration et ornements.

Karine Boulanger et Géraldine Thévenot

1. Les panneaux de l'hôtel du département ont été découverts par Géraldine Thévenot et ceux en mains privées par Philippe Andrieu. L'ensemble a été examiné en juillet 2020 et une critique d'authenticité avant restauration a pu être réalisée.

2. Michel Hérold et Françoise Gatouillat, *Les vitraux d'Auvergne et du Limousin*, Corpus Vitrearum, recensement IX, Rennes, 2011, p. 248-249.

3. Fonds aux Arch. dép. Haute-Vienne, série 5 F. Ils sont ensuite mentionnés en 1882 dans Adolphe Joanne, *Géographie du département de la Creuse…*, Paris, 1882, p. 54 et par André Lecler, *Dictionnaire topographique, archéologique et historique de la Creuse*, Limoges, 1902 (rééd. Marseille, 2003), p. 112.

4. Albert Lacrocq, « Les vitraux de la Creuse », *Mémoires Soc. sciences nat. et arch. Creuse*, t. XXI, fasc. 6, 1921, p. 504-505. Les clichés des carnets originaux (Arch. dép. Haute-Vienne, 5 F M 11, carnet 1, p. 44-47) ont été aimablement fournis par M. Jean-Marie Allard.

5. Le saint décapité et le repas avec un roi doivent se rapporter à la vie de saint Jean-Baptiste. Auguste Bosvieux indique que les grisailles alternaient avec les panneaux figurés : on possédait donc encore plusieurs panneaux ornementaux à cette époque.

6. https://www.pop.culture.gouv.fr/notice/merimee/PA00100028 [consulté le 24 mars 2021].

7. Sa date de fondation n'est pas connue, elle est mentionnée dans un document de 1282. Jean-Marie Allard, « Templiers et hospitaliers en Limousin au Moyen-Âge : état de la recherche et nouvelles considérations », *Revue Mabillon*, nouv. série, t. 14, 2003, p. 51-81 (p. 73). Augustin Vayssière, « L'ordre de Saint-Jean de Jérusalem ou de Malte en Limousin et dans l'ancien diocèse de Limoges », *Bull. Soc. lettres, sciences et arts Corrèze*, 1884, p. 21-192 (p. 90). La commanderie était établie dès le début du XIIIe siècle : Jean-Marie Allard, *Hospitaliers et templiers dans la Creuse*, coll. « Études creusoises », n° XXVIII, Soc. des sciences nat., arch. et hist. Creuse, 2021, p. 84-89.

8. Claude Andrault-Schmitt, « Les églises des templiers de la Creuse et l'architecture religieuse du XIIIe siècle en Limousin », *Bull. Soc. Antiqu. Ouest*, 5e série, t. X, 2e trimestre 1996, p. 75-141 (p. 100-104).

9. Arch. dép. Creuse : documents numérisés, série des délibérations municipales, Chamberaud_delib_1885-1902, 29 mai 1892, p. 128. Les nouveaux vitraux furent listés en 1906 dans l'inventaire des biens de la fabrique (Arch. dép. Creuse, 2 Q 4).

10. Délibération de l'assemblée départementale n° 02/5/12, 10 mars 2008. La demeure privée qui abrita les vitraux fut rénovée entre 1895 et 1901. Les vitraux y furent sans doute placés à cette occasion.

11. 48 cm de large en prenant en compte les filets d'ajustement au cadre, 43 cm au plus près des filets de scellement originaux. Les panneaux de grisailles et des armoiries sont plus hauts : 60 cm avec les filets d'ajustement au cadre, 52 cm au plus près du motif.

12. Les panneaux ont été soigneusement insérés dans des cadres de fenêtres après leur vente en 1892 et rien ne laisse supposer qu'on ait coupé le tiers supérieur des panneaux figurés, d'autant que la place ne manquait pas dans les nouvelles fenêtres.

13. La dédicace de l'église paraît imprécise : elle est dénommée Saint-Blaise, mais dans des documents anciens elle apparaît sous le nom de Saint-Jean-Baptiste. L'iconographie des vitraux tend à montrer que cette « imprécision » remonte à l'époque médiévale. Vayssière, *op. cit.* note 7, p. 90.

14. Vayssière, *op. cit.* note 7, p. 90. Une statue de la Vierge, datant peut-être de la fin du XIVe ou du XVe siècle a été déposée au Musée d'art et d'archéologie de Guéret. L'église de Chamberaud possède encore des statues de saint Jean-Baptiste, de saint Blaise et de saint Roch, qui semblent postérieures au XVIe siècle.

15. Claude Andrault-Schmitt, « Creuse, les peintures murales de Paulhac (Saint-Étienne-de-Fursac) », *Bull. mon.*, t. 154-2, 1996, p. 167-173.

16. Voir le sceau de 1387 décrit dans la collection Clairambault : Germain Demay, *Inventaire des sceaux conservés dans la collection Clairambault à la Bibliothèque nationale*, Paris, 1885, t. 1, p. 452, n° 4272 ; Allard, *op. cit.* note 7, p. 86. La date de 1451 vue par Auguste Bosvieux n'a jamais existé : l'érudit a mal lu l'inscription un peu endommagée sur le *titulus* de la Crucifixion et qui, de loin, pouvait ressembler à une date. On notera que les armoiries ont été montées à l'envers : le panneau a longtemps été présenté à l'envers, avec la peinture à l'extérieur, pour respecter la lecture correcte (comme l'atteste la corrosion) puis retourné.

17. Allard, *op. cit.* note 7, p. 85 ; Abbé de Vertot, *Histoire des Chevaliers hospitaliers de S. Jean de Jérusalem, appellez depuis les Chevaliers de Rhodes, et aujourd'hui les Chevaliers de Malte*, t. 4, Paris, 1726, liste des chevaliers de la langue d'Auvergne, p. 9.

Crédits photographiques : fig. 1 (Géraldine Thévenot) ; fig. 2 à 7 (Centre A. Chastel/Karine Boulanger).

Tarn-et-Garonne

Caylus, quartier de la Saliège. Deux îlots au cœur de l'expansion urbaine, XIIIe-XIXe siècle.

L'étude du quartier de la Saliège à Caylus a permis d'examiner l'aménagement d'un espace au cœur de l'expansion urbaine et ses transformations au cours du temps dans le cadre d'un master en archéologie médiévale [1]. L'agglomération n'avait fait l'objet que d'études ponctuelles depuis la grande campagne d'inventaire fondamental des années 1980 ayant abouti à la publication d'un ouvrage couvrant les cantons de Caylus et de Saint-Antonin-Noble-Val [2]. L'intérêt certain de l'urbanisme et du bâti caylusiens, déjà mis en lumière par Pierre Garrigou Grandchamp lors de la 170e session du Congrès archéologique de France [3], a motivé la réalisation de ce travail, en collaboration avec l'Inventaire du Pays-Midi-Quercy dépendant de la région Occitanie.

Connue pour son église gothique, pour son château du XIXe siècle et pour sa « maison des Loups », demeure médiévale dont les décors sculptés contrastent avec la sobriété des constructions environnantes, la petite ville de Caylus se dresse à l'extrémité orientale du Quercy, sur les pentes d'une butte rocheuse découpée dans le causse. Sa situation actuelle, en contrebas de la route départementale qui relie Caussade à Villefranche-de-Rouergue, lui a permis de conserver son tissu urbain médiéval, et par conséquent une partie de son bâti ancien, qui a néanmoins subi de nombreuses transformations au cours du temps.

La ville est mentionnée pour la première fois dans les sources à la fin du XIIe siècle, sous la forme d'un *castrum* comprenant une église et des fortifications [4]. Partiellement incendiée lors de la croisade contre les Albigeois, Caylus a connu une période de fort développement au XIIIe siècle à l'initiative

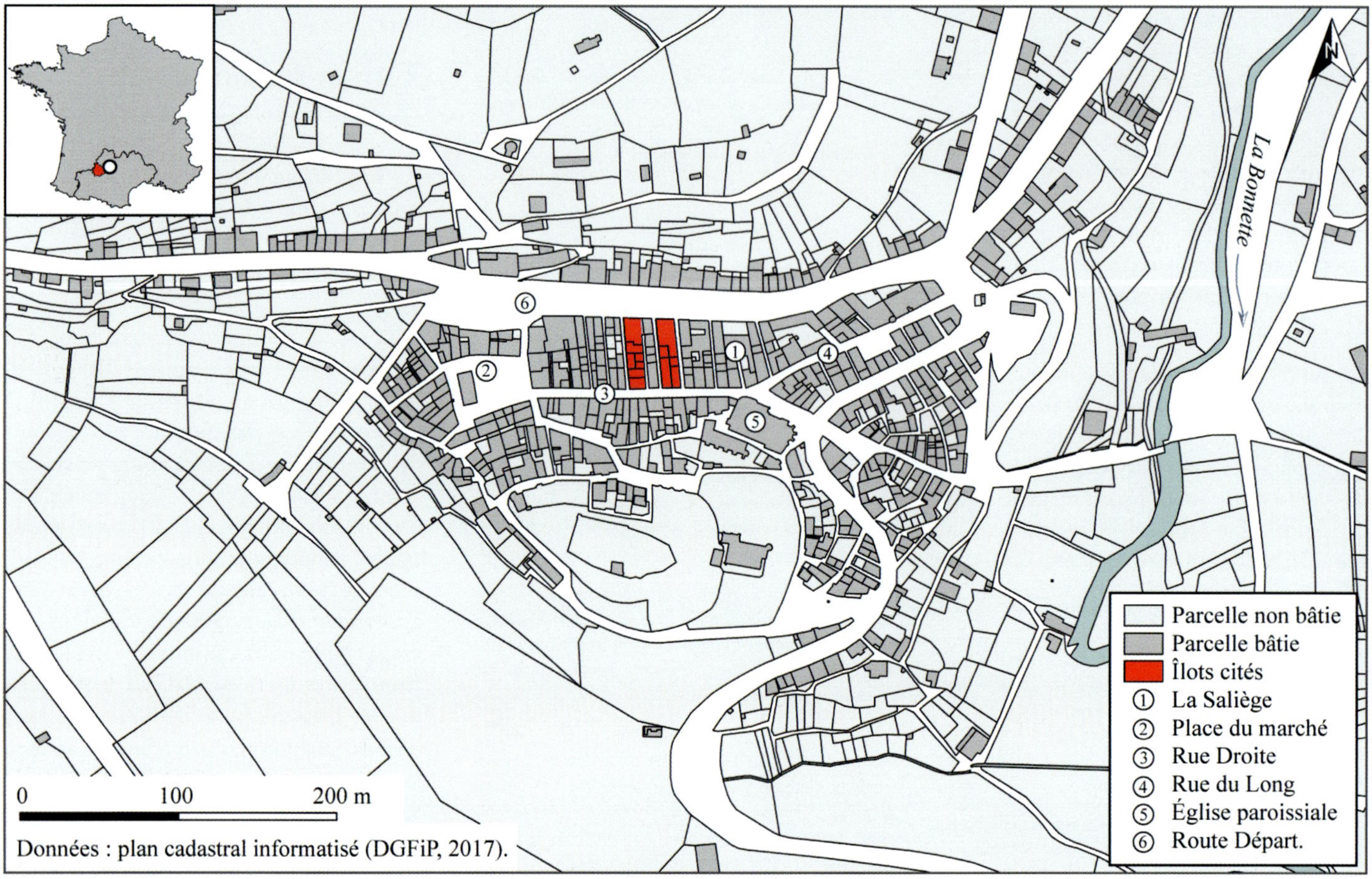

Fig. 1 - Caylus, localisation des îlots mentionnés sur le fond de plan cadastral (D.A.O. É. Chabanne).

principale des comtes de Toulouse. La construction de murailles au début de la guerre de Cent Ans a contenu l'expansion de la ville jusqu'à leur démantèlement au XVIIIe siècle. Si Caylus bénéficie aujourd'hui d'un regain d'intérêt pour son patrimoine, le manque d'entretien a toutefois déjà fait son œuvre sur une partie du bâti ancien.

La Saliège, un quartier du XIIIe siècle. Situé entre la place du Marché et la porte nord-est de la ville, en confront de la rue Droite et de la rue du Long, le quartier de la Saliège occupe un emplacement primordial dans l'expansion de Caylus au XIIIe siècle (fig. 1). Son développement le long de l'axe principal de la ville a permis l'aménagement de structures commerciales et artisanales (boutiques, ateliers, caves, etc.) à la fois accessibles et intégrées au cœur du tissu urbain. Il est composé d'une succession d'îlots en lanières séparés par des ruelles, dont la plupart sont subdivisés en deux bandes de parcelles adossées, de largeur similaire. Cette configuration, nommée « parcellaire binaire » par Gilles Séraphin [5], présente une orientation nord-sud perpendiculaire à la rue qui donne au quartier un aspect presque orthonormé.

Les constructions sont établies sur le replat qui précède la pente du causse jusqu'à la route départementale. S'il ne subsiste quasiment aucun élément de l'architecture civile caylusienne du XIIIe siècle en élévation dans ce quartier, la présence de nombreuses structures attribuables aux XIVe, XVe et XVIe siècles témoigne de reconstructions et de modifications régulières de ces maisons, corrélées avec la transformation du parcellaire à l'intérieur des îlots, jusqu'à notre époque. Elles relèvent d'une architecture d'une qualité hétérogène, bien représentée par les exemples qui suivent.

Les transformations de l'îlot entre les rues du Chapelier et du Commandant Alibert. Cette portion de la Saliège correspond à un ensemble de 11,6 m de large sur approximativement 44 m de long comprenant trois bâtiments répartis sur cinq parcelles (fig. 2). La structure binaire de l'îlot est matérialisée par un entremis, espace étroit séparant les maisons de la partie méridionale, qui permet l'écoulement des eaux de toiture et des latrines et qui accueille les conduits de cheminées. Ces caractères ne se retrouvent pas dans la partie nord de l'îlot (en fonds de ruelles), constituée de bâtiments presque entièrement reconstruits dans les années 1960.

La présente étude a permis de repérer des éléments de la fin du Moyen Âge ou du début de l'Époque moderne, comme un ensemble avec une fenêtre à croisée et une autre à demi-croisée dont la traverse est remployée en appui (fig. 3). Ces ouvertures, bien que mises en œuvre

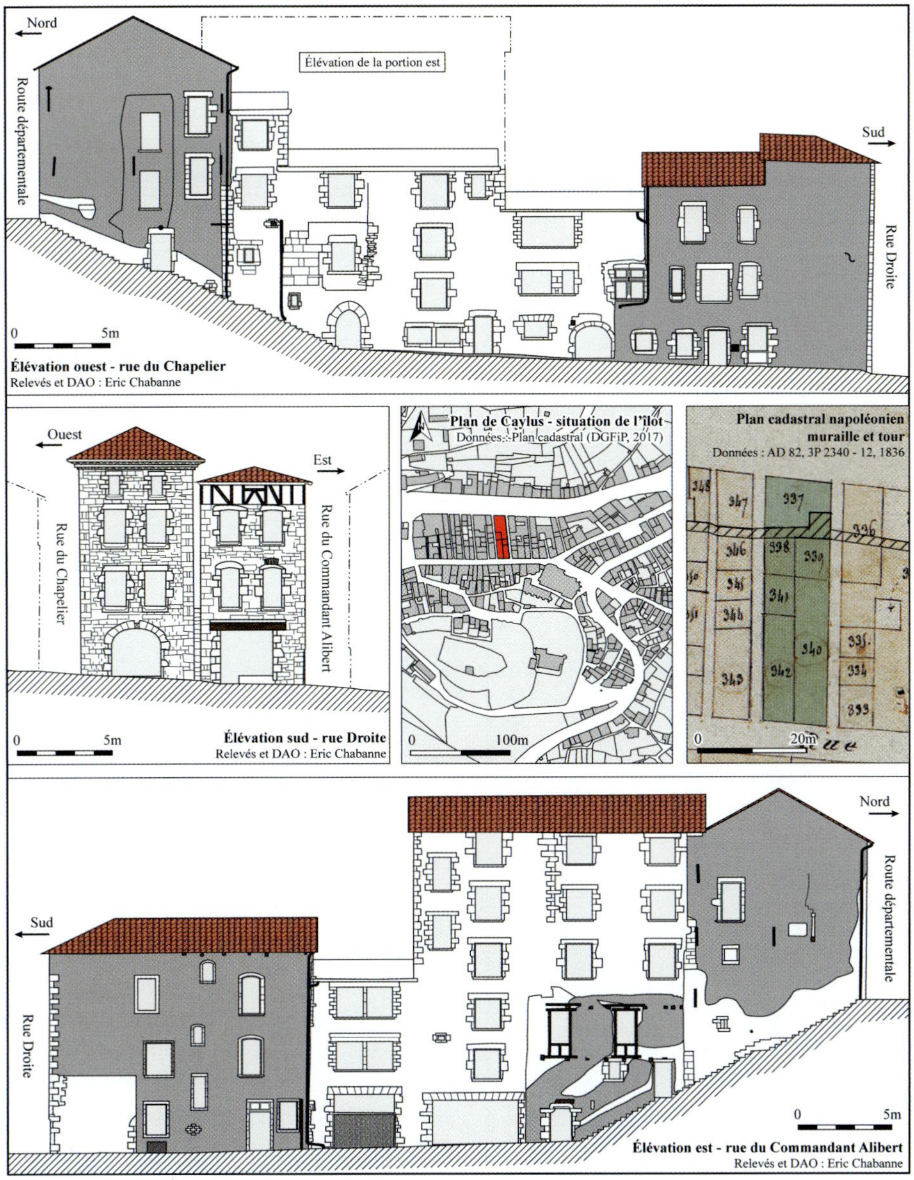

Fig. 2 - Caylus, îlot situé entre la rue du Chapelier et la rue du Commandant Alibert, localisation et relevés des élévations ouest, sud et est (relevés et D.A.O. É. Chabanne).

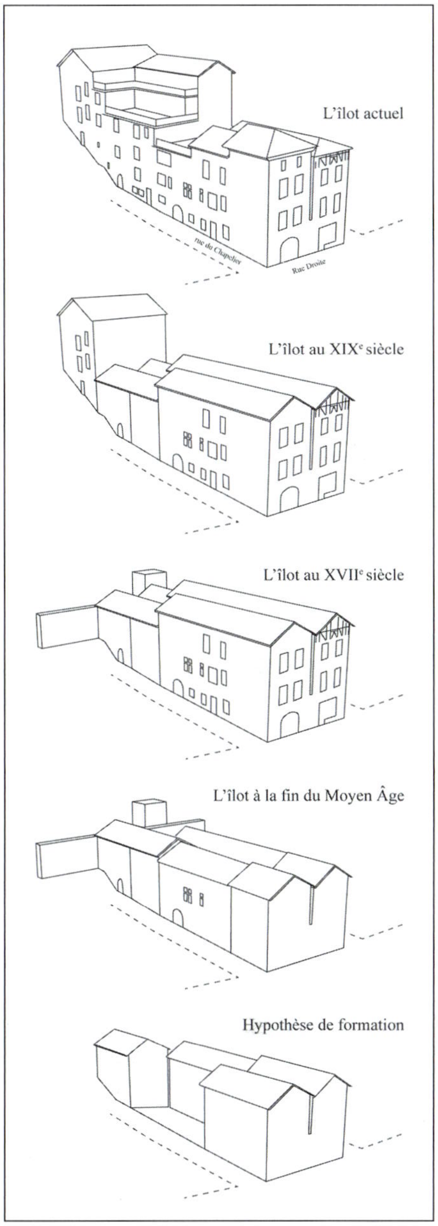

Fig. 4 - Caylus, îlot situé entre la rue du Chapelier et la rue du Commandant Alibert, hypothèse de restitution de l'évolution de l'îlot depuis le Moyen Âge (D.A.O. É. Chabanne).

Fig. 3 - Caylus, rue du Chapelier côté est, croisée et demi-croisée à chanfrein simple se terminant en congé droit.

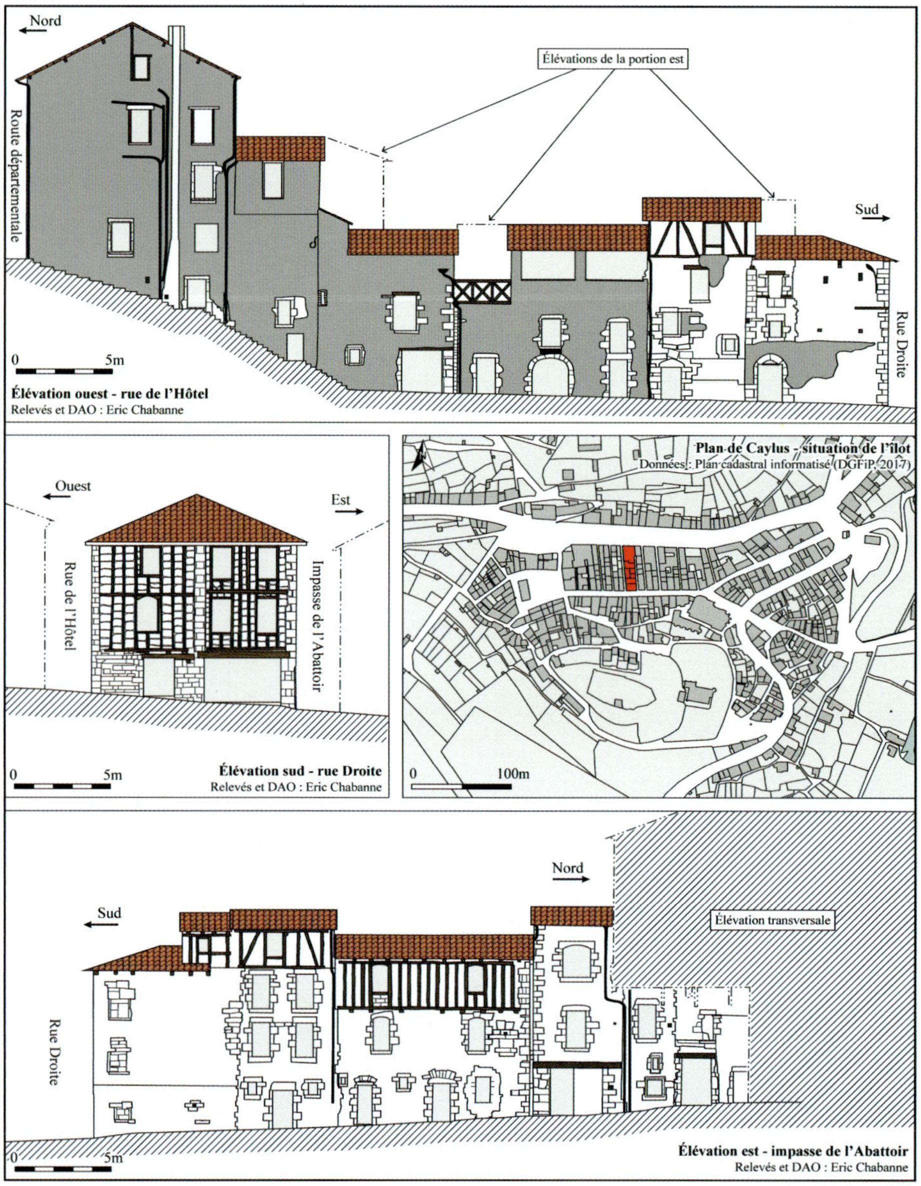

Fig. 5 - Caylus, îlot situé entre la rue de l'Hôtel et l'impasse de l'Abattoir, localisation et relevés des élévations ouest, sud et est (relevés et D.A.O. É. Chabanne).

avec sobriété, témoignent toutefois d'une volonté d'afficher le rang social de l'occupant sur l'espace public. S'il ne subsiste que peu d'éléments anciens dans le nord de l'îlot, on peut toutefois noter la présence d'une portion de mur constituée d'une porte à linteau sur coussinet au rez-de-chaussée, surplombée par un niveau en pan de bois partiellement conservé, dont les abouts de solives situent le niveau du plancher.

Les résultats de l'étude de bâti permettent de proposer une esquisse d'évolution de l'îlot depuis le Moyen Âge (fig. 4). Il semble que la configuration binaire soit d'origine, avec des maisons construites préférentiellement en confront de la rue Droite. L'observation des plans suggère la présence d'une tour défensive en contact direct avec l'îlot, dont il ne subsiste malheureusement aucune trace matérielle. À la fin de l'Époque moderne, lorsque la muraille a été détruite, une entrée a été aménagée dans le mur nord de la maison la plus septentrionale avant d'être rendue obsolète par la construction d'une nouvelle demeure au XIXe siècle. Enfin, les constructions du cœur d'îlot ont été rebâties dans les années 1960, ne laissant subsister que des traces des aménagements antérieurs.

La séparation médiane d'un parcellaire binaire : l'exemple de l'îlot entre la rue de l'Hôtel et l'impasse de l'Abattoir. Cet îlot se situe environ à la moitié de la rue Droite, à mi-chemin entre la place du Marché et l'église paroissiale. Il mesure approximativement 11 m de large pour 44,5 m de long et présente un parcellaire binaire, semblable à celui évoqué ci-dessus (fig. 5). Font exception les deux parcelles les plus proches de la rue Droite, qui occupent la totalité de sa largeur.

Les maisons de l'îlot, à l'instar de la majorité de celles du quartier, sont bâties en moellons de calcaire local. L'observation d'un échantillon de cet îlot, une façade sur la rue de l'Hôtel, a permis de mettre en évidence la très forte hétérogénéité des pierres mises en œuvre (fig. 6). Ce constat établit le caractère opportuniste de l'approvisionnement, vraisemblablement ponctué de remploi.

Un élément remarquable est à signaler dans cet îlot, à l'intérieur des deux maisons les plus méridionales. Ces constructions ne présentaient à première vue aucun signe de séparation longitudinale correspondant à un parcellaire binaire habituel. Leur étude a toutefois permis de mettre en évidence des piliers médians (fig. 7) permettant de soutenir les solives des planchers des étages. Cette configuration, qui n'avait pas encore été observée à Caylus, permet de restituer la présence probable d'un rez-de-chaussée unifié dans ces maisons, et la possible transformation des parcelles depuis le Moyen Âge.

À l'instar de l'îlot présenté plus haut, celui-ci hérite d'un parcellaire binaire très probablement instauré dès l'aménagement du quartier au XIIIe siècle. Les rares éléments de la fin du Moyen Âge, visibles en remploi dans les élévations, témoignent de reconstructions plus récentes. La structure parcellaire du sud de l'îlot présente une séparation est-ouest difficilement compatible avec la configuration générale du quartier établie au Moyen Âge. Cet état de fait semble découler d'une modification réalisée à l'Époque moderne, qui aurait remplacé la séparation nord-sud observable par le biais de la file de piliers en partie conservée.

Ces deux exemples prouvent que le bâti ancien de Caylus, s'il est menacé par l'absence d'occupation et par le défaut d'entretien qui en découle, recèle toutefois une grande quantité d'informations sur le développement de la ville à la fin du Moyen Âge. Cette étude permet ainsi la sauvegarde virtuelle d'une part de l'histoire de la ville. Cependant, sans une analyse plus exhaustive du bâti en élévation, comme des structures enfouies, il est certain qu'une grande partie des

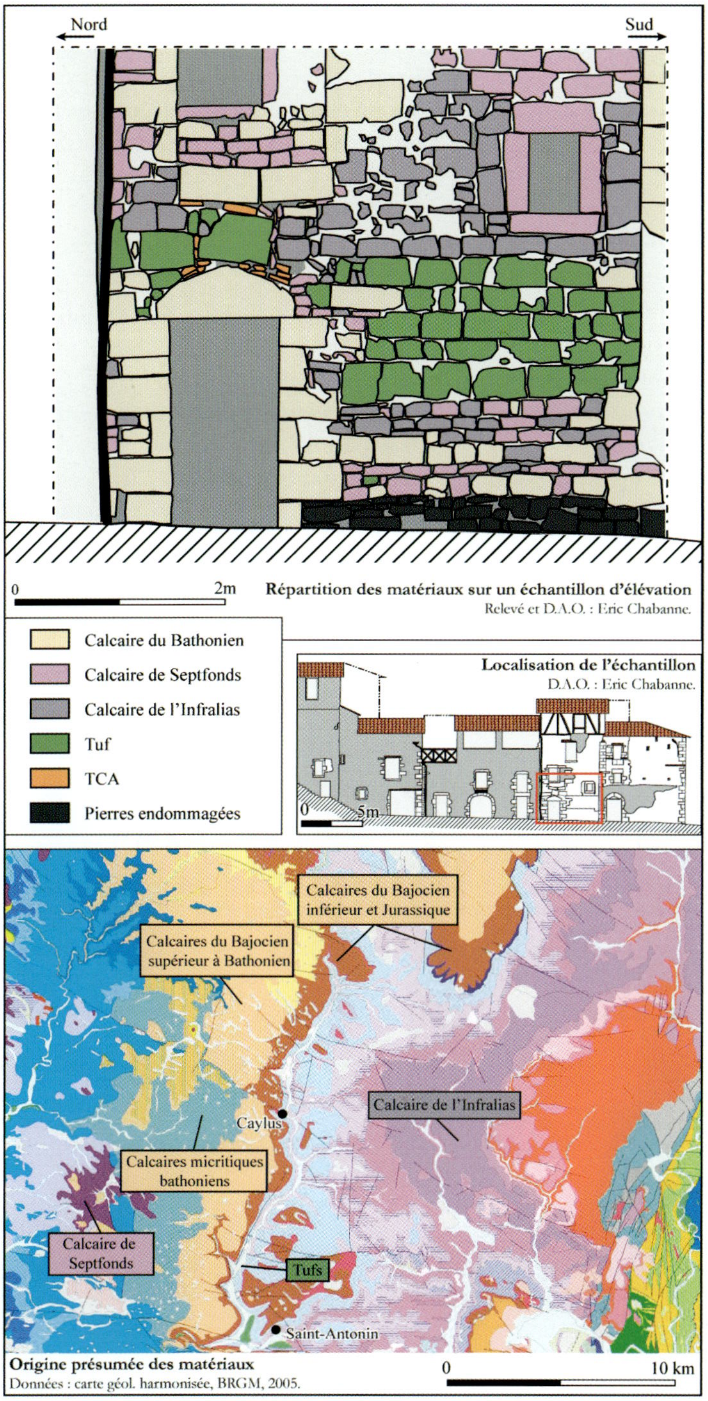

Fig. 6 - Caylus, rue de l'Hôtel côté ouest, répartition et origine présumée des matériaux de construction (relevés et D.A.O. É. Chabanne).

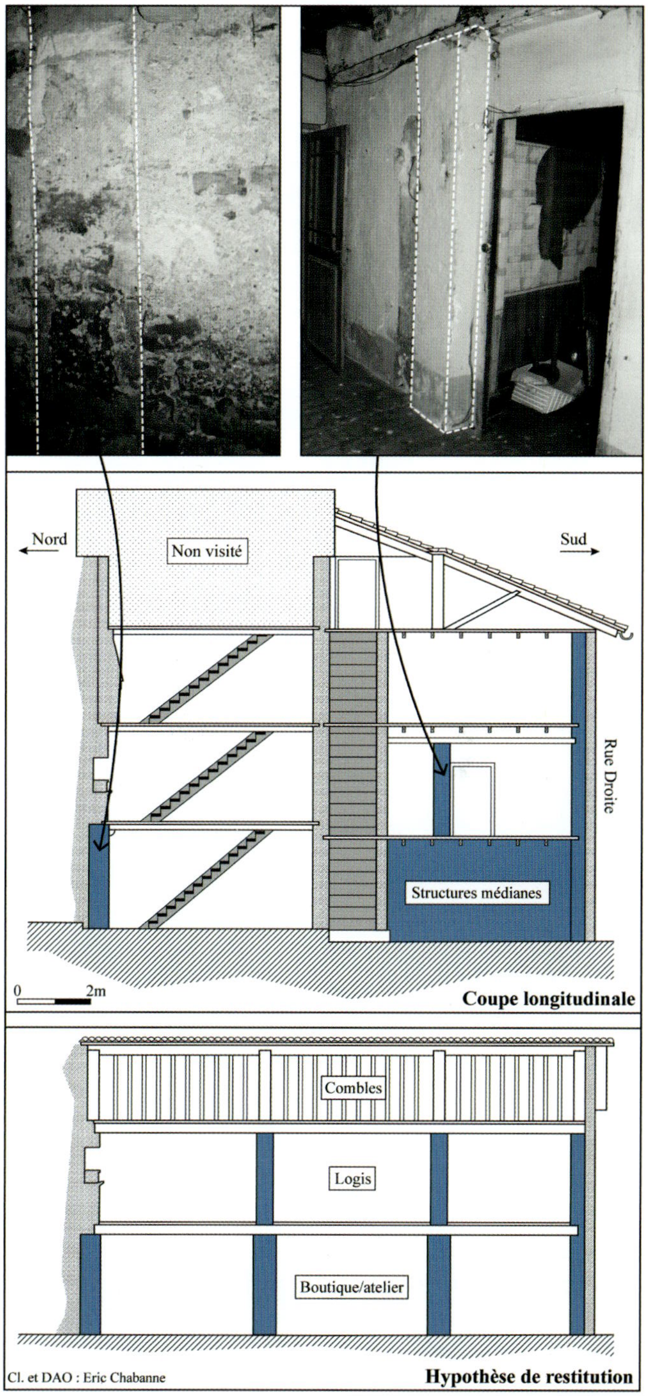

Fig. 7 - Caylus, îlot situé entre la rue de l'Hôtel et l'impasse de l'Abattoir (parc. AB 416-417, DGFiP, 2017), photographies, coupe et restitution des piliers médians (D.A.O. É. Chabanne).

témoignages des grands aménagements aux époques anciennes disparaîtra sans avoir été documentée, sous l'action du temps ou bien des godets des pelles mécaniques.

Éric Chabanne

1. Éric Chabanne, *Architecture et urbanisme à Caylus : formation et transformations du quartier de la Saliège depuis le Moyen Âge*, mémoire de master 2, Bastien Lefebvre (dir.), université de Toulouse- Jean Jaurès, 2020.

2. Bernard Loncan, Aurel Bongiu, Michèle Éclache, Annie Noé-Dufour, Maurice Scellès et Anne-Marie Uffler, *Caylus et Saint-Antonin-Noble-Val, Tarn-et-Garonne : le patrimoine de deux cantons aux confins du Quercy et du Rouergue*, coll. « Cahiers du patrimoine », Paris, 1993.

3. Pierre Garrigou Grandchamp, « Caylus aux XIIIe et XIVe siècles : urbanisme et architecture civile d'un castelnau quercynois », dans *Congrès archéologique de France. Monuments de Tarn-et-Garonne*, 2012, p. 199-213.

4. Claude Devic et Joseph Vaissète, *Histoire générale de Languedoc avec des notes et les pièces justificatives*, t. 5, *Preuves*, Toulouse, 1730-1745, col. 1283-1285.

5. Gilles Séraphin, « Un modèle de parcellaire médiéval : le parcellaire binaire », dans *La maison au Moyen Âge dans le Midi de la France*, actes du colloque de Cahors des 6, 7 et 8 juillet 2006, Société archéologique du Midi de la France, 2008, p. 37-52.

Crédits photographiques : les clichés sont de l'auteur.

Yonne

Vézelay. Découvertes de colonnettes jumelles inédites.

Le Centre d'études médiévales Saint-Germain d'Auxerre a été contacté et mandaté par la Conservation Régionale des Monuments Historiques après la découverte fortuite de colonnes sculptées dans le cadre de travaux de démolition d'une paroi moderne au rez-de-chaussée de l'ancienne maison du doyen du chapitre (XVIIIe-XIXe s.). Cette dernière, sise 1, rue du Château, s'élève au sud du cloître disparu de l'abbatiale. C'est à ce titre, et après cette découverte, que la suite des travaux de démontage de ce mur effectués par le propriétaire fut l'objet d'une surveillance, donnant lieu à des premières observations, très limitées, par Fabrice Henrion. Du fait de la présence d'autres pierres offrant des traces de noir de fumée, il fut un temps envisagé que le bloc sculpté puisse être un élément de cheminée, hypothèse abandonnée vu ses dimensions et sa morphologie : il s'agit d'une partie d'une tout autre structure, réemployée comme matériau de construction.

Contexte de recherche. Depuis plusieurs années, l'ancienne abbaye Notre-Dame de Vézelay est étudiée par le Centre d'études médiévales, tant pour ses parties conservées en élévation que pour ses parties disparues. En 2012 et 2013, puis en 2017, une série de fouilles programmées

Fig. 1 - Colonnettes jumelles : relevés en élévation et en plan (dessin G. Fèvre, 2021).

Fig. 2 - Photographie de la face A des colonnettes jumelles.

Fig. 3 - Photographie de la face B des colonnettes jumelles.

a notamment permis de comprendre l'organisation et l'évolution progressive du cloître desservant la salle capitulaire, le dortoir, le cellier et un lavabo articulé avec le réfectoire situé au sud, en dehors de l'emprise de fouille [1]. La galerie méridionale n'avait pas pu être étudiée, cette dernière passant sous la propriété privée où a eu lieu cette découverte fortuite. C'est pourquoi cette œuvre architecturale assez exceptionnelle, constituée de colonnettes jumelles avec décor sculpté et gravé, mérite toute notre attention. Une première hypothèse serait d'y voir un élément du cloître mais, comme nous le verrons, la question est à la fois plus complexe et plus enrichissante pour l'histoire monastique et monumentale de Vézelay.

Les colonnettes jumelles. Cet ensemble singulier, monolithe, est constitué de deux colonnettes en délit, comportant de chaque côté un décor de petit personnage en relief (fig. 1). Sa particularité repose sur cette association de décors sculptés, dissimulant la partie du bloc reliant les deux fûts, probablement pour une meilleure résistance. Les dimensions de cette œuvre monumentale sont importantes, mais on ignore si les colonnes jumelles étaient surmontées de chapiteaux (ce qui est vraisemblable). La colonne conservée entière mesure 1,51 m de haut (dont 1,28 m de fût) ; la seconde colonne est mutilée à mi-hauteur. Leur diamètre est de 0,16 m, et 0,21 m à l'astragale. La base, solidaire du bloc monolithe des colonnes, est constituée d'un socle rectangulaire avec deux bases moulurées. Elle mesure 0,44 m de long pour 0,19 m de large et 0,21 m de haut.

Décors et techniques. Cet ensemble a été exécuté dans un calcaire oolithique, ce qui n'est pas le cas de la plupart des sculptures connues du site. On distingue sur la face A un personnage, à cheveux longs (un laïc ?), haut de 0,42 m, dont la partie inférieure mutilée a partiellement disparu ; il pourrait s'agir d'un bûchement régulier volontaire pour encastrer une pièce de bois pouvant servir de renfort à un moment donné. Sa main droite présente une position singulière : le pouce, démesuré, s'écarte du reste de la main, représenté par trois doigts dirigés vers sa bouche ouverte. Sa main gauche est plaquée contre la colonne (fig. 2). Sur la face B, se trouve un autre personnage, en habit de moine à grandes manches : sa position est hiératique, les bras le long du corps, la tête et corps droit. La surface semble très usée ou comme lissée (fig. 3).

Fig. 4 - Colonnettes jumelles, face B : orthophotographie et relevé de la scène incrustée (Doc. G. Fèvre, CEM, 2021).

La présence de ces deux personnages interroge. Moine et prophète de la parole, moine et laïc ou jeune convers ? Leur position et leur gestuelle semblent jouer sur l'opposition et la tension entre les deux représentations, l'une en situation figée comme une figure d'obéissance, et l'autre tout en mouvement. On peut ainsi se demander si le personnage avec la main dirigée vers la bouche ne pourrait pas reprendre le langage des signes, propre au milieu monastique, bien que je n'aie pas trouvé l'équivalent dans la profusion des sources [2]. Il pourrait dans ce cas indiquer soit l'eau, l'ablution, soit le réfectoire et le passage obligé par le lavabo. Certains lecteurs auront probablement d'autres hypothèses, qui seront les bienvenues.

En plusieurs endroits, la colonnette complète utilise pour son propre décor une autre technique, celle de la marqueterie avec incrustations de terres cuites lissées, de pâtes blanches et lissées en surface (fig. 4). Le décor le plus visible, sur la face B, est sans doute une scène de chasse (incrustation 1, 19 x 9,5 cm) : on reconnaît un personnage en costume court maniant l'épée contre un lion. Ce thème, très présent dans l'iconographie médiévale, peut se rapporter ici à bien des versets bibliques où intervient le lion comme menace pour le troupeau (tel Samuel 17:34-37), ici la communauté monastique. En certains endroits subsistent, visibles, d'autres fragments incrustés, plus difficiles à identifier. On a relevé également sur les colonnes jumelles des restes de deux badigeons et des traces noirâtres témoignant peut-être d'un encadrement peint. Cependant, un travail d'analyse à partir des trois canaux couleur RVB de l'image numérique [3] n'a pas permis de mieux relier ces traces avec la scène, en dehors de leur orientation identique (fig. 5).

Ces pratiques d'insertion à la surface de la pierre existent ailleurs à Vézelay, mais sur des superficies de dimensions plus importantes. Elles peuvent être le fait de solutions adoptées pour traiter en décor certains défauts de la pierre ; on constate en effet dans les colonnes de nombreuses microfissures et des défauts apparents en dépit du lissage des surfaces. On peut imaginer pour cette pratique des contacts avec des usages italiens, illustrés par des artistes dès le XIIe siècle, tels les décors de Vassalletto et des Cosmati, ou attestés au Mont-Cassin [4], ceci peut-être par l'intermédiaire de l'abbaye de Cluny, où, rappelons-le, existaient des incrustations de pâte de verre ou de mortiers roses dans les carreaux de pavement du chœur de Cluny III. Les vestiges de décors avec tesselles sur les grandes colonnes du chœur de Vézelay ou sur celles de la salle capitulaire pourraient être une autre forme d'ornementation, probablement complétée par des peintures et badigeons donnant une certaine richesse à la colonnade, à l'instar des colonnes italiennes à incrustation de verre, comme à la cathédrale de Salerne.

Datation. Plusieurs éléments peuvent suggérer des rapprochements avec des phases chronologiques du grand chantier de Vézelay au XIIe siècle. La base, avec ses congés, rappelle une base originelle conservée après restauration dans la façade extérieure de la tour sud occidentale du

Fig. 5 - Exemple de traitement de l'image obtenu par décorrélation des canaux RVB et enrichissement de la palette de couleurs (d'après F. Monna *et alii*, « ERA: a new fast.... », *op. cit.* note 3).

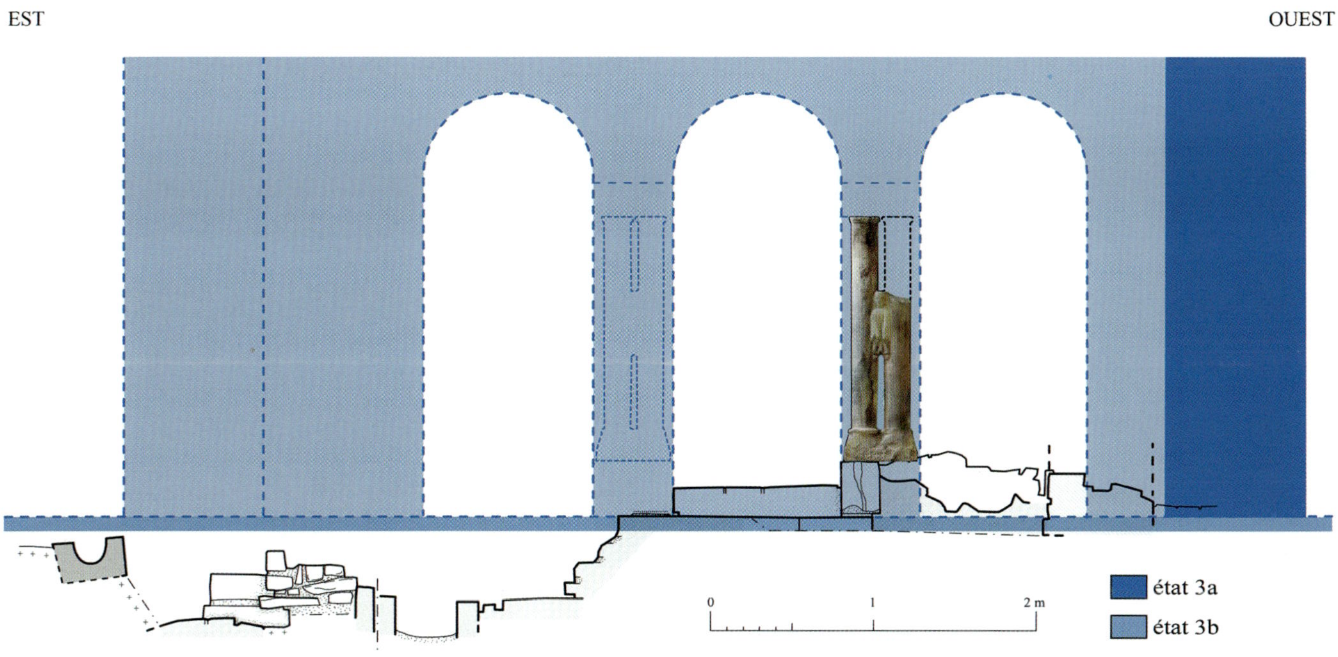

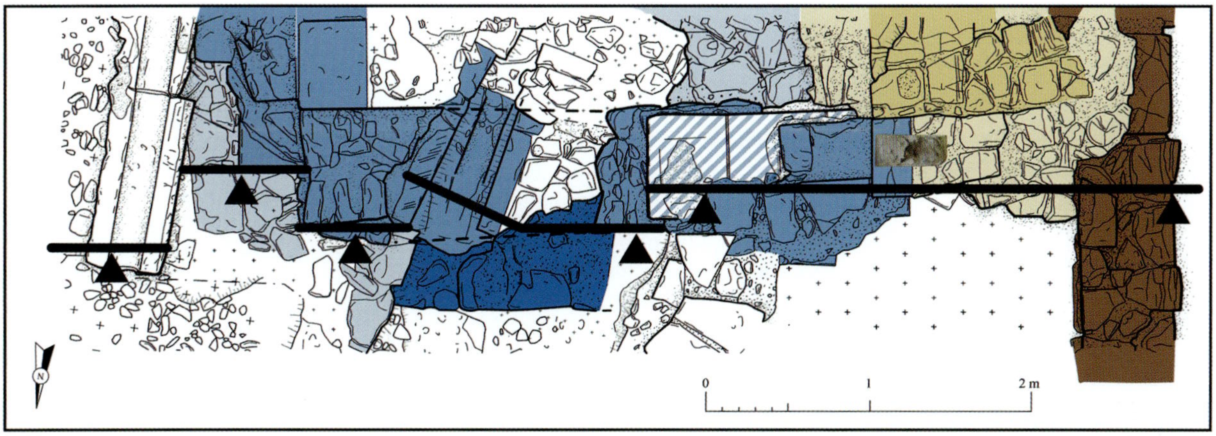

Fig. 6 - Restitution du lavabo et proposition de localisation des colonnes (dessin G. Fèvre, 2021).

milieu du XIIe siècle. Or, le décor d'incrustations des colonnettes jumelles peut être rapproché de celui des colonnes de la salle du chapitre (vers 1160) et des grandes colonnes du rond-point du chœur (après 1167). Ainsi, dans le chantier complexe de Vézelay, amorcé dès 1120, où se croisent les travaux en cours dans l'abbatiale et les reprises des bâtiments claustraux, dans une marche quasi continue, ces éléments nouveaux peuvent interférer et donc éclairer ou expliquer certains aspects du déroulement des chantiers de construction au milieu et dans le troisième quart du XIIe siècle.

Le traitement du personnage sculpté sur la face A peut être rapproché de celui des personnages des chapiteaux sculptés à l'étage des tribunes de l'avant-nef. En effet, cette sculpture se différencie nettement des chapiteaux de la nef des années 1120-1140, et apparaît plus proche, par le traitement des drapés en faible saillie et l'expression du visage, des campagnes de décor des chapiteaux de l'avant-nef et de ses tribunes vers 1145-1150, au plus tard vers 1150-1160 selon les dernières recherches [5]. On peut ainsi les comparer à ceux déposés comme tels et publiés sous les n°s 131 et 132 dans le catalogue Saulnier-Stratford [6], c'est-à-dire dans la tradition autunoise pour ces auteurs. Cette période de réalisation est également celle qui est proposée pour un premier état de la salle du chapitre et une reprise du cloître (avec sans doute son voûtement), et du lavabo (état 3B des campagnes de fouilles 2012-2013 [7]). Ainsi placée au milieu du XIIe siècle, cette campagne a dû précéder de peu la reprise du chœur après l'incendie de 1165 (colonnes à incrustations de l'hémicycle).

Un élément témoin de la vie monastique. Le type de colonnette et la proximité du lieu de découverte ont pu faire songer dans un premier temps à un décor du cloître. Les fouilles réalisées en 2012-2013 ayant permis d'acquérir une bonne connaissance des lieux claustraux, il est permis d'y voir plutôt un élément du lavabo, sans exclure totalement une possible appartenance aux galeries du cloître. On connaît en effet par la fouille archéologique la structure et les fondations du lavabo. Dans son état roman, il adoptait un plan carré, d'environ 3,50 m de côté. Surmontées probablement d'une architrave, ou mieux de deux tailloirs avec chapiteaux, les colonnettes jumelles trouvées auraient atteint une hauteur d'environ 1,80 m. L'ensemble était soit ouvert, soit couvert d'une toiture. L'hypothèse d'une provenance du lavabo est très plausible dans la mesure où la maison du Doyenné jouxte plus ou moins au sud cette construction. L'argument serait également recevable, toutefois, pour une galerie méridionale du cloître ou un élément du réfectoire. Les travaux documentés dans la maison du Doyenné en 1766 (Arch. dép. Yonne, 5 B 16) n'apportent à ce sujet aucune précision particulière, en raison de la disparition du préau du cloître et de la sécularisation des bâtiments, après 1537. Les sources du XVIIe siècle attestent l'utilisation du préau comme simple cour, tandis qu'en 1668, il est dit que deux ailes du cloître sont « tombées depuis longtemps » et que les autres sont en mauvais état (Arch. dép. Yonne, H 1949).

Dans les fouilles récentes de l'emplacement du lavabo, sont apparus autour de restes de canalisation, des vestiges maçonnés en pierre taillée quadrangulaires, dans lesquels auraient pu se situer ou être installée cette création originale. Il existe un contraste entre l'état de conservation du personnage à la main démesurée et celui du personnage aux longues manches; le lissage ou l'usure de ce dernier pourrait s'expliquer par de fréquents passages vers l'accès à l'eau, vasque ou bassin central (fig. 6).

Iconographie et stylistique. Ce type de lavabo de plan carré n'est pas le plus répandu, mais il existait sur quelques sites et notamment dans la même région, à Sens, pour le cloître des novices de l'abbaye Saint-Pierre-Le-Vif : sur le plan de 1656 (Arch. nat., N III, Yonne, n° 4), on distingue sept colonnes encadrant une vasque centrale. Dans le préau de l'abbaye de Saint-Denis, le lavabo se trouvait dans la même position d'angle, au sud-ouest [8], et une partie de ses canalisations et de ses fondations (très remaniées) ont été retrouvées grâce aux fouilles de Michael Wyss [9]. On pourrait rapprocher également ce type de lavabo à supports de colonnes, dont nous formons l'hypothèse pour Vézelay, de ceux de Valmagne (Hérault, abbaye fondée en 1139) [10], avec sa série d'arcades formant le pourtour du lavabo voûté sur croisée d'ogives ; ou bien de celui de l'abbaye de Sablonceaux (Charente-Maritime), fondée en 1136 : les fondations de son lavabo de plan carré, dans l'angle sud-ouest, ont été retrouvées en fouille en 1999 [11] ; ou encore de celui restitué pour l'abbaye de Gellone (Saint-Guilhem-le-Désert, Hérault) [12].

En conclusion, avec cette découverte récente nous sommes en présence d'une œuvre rare à tout point de vue, constituée de colonnettes jumelles liées entre elles, ornées de deux personnages sculptés pouvant appartenir à un lavabo du XIIe siècle, bien qu'aucun rapprochement précis ne s'impose avec un aménagement de ce type. Les doubles colonnettes et leur décor originel appartiennent au contexte des années 1140-1160, marqué, en divers lieux, par une maîtrise suffisante de la modénature et de la sculpture pour être à même de jouer avec la morphologie de la colonne. Elles seraient donc contemporaines des statues-colonnes du cloître de Sens, et peut-être du portail extérieur de Vézelay. L'insertion de personnages dans un même bloc que les colonnes deviendra plus fréquente quelques décennies plus tard, comme on peut le voir au portail de la cathédrale d'Embrun. Le traitement de ce qui devait être un lavabo vient à nouveau souligner la singularité de la création artistique propre à Vézelay, qu'il s'agisse de sa structure monumentale ou de son décor.

Christian Sapin avec la collab. de
Gilles Fèvre, Fabrice Henrion,
Stéphane Büttner et Fabrice Monna

1. Christian Sapin (dir.), *Vézelay (Yonne), place du cloître, Fouilles programmées 2012-2013*, rapport final, CEM UMR 6298 ARTeHIS, 2013, 2 vol. ; Fabrice Henrion, *Vézelay (89-Yonne), Ancienne abbaye Notre-Dame : cloître, porterie et cave d'eau*, rapport d'étude archéologique, CEM, 2017, 2 vol. ; Christian Sapin (dir.), « Les origines de l'abbaye de Vézelay et les débuts de son organisation claustrale (IXe-XIIe siècle) », *Archéologie médiévale*, 45, 2015, p. 59-84.

2. Anselme Davril, « Le langage des signes chez les moines, un catalogue de signe de l'abbaye de Fleury », dans *Sous la règle de Saint-Benoît*, colloque, 1980, EPHE, 47, 1982, p. 51-74.

3. F. Monna, T. Rolland, J. Magail, Y. Esin, B. Bohard, A.-C. Allard, J. Wilczek, J.-O. Gantulga, C. Chateau-Smith, « ERA: a new, fast, machine learning-based software to document rock paintings », soumis à *Journal of Cultural Heritage*.

4. Alessio Monciatti, « I 'Cosmati': artisti romani per tradizione familiare », dans *Artifex bonus. Il mondo dell'artista medievale*, Enrico Castelnuovo (éd.), Bari, 2004, p. 90-101.

5. Stéphane Büttner, Sylvain Aumard et Christian Sapin, « L'avant-nef », dans *Vézelay, un chemin de lumière, La grâce d'une basilique*, Strasbourg, 2018, p. 92-97.

6. Lydwine Saulnier et Neil Stratford, *La sculpture oubliée de Vézelay : catalogue du Musée Lapidaire*, Paris, 1984.

7. Chr. Sapin (dir.), *op. cit.* note 1, 2013.

8. Alain Erlande-Brandenburg et Anne Bénédicte Mérel-Brandenburg, « Le lavabo de Saint-Denis (XIIe siècle) », *Ars auro gemmisque prio, Mélanges en Hommage à Jean-Pierre Caillet*, Motovun-Zagreb, 2013, p. 231-239.

9. Michael Wyss, « Fouille d'archéologie préventive réalisée par l'Unité d'archéologie de la Ville de Saint-Denis sur le site de l'abbaye médiévale de Saint-Denis », *Actes de la journée d'archéologie d'Île-de-France*, 2013, p. 131-134.

10. François Robin, « Valmagne : Abbaye cistercienne Sainte-Marie », dans *Midi gothique : De Béziers à Avignon*, Paris, 1999, p. 361-370.

11. Fabrice Mandon, « Sablonceaux (Charente-Maritime). Abbaye, cloître » [notice archéologique], *Archéologie médiévale* [En ligne], 42, 2012, mis en ligne le 5 juin 2018, consulté le 19 novembre 2021 (URL : http://journals.openedition.org/archeomed/11000 ; DOI : https://doi.org/10.4000/archeomed.11000) ; Juliette Masson et Fabrice Mandon, « L'abbaye Notre-Dame de Sablonceaux. un établissement canonial implanté en Saintonge au XIIe siècle », dans *Congrès archéologique de France. Monastères en Saintonge*, 178e session, 2018, p. 211-230.

12. Robert Saint-Jean, *Saint-Guilhem-le-Désert. La sculpture du cloître de l'abbaye de Gellone*, Montpellier, 1990.

Crédits photographiques : fig. 2 et 3 (CEM).

Chronique

Iconographie médiévale

Quand un roi du Danemark vient prendre la place d'un roi de France. – Le portrait royal du folio 246r de la Bible moralisée latine de Vienne, Cod. 1179 (désormais Vl), est désormais identifié grâce à une lecture enfin complète que Katherine Tachau vient de consacrer aux vingt petites lignes adjacentes qui en célèbrent la gloire ; les trente pages publiées feront date mais elles feront aussi beaucoup de bruit, car elles remettent en cause bien des acquis de ces vingt-cinq dernières années. Ce roi pensif, barbu, qui, au-dessus d'un scribe à son pupitre, arbore le livre dont il sera le destinataire, n'est ni Philippe-Auguste, ni Saint Louis, ni même Louis VIII : c'est Waldemar II, roi du Danemark de 1202 à 1246, frère d'Ingeburge, l'épouse répudiée de Philippe-Auguste. Waldemar n'était pas un obscur souverain de « quelques arpents de neige » ! Même si John Baldwin n'en fait pas mention, il a, dans la première partie de son règne, porté le royaume du Danemark à son apogée, avec l'annexion de Lübeck en 1201 quand il n'était encore que comte du Schleswig, de Hambourg en 1216 et du reste de la côte sud de la Baltique jusqu'à Tallin. Les louanges immodérées qu'on lui adressa en marge de son portrait, dans un savant poème farci de références à Horace, à Martial ou à Venance Fortunat, n'auraient guère de sens après les années 1220, après sa longue captivité dans les geôles du comte Henry I von Schweren en 1223 et la révolte de Lübeck en 1226. La première de ces vingt courtes lignes, restituées grâce à l'imagerie multispectrale, est on ne peut plus claire : *Waldemar hic est rex.* Il est ajouté, ligne 2 : *magnus apexque potentum*, en adjonction de ce qu'on savait déjà, lignes 3 et 4 : *rex attavis natus regi/bus orbis honor.* La suite, du même ton, y multiplie les éloges au point qu'on peut se demander si ce n'est pas dans le but d'effacer une offense, de réparer un outrage fait à Waldemar et à son frère Knut VI. Waldemar, répétons-le, était le frère de la reine Ingeburge, traitée avec mépris par son époux Philippe II durant de longues années. K. Tachau a mis en relation la volonté de Philippe-Auguste de régler en 1213 cette pénible affaire avec la mise en chantier de la Bible moralisée latine de Vienne. Toujours attentive, elle se fonde pour développer ce scénario sur des travaux récents d'historiens danois et allemands que J. Baldwin ne pouvait connaître en 1986, quand il rédigea sa monumentale histoire du règne de Philippe-Auguste.

On ne peut en douter : Vl était destinée à Waldemar II. A-t-elle pour autant quitté Paris ? Quand, pourquoi, le poème qui accompagne l'image de roi a-t-il été rasé ? Pour K. Tachau, ce manuscrit a bien été remis au roi des Danois. Il serait pourtant tombé entre les mains de ses ennemis de Lübeck, soit lors de la révolte de cette ville en 1226, soit après la mort de Waldemar lors du sac de Copenhague et de son château en 1231. Elle se fonde pour cela sur une marque d'appartenance, le sceau de Lübeck apposé sous le frontispice du Christ créateur du folio 1r. J'ajouterai que le Christ au compas de Vl est représenté en majesté, presque de face, alors qu'il est figuré de profil dans la Bible moralisée française de Vienne, codex 2554 (désormais Vf), de profil aussi dans la Bible française de Naples (Paris, BnF, ms. fr. 9561, désormais N), copie fidèle d'une Bible moralisée française en un volume, des mêmes années que Vl et Vf. Comme le sceau de Lübeck est une variante médiévale tardive de celui qui lui avait été accordé par Frédéric II de Hohenstauffen, la présence de cet écu avec l'aigle à deux têtes indique qu'elle était bien en possession de cette ville en 1460. Cela peut paraître insolite mais se comprend quand on connaît les démêlés de cette puissante ville hanséatique avec le royaume du Danemark.

Avant de s'en séparer, en avait-on gardé une copie, au trait comme celle de la Bible en trois volumes d'Oxford-Paris-Londres faite à Londres vers 1300 (Londres, British Library, Add. 18719), copie qui servit ensuite de modèle pour les Bibles moralisées de Jean II (BnF, ms. fr. 167) et celle inachevée de Philippe le Hardi (BnF, ms. fr. 166) ? Avec John Lowden, j'ai en effet peine à croire qu'on ait pu se dispenser d'une utilisation directe, tant de Vl que de Vf, pour l'exécution des Bibles moralisées en trois volumes, qui les corrigent mais aussi les citent, littéralement parfois, surtout dans l'exemplaire de Tolède, la Bible de Saint Louis. Il est vrai qu'on disposait aussi à Paris de « dossiers préparatoires » : pour les gloses, d'un fichier ; pour les médaillons d'histoire ou de moralisation, de dessins préalables, d'esquisses, sûrement encore d'indications écrites destinées aux enlumineurs. Beaucoup d'entre elles ont été conservées sans logique compréhensible dans le psautier de la Bible de Saint Louis ; elles ont permis à ses enlumineurs de ne pas commettre les erreurs du psautier de l'exemplaire de Paris de la Bible en trois volumes dispersés. Par ailleurs, c'est à partir d'une matrice commune reportée au stylet sur le parchemin encore vierge qu'on a fixé les dessins préparatoires qui fondent la gémellité des deux Bibles en trois volumes. Si Vl a bien été remise à Waldemar et a quitté Paris dès son achèvement, il faudra en tirer les conséquences. Pour ma part, bien des affirmations de mon commentaire à l'édition en fac-similé de la Bible moralisée de Naples (Marianne Besseyre et Yves Christe, *Bible moralisée de Naples*, Barcelone, 2011) devront être modifiées, peut-être même abandonnées.

Quelques mots encore sur l'antériorité de la Bible française de Vienne par rapport à sa proche cousine latine. K. Tachau semble la remettre en question et j'ai peine à la suivre sur cette voie. En confrontant ces deux manuscrits, en les comparant à la Bible de Naples et à celles en trois volumes, j'ai pu observer à plusieurs occasions que Vl corrigeait, tentait de corriger, édulcorait, parfois maladroitement, les extravagances de Vf, ses entorses les plus criantes au texte biblique, la crudité de ses interprétations. Vl réintroduit l'usage de la Vulgate, certes timidement, et celui de la *Glossa*, tout aussi sporadiquement. Son texte de l'Apocalypse est d'ailleurs celui de la Vulgate parisienne du début du XIIIe siècle. Vulgate et *Glossa* seront par la suite utilisées abondamment dans les Bibles en trois volumes. En se servant de ces dossiers, on pouvait donc opérer des choix, ne pas tenir compte seulement des manuscrits achevés que l'on avait encore à disposition. Cela permettrait d'expliquer que dans la Bible de Naples, pourtant très proche de Vf et de Vl, on repère çà et là des leçons qui ne seront exploitées que plus tard dans les Bibles en trois volumes, ce qu'avait déjà relevé Reiner Haussherr. Autres indices de l'antériorité de Vf : les références aux textes midrashiques de Vf et de N, abandonnées pour la plupart en Vl, disparaîtront des Bibles en trois volumes (Laurence Brugger, « Un florilège royal. Les sources juives dans les Bibles moralisées », *Cahiers archéologiques*, t. 51, 2003-2004, p. 105-124). En datant tôt Vl, et par ricochet Vf et le modèle disparu de N, K. Tachau fait de Philippe-Auguste l'initiateur de la production à Paris des Bibles moralisées, une campagne qui se poursuivra avec les Bibles en trois volumes, de 1226 à 1234, plus tard encore quand celles-ci seront mises à contribution pour les cartons des vitraux de la Sainte-Chapelle, en particulier ceux de ses verrières prophétiques dont tous les médaillons trouvent un équivalent dans la Bible de Tolède. Elle en réduit donc d'autant le rôle de Blanche de Castille. À qui pourtant le vainqueur de Bouvines a-t-il délégué la direction de ces « grands travaux » ? L'aventure anglaise de Louis VIII et de Blanche de Castille s'était soldée en 1217 par un désastre. Tenus pour responsables de cet échec, ils vécurent une longue traversée du désert qui ne prit fin qu'en 1223. Ne serait-ce donc pas à sa bru, dont il connaissait les talents et l'opiniâtreté, que Philippe II aurait confié cette tâche ?

Résumer les arguments d'une étude aussi novatrice, aussi déconcertante, est une tâche bien malaisée. Elle ne laisse guère de place aux objections qu'on pourrait lui opposer. Qu'on le veuille ou non, les cartes devront être rebattues, toutes les cartes, même celles dont on s'était défaussé, celles en particulier de Reiner Haussherr. Répétons-le, en datant si tôt Vl, et par ricochet Vf, entre 1213 et 1219, en soustrayant surtout Vl à la liste des modèles possibles à disposition des ateliers parisiens qui, entre 1226 et 1234, ont mis en chantier les Bibles moralisées jumelles en trois volumes de Tolède et d'Oxford-Paris-Londres, K. Tachau a remis en question *The Making of the Bibles Moralisées* de John Lowden. On comprendra que j'attende avec impatience les réactions de mon collègue anglais, celles aussi de Hans Walter Storck et de Nigel Morgan. C'est avec une impatience égale que j'attends la parution du livre de K. Tachau, annoncée p. 2, note 4 : *Bible Lessons for Kings: Scholars and Friars in Thirteenth-Century Paris and the Creation of the Bible Moralisées*. – Katherine Tachau, « The King in the Manuscript: The Presentation Inscription of the Vienna Latin Bible moralisée », *Gesta*, Vol. 60, 1, 2021, p. 1-30.

Yves Christe

Iconographie dominicaine et géométrie. – Christian Heck revient sur un traité enluminé, le *Libellus de instructione et consolatione noviciorum*, connu en un seul exemplaire, mais particulièrement représentatif de la spiritualité dominicaine au début du XIVe siècle. La thématique est inspirée par la littérature monastique des siècles précédents. C'est ainsi que l'organisation du cloître sert d'allégorie à celle de l'âme, à la manière du *De claustro animae* de Hugues de Fouilloy. L'échelle céleste, à laquelle Heck a consacré sa thèse d'habilitation (*L'échelle céleste dans l'art de Moyen Âge : une image de la quête du ciel*, Paris, 1997), a été dérivée de l'échelle de Jacob dès le haut Moyen Âge. Le thème y est illustré par trois enluminures montrant saint Jean l'Évangéliste gravissant l'échelle pour retrouver la poitrine du Christ, saint Dominique suivant ce modèle dans son ascension et finalement un simple frère lisant et regardant le Christ au ciel qui lui montre le livre de vie. Dans cette dernière enluminure, les échelles ont disparu parce qu'il n'est pas encore temps pour le frère d'aller au ciel. Or, comme le montre l'auteur, le thème a été complètement réélaboré par le concepteur dans le sens de la dévotion personnelle, avec une parfaite intelligence iconographique. Il s'agit ici de ce que Franz Olaf Büttner a appelé l'*imitatio pietatis*, l'utilisation de l'image pour donner au spectateur le modèle à suivre.

Chr. Heck analyse ensuite deux illustrations successives dans un développement invitant à mettre les arts libéraux au service de la dévotion. La première est une simple reproduction du carré apuléen des oppositions sans les légendes. Curieusement, elle n'appartient pas à un développement sur la logique, mais sur la géométrie, alors que le carré sert normalement à exposer l'opposition des contraires et des contradictoires, en situant les unes par rapport aux autres, la proposition universelle et particulière, affirmative et négative. Le schéma est repris dans la seconde illustration, opposant en haut de l'image le pauvre Lazare et le mauvais riche, en bas le châtiment du second et la béatitude du premier. Il s'agit bien de contraires en haut, mais il n'y a rien dans l'image qui puisse se traduire par une proposition universelle ou par deux propositions contradictoires. C'est donc à bon escient que les deux carrés ne sont pas associés à la logique. Mais on ajoutera au commentaire rigoureux et clair de Chr. Heck que prétendre faire appel à la géométrie pour présenter une simple disposition en chiasme était franchement puéril : serait-ce que les frères prêcheurs toulousains ne se passionnaient pas pour Euclide ? – Christian Heck, « *Imitatio pietatis*, quête du ciel et carré logique dans l'iconographie dominicaine (Toulouse, ms. 418) », dans *La Bibliothèque des dominicains de Toulouse* [1], Émilie Nadal et Magali Vène (dir.), Toulouse, Presses universitaires du Midi, 2020, p. 90-105.

Jean Wirth

1. C. r. de l'ouvrage à paraître dans le *Bulletin monumental*.

Sculpture funéraire XVe-XVIIe siècle

Jean et Pons Poncet, sculpteurs entre pays nantais et Anjou. – Dans la foulée de son mémoire de l'École du Louvre consacré à l'antiquaire angevin Toussaint Grille (1766-1850) et à son cabinet de curiosités, Lola Fondbertasse s'intéresse à la statuette d'un pleurant en albâtre conservée au British Museum. Prêtre assermenté devenu bibliothécaire de la ville après la Révolution, Grille documenta soigneusement ses acquisitions ; il supposait que cette petite sculpture de 33 centimètres de haut avait appartenu à un tombeau de l'église de l'ancienne abbaye de Saint-Florent de Saumur. À l'époque, elle était réputée être en marbre, ce qui n'a rien d'étonnant puisque on a longtemps confondu – volontairement ou non – le marbre avec l'albâtre. Forte de ces premières données, Lola Fondbertasse, scrutant les livres de raison des abbés Du Bellay qui se sont succédé à l'abbaye de Saint-Florent, repère un contrat passé par Jean VI Du Bellay avec Jean Poncet qui apporte une donnée fort utile à la connaissance très lacunaire de la sculpture angevine. En effet, d'après ce devis daté de 1435, Jean VI Du Bellay passa commande d'un tombeau pour son prédécesseur, Jean V Du Bellay, au sculpteur Jean Poncet, « ymagier ». Or, c'est précisément à Jean Poncet que L. Fondbertasse est tenté d'attribuer la statuette de la collection Grille.

Le monument funéraire de Saint-Florent présente la formule, traditionnelle depuis le XIIIe siècle, du gisant allongé sur une dalle posée sur un coffre architecturé, ici orné de trente-deux pleurants. La statuette du British Museum semble s'apparenter à un personnage laïc vêtu en pleurant tenant une paire de gants, car la robe avec un capuchon, qui recouvre un vêtement de dessous, empêche d'identifier à coup sûr un moine. Le traitement des plis et celui du visage présentent une maîtrise et une délicatesse qui confirment, selon L. Fondbertasse, le caractère luxueux évoqué par les sources publiées. Le style en tout cas nous semble pouvoir être rapproché de celui d'un des ateliers travaillant au portail Saint-Paul de la cathédrale de Nantes, par exemple du groupe VIN2 représentant la prophétie d'Agabus. Or, on sait que Pons Poncet, le fils de Jean, effectua en 1459 un séjour à Nantes [1].

La démonstration probante de l'auteur apporte donc une donnée fort utile à la connaissance très lacunaire de la sculpture angevine. Jean-Marie Guillouët, brossant en 2003 un panorama de la sculpture ligérienne du XVe siècle [2], déplorait en effet la perte de grands ensembles comme le tombeau du roi René à la cathédrale d'Angers ou, à Saint-Pierre de Saumur, celle du groupe du *Domine Quo Vadis?* Il ne pouvait signaler que de rares vestiges isolés à Jarzé, à Cunault ou à l'abbaye du Ronceray; surtout, il regrettait la disparition de l'œuvre de Jean et Pons Poncet, actifs sur plusieurs de ces chantiers. La statuette du British Museum serait donc un des «rares témoins de la qualité de l'œuvre de Jean Poncet». – Lola Fondbertasse, «Les pleurants de l'ancienne collection Grille à Angers et la sculpture en Anjou dans la première moitié du XVe siècle», *Cahiers archéologiques, fin de l'Antiquité et Moyen Âge*, 58, 2021, p. 139-146.

Dominique Hervier

1. Jean-Marie Guillouët, «Le statut du sculpteur à la fin du Moyen Âge. Une tentative de problématisation », dans *Poètes et artistes : la figure du créateur en Europe du Moyen Âge à la Renaissance*, Sophie Cassagnes-Brouquet et Martine Yvernault (dir.), Limoges, 2007, p. 25-35 (URL : https://halshs.archives-ouvertes.fr/halshs-00557711/file/Le_statut_du_sculpteur_A_la_fin_du_Moyen_A_ge.pdf. ; consulté le 4/11/21). J.-M. Guillouët indique, p. 11, que « selon Françoise Robin, à Angers en 1452, on saisit les biens du sculpteur Pons Poncet qui travaillait à la réalisation du tombeau du roi René précisément parce que l'œuvre achevée ne correspondait pas au "pourtraict" ».

2. Jean-Marie Guillouët, «La sculpture du Val de Loire au XVe siècle : une école introuvable? », *Revue 303. Arts, recherches, créations*, t. 79, 2003, p. 250-259, en part. fig. p. 255.

À propos de Robert Coustet et du cénotaphe de Michel de Montaigne. – La synthèse rédigée par Robert Coustet sur le cénotaphe de Michel de Montaigne était restée inachevée par le décès de l'auteur, mais était suffisamment avancée pour permettre la publication de ses fragments. Ce fut aussi l'occasion de rappeler la vie et l'œuvre de l'auteur, Robert Coustet (1934-2019), professeur d'histoire de l'art à l'université de Bordeaux, spécialiste de l'histoire de l'architecture des XIXe et XXe siècles à Bordeaux (mais aussi à Rio de Janeiro). Il était un membre actif de la Société archéologique de Bordeaux et de l'Académie nationale des Sciences, Belles-Lettres et Arts de Bordeaux, deux institutions qu'il présida. Collectionneur avisé et généreux, soucieux de compléter les collections de la ville, il a fait don de son abondante collection d'œuvres d'art (peintures, sculptures, dessins, céramique) et de sa bibliothèque d'histoire de l'art, partagée entre le musée des Beaux-Arts et le musée des Arts décoratifs. Son étude sur le monument de Montaigne, conservé au musée d'Aquitaine, permet de rappeler aussi qu'il fut membre de la société des amis de ce musée.

Le célèbre philosophe et maire de Bordeaux avait laissé à sa veuve, Françoise de La Chassaigne, le soin de décider de sa sépulture. Après sa mort en septembre 1592, son cœur fut porté à l'église Saint-Michel de Saint-Michel-de-Montaigne et son corps au couvent des Feuillants de Bordeaux, où, selon le livre de raison de la famille, sa veuve «luy fit faire un tombeau eslevé». Par ailleurs, Pierre de Brach, dans une lettre qu'il adressa à Juste Lipse, cinq mois après la mort de Montaigne, indiquait que «nous faisons dresser une piramide pour son cercueil, une plinthe sera réservée pour ce que vous dédierez à sa mémoire». Alors que Paul Roudié supposait qu'il s'agissait d'un premier projet, Robert Coustet propose d'y voir une pyramide destinée à honorer le cœur du défunt. Effectivement, ce type d'architecture commémorative est le plus souvent associée à une sépulture de cœur, et de telles pyramides (c'est-à-dire obélisques) apparaissent à Bordeaux, comme au mausolée du cœur d'Antoine de Noailles élevé en 1567 à la cathédrale Saint-André. Peu après la pyramide citée par Pierre de Brach, Jacques Guillermain et Pierre Prieur, à qui on attribue le cénotaphe de Montaigne, furent chargés en 1594 d'en ériger une en l'honneur de François de Foix-Candale, évêque d'Aire. Pour Paul Roudié, il s'agissait d'une solution provisoire avant la mise en place du somptueux monument commandé à Pierre Ier Biard à Paris, mais cette pyramide de pierre et de marbre fut laissée en place pour présenter l'épitaphe.

Le cénotaphe rectangulaire de Montaigne, de pierre (et non de marbre, mais avec quelques incrustations de marbre de couleur), a été érigé au centre de la chapelle Saint-Bernard. Cette disposition explique que les quatre faces du sarcophage soient décorées avec soin, mais pas de façon égale puisque les deux grands côtés sont les faces principales. Le soubassement présente deux niveaux, au-dessus d'une première base moulurée. L'étage inférieur est rectangulaire, chacun de ses angles est cantonné d'une feuille d'acanthe incurvée d'où sortent des enroulements feuillagés. L'auteur compare ce type d'angle feuillagé avec des éléments analogues sur le tombeau des fils de Charles VIII à Tours et sur le monument du cœur d'Henri II, mais ceux-ci sont issus, dans un cas, d'une tête de dauphin et, dans l'autre, d'une patte de lion, alors que l'interprétation bordelaise est plus simple. Les deux faces longitudinales de ce premier niveau présentent au milieu les armoiries du défunt et le collier de Saint-Michel, enchâssées dans un profond cartouche à enroulements de cuirs, qui supporte le heaume du timbre et qu'encadrent deux pilastres incrustés de plaque ovales de marbre rouge où se lisent les dédicaces de la veuve.

Au-dessus, la cuve supérieure offre la forme d'un sarcophage galbé, présentant au centre des longs côtés une inscription sur marbre noir, l'une en grec et l'autre en latin. L'épitaphe grecque est entourée de rameaux de laurier (symbole de la gloire), et la latine de lierre (symbole d'immortalité et de fidélité). Elles sont surmontées de têtes d'angelots pleureurs. Alors que des trophées d'armes occupent la base de ce sarcophage, la gorge supérieure montre des symboles funéraires, crânes laurés et ailés sur les faces longitudinales, et des têtes de pleureuse sur les petits côtés soulignant le deuil de Françoise de La Chassaigne.

Sur le sarcophage, Montaigne est représenté gisant, vêtu d'une cuirasse, portant le collier de l'ordre de Saint-Michel, les pieds posés sur un lion (volé en 1982 et restitué), son casque et ses gantelets à ses côtés. Tête nue, mains jointes, yeux ouverts pour l'éternité, d'un hiératisme sévère, il a la tranquillité d'un gisant médiéval. Son visage s'apparente aux portraits connus de Montaigne, et les auteurs ont cherché la ressemblance par des détails réalistes (barbe, moustache, fameuse touffe au sommet du front) sans avoir réussi à lui donner de l'expressivité. La veuve a choisi d'insister sur le rang et la noblesse du personnage, alors que les éléments décoratifs surabondants, dans une «*horror vacui*», insistent sur la douleur. L'humanisme n'apparaît que dans les longues inscriptions érudites.

C'est Paul Roudié qui a attribué la sculpture aux maîtres maçons Jacques Guillermain et Pierre Prieur, par ailleurs auteurs en 1594 de niches «richement élabourées» pour abriter dans la cour de l'hôtel de ville les antiques découverts sur le mont Judaïque. Leur spécialité dans l'art funéraire se déduit de la commande du gisant, en pierre de Taillebourg, du président au Parlement Sarran de Lalanne, en 1594 pour les Jacobins, et de la figure orante de Charles de Montluc pour un couvent d'Agen (1597).

L'article rend compte de l'étude technique de Jean Delivré en 2015 et de la restauration menée en 2017-2018, grâce à une campagne d'appel à dons qui a réuni 258 mécènes. Celui de Jean-Bernard Marquette («Une histoire exceptionnelle : les transferts du cénotaphe de Montaigne», *Actes de l'Académie nationale des Sciences, Belles-Lettres et Arts de Bordeaux*, 2017) le complète. Rappelons que le musée d'Aquitaine, qui conserve le cénotaphe, occupe le site du couvent des Feuillants, détruit sous la Révolution, sur lequel a été construite l'université de Bordeaux où pendant des années, au centre du Hall, le monument était l'objet d'une certaine vénération par les étudiants qui en espéraient le succès aux examens. Le cénotaphe avait déjà été présenté au musée en 1971, mais il dut regagner son emplacement à la faculté, à la suite d'une campagne de protestation. Puis, le musée s'étant installé dans les locaux de l'université, il intégra le cénotaphe dans ses collections.

Deux opérations de fouilles se sont déroulées à l'emplacement présumé du tombeau de Montaigne, un caveau construit par l'architecte de l'université, situé en sous-sol à l'aplomb de l'ancien emplacement du cénotaphe. La première, menée du 18 au 22 novembre 2018, a été suivie par une seconde opération, du 14 au 21 septembre 2020 ; elles ont permis l'ouverture d'un cercueil de plomb et la découverte d'ossements. Site du musée d'Aquitaine : www.pourmontaigne.fr – Robert Coustet, «À propos du cénotaphe de Montaigne [fragments]», *Revue archéologique de Bordeaux*, t. CIX, 2018, p. 9-27.

Geneviève Bresc-Bautier

Architecture à Paris XIVᵉ-XVIᵉ siècle

Paris : quelques observations sur les hôtels aristocratiques. – Fort de ses récents travaux d'habilitation à diriger des recherches et grâce à son expertise confirmée du dossier, Boris Bove expose ici ses dernières analyses sur les caractéristiques des demeures parisiennes des courtisans et leur place dans l'imaginaire des habitants de la capitale à la fin du Moyen Âge.

Soulignant l'aspect un peu polémique de cette enquête sur un «objet impensé» dont il interroge, à la suite de Patrick Boucheron, la nature de monument et qu'il cherche précisément à circonscrire, l'auteur établit progressivement les éléments qui donnent corps à cette réalité historique que le Moyen Âge définit déjà sous ce terme bien connu mais parfois mal compris d'«hôtel». Après avoir mis en garde contre les projections qui laissent imaginer, derrière les mentions des sources médiévales, l'élégante ordonnance des hôtels modernes, tout de symétrie entre cour et jardin, Boris Bove met en évidence les dénominateurs communs des 208 résidences de courtisans du règne de Charles VI identifiées, davantage perceptibles à travers les études du parcellaire, les plans et cadastres anciens et les sources écrites que dans les rares vestiges conservés. Retenons les caractéristiques recensées : des propriétés de grande dimension (3500 m^2 en moyenne) ; des ensembles architecturalement hétérogènes, résultats d'acquisitions successives et rarement homogénéisées y compris dans leur manière d'habiter qui associe résidence seigneuriale et logements de rapport ; l'absence de mise en valeur du centre de l'îlot – constituant souvent un vaste pourpris – au bénéfice de la valorisation d'un angle au moyen d'une porte plus ou moins fortifiée ; la construction d'espaces clos, sorte d'enceintes fermées sur la rue et matérialisant un seuil à franchir, via un porche et une cour, pour atteindre le logis. Si l'auteur le mentionne prudemment, ce schéma d'ensemble n'est pas sans rappeler la structure type de la maison forte ou du manoir rural et semble reconstituer dans le tissu urbain, bouleversé pour l'occasion, le cadre de vie aristocratique ordinaire : portail, logis, haute et basse-cour, enceinte et cohabitation hiérarchisée des différents états dans le même espace. La valorisation des angles et des axes de circulation en diagonale, comparable aux logiques de déplacements dans les salles de pouvoir, relevées notamment par Christian de Mérindol [1], mérite d'être soulignée comme caractéristique de la culture médiévale de l'espace de pouvoir.

Les éléments seigneuriaux énumérés ici, qui caractérisent plus du tiers de ce type d'habitat, soulignent, s'il le fallait, la nature quasi manoriale de plusieurs de ces hôtels : tour, colombier, puits, chapelle, galerie, jardins d'agrément, remises et importantes écuries. Ne manque que la «rabine», l'allée que la densité de la ville ne permet pas de reconstituer sinon dans certains alignements entre rue et portail.

L'auteur relativise toutefois cette homogénéité pour préciser, grâce à sa typologie, six sous-ensembles qui dessinent une sorte de hiérarchie des hôtels, le plus souvent en adéquation avec la qualité ou le statut de leurs propriétaires, ce qui ne peut surprendre compte tenu des importants écarts de moyens qui séparent les membres de cette élite curiale et de l'amalgame des résidences laïques et ecclésiastiques. B. Bove relève d'ailleurs quelques inadéquations, mais le goût des récents anoblis pour les résidences d'allure seigneuriale n'étonne guère si l'on pense à leur besoin de se fondre dans leur nouveau milieu et à la puissance économique qui est à l'origine de leur promotion sociale.

Comme le rappelle l'auteur, la manière d'habiter la ville est aussi un outil de communication, un moyen pour certains d'entretenir ou de produire des monuments, le signe visible et durable de leur puissance ou de celle de leur lignage, notamment au moyen d'emblèmes publiquement exposés via les sculptures des frontons ou des porches (éléments que la base ARMMA – *ARmorial Monumental du Moyen Âge* [<https://armma.saprat.fr>] s'efforce de collecter et d'analyser). Il conviendrait sans doute d'ajouter les décors peints en façade sur la pierre ou l'ardoise, hélas mal documentés en France, les enseignes d'étoffe, et surtout les décors de toiture, girouettes, bannières et épis de faîtage qui contribuent à surélever le bâtiment et à le démarquer, parfois même de façon mobile, dans la silhouette du voisinage, ce dont les représentations médiévales de Paris rendent témoignage, quoiqu'en dise l'auteur. Pensons aux portraits de Paris par Jean Fouquet, aux diverses vues de l'hôtel Saint-Pol ou à la *Pietà de Saint-Germain-des-Prés*. Peut-être faudrait-il songer aussi à l'occupation sonore du quartier que les premières horloges, tournées vers la rue, garantissent aux plus importants de ces hôtels. Mais cette mise en signe n'est pas nécessairement un discours exposé, comme B. Bove le précise très justement en citant le cas des devises du niveau et des rabots de la Tour Jean sans Peur, à usage interne, comme sans doute l'essentiel du vitrage, et difficilement lisibles de l'extérieur tout armoriés qu'ils aient été. Ces signes sont parfois la cible de la justice royale ou populaire – même s'il convient d'interroger la réalité de la destruction de l'hôtel de Savoisy comme, plus tard, le jaune d'infamie soi-disant appliqué aux huisseries de l'hôtel de Bourbon après la trahison du connétable.

Sans doute le peu d'impressions laissées par ces «monuments» aux témoins de leurs temps, qui interroge B. Bove, se ressent-il en partie dans leur difficulté à décrire des ensembles hétéroclites et surtout essentiellement tournés vers l'intérieur de leurs clos – donc peu accessibles aux témoins au contraire des grands édifices religieux ou civils donnés à voir à tous et de ce fait plus monumentaux. Si, comme le propose l'auteur, l'entre-soi de cette société de cour explique en partie ce silence des textes, il ne faut pas ignorer les probables conséquences du silence des sources et ne pas oublier l'importance du quartier et avant tout de la paroisse comme échelle de vie, lieu d'interaction entre les citadins et espace de perception des hiérarchies urbaines. On peut, sans trop de risque, parier que leurs habitants connaissaient parfaitement les hôtels qui s'y trouvaient, leurs ornements et le prestige qu'ils apportaient au quartier. Reste à saisir l'impact que la constitution de ces grands clos – obtenus à quel prix et avec quelles pressions? – a pu avoir sur les habitants.

Cet article livre donc sur les hôtels parisiens du temps de Charles VI une réflexion conduite par le meilleur spécialiste de la question, étayée par une excellente connaissance des sources, des lieux, des traces et soutenue par des analyses innovantes permises par les statistiques, les SIG (tableaux et graphique de la typologie et du rapport rang/formes, carte de l'indice de centralité intermédiaire) et les perspectives des *visual studies* et de la théorie monumentale. Monuments dans Paris, pour les plus démonstratifs d'entre eux, ces hôtels ne sont pas nécessairement monumentaux pour les auteurs qui ont pris la peine de décrire la ville : reflet d'une opinion partagée ou biais documentaire? L'étude de cet objet désormais mieux pensé n'en reste pas moins passionnante. – Boris Bove, « Les hôtels aristocratiques sont-ils des monuments parisiens ? », *Bulletin de la Société de l'histoire de Paris et de l'Île-de-France*, 147e année, 2020, p. 29-57.

Laurent Hablot

1. Christian de Mérindol, « Symbolique des espaces et décors intérieurs au XVe siècle », dans *Châteaux et modes de vie au temps des ducs de Bretagne*, Gérard Danet, Jean Kerhervé et Alain Salamagne (dir.), Tours, 2012, p. 249-260 (article disponible en ligne : <https://books.openedition.org/pufr/7400> ; DOI : <https://doi.org/10.4000/books.pufr.7400> ; consulté le 5/11/21).

Aux origines de la Petite Galerie du Louvre. – De quand date le rez-de-chaussée de la Petite Galerie tel que nous le voyons aujourd'hui ? Jusqu'ici aucun texte ne permettait de savoir s'il s'agissait d'une création de Lescot restée inachevée ou d'une construction élevée essentiellement par Henri IV. En découvrant chacun de nouveaux documents, parfaitement compréhensibles quand on les rapproche, Étienne Faisant et Guillaume Fonkenell ont restitué une histoire plus compliquée qu'on ne l'imaginait.

L'inventaire après décès du maître maçon Guillaume Guillain daté de 1591 mentionne en effet un toisé de novembre 1581 qui révèle le coût des travaux qu'il exécuta pour la Petite Galerie : 13 649 écus – une somme considérable qui ne peut concerner que l'ensemble de la façade. Par ailleurs, un marché relatif aux travaux nécessaires à l'achèvement de la galerie passé par Henri IV en mai 1594, deux mois après son entrée à Paris, explique qu'il faut « refaire à neuf tout ce qui a été démoli » sur une longueur de dix toises « suivant l'ordonnance de ce qui est commencé », puis ajouter un étage attique et construire des voûtes au rez-de-chaussée. Ce que nous voyons encore est donc la façade originelle en cours d'achèvement en 1581 ou sa copie exécutée sous Henri IV, l'une et l'autre impossibles à distinguer aujourd'hui tant la copie fut parfaite.

Les auteurs mettent justement en rapport la destruction soudaine d'une bonne partie de la façade à peine terminée avec les projets utopiques et incohérents d'Henri III qui décida brusquement en janvier 1582, trois mois après les fêtes du mariage du duc de Joyeuse dont les spectacles équestres eurent lieu au même endroit [1], de construire un grand couvent entre le Louvre et la Seine, dont l'une des chapelles se serait élevée à l'emplacement de la Petite Galerie. La fuite du roi en mai 1588 interrompit évidemment ces travaux, mais les démolitions nécessaires étaient déjà faites.

Ces péripéties bien établies, les auteurs procèdent à une étude approfondie du décor sculpté, ce qui n'avait jamais été fait, et le datent avec de bons arguments d'Henri IV. Il ne reste plus qu'une question ouverte : celle de l'auteur de la façade. Lescot, responsable de tous les travaux du Louvre a certainement dessiné le premier projet, mais celui-ci fut sans doute ensuite modifié parce que la façade actuelle, animée essentiellement par des effets de surface – l'opposition des plans lisses et des tables, de la pierre blonde et du marbre noir – ne rappelle en rien les façades du Louvre. Elle est toutefois aussi raffinée dans le moindre détail, ce qui nous incite à suggérer pour finir une autre explication.

Ne faudrait-il pas tenir compte des goûts de Catherine de Médicis car c'est elle qui décida d'élever cette galerie en 1566, quand son fils avait encore seize ans ? Elle avait la passion du marbre et imposa à Delorme, qui l'en loue fort, les tables, les bagues, les chapiteaux de marbre noirs et rouges et les incrustations qui feront la célébrité de la façade sur cour des Tuileries. N'a-t-elle pas agi de même avec Lescot ? Il dut satisfaire la reine et créa une façade colorée entièrement nouvelle, mais aussi parfaite que celles du Louvre.

Ce n'est qu'une hypothèse, vraisemblable, en attendant que réapparaisse un document aussi intéressant que ceux publiés dans ce très bel article. – Étienne Faisant et Guillaume Fonkenell, « Les origines de la Petite Galerie du Louvre : nouveaux documents et nouvelles interprétations », *Revue de l'Art*, n° 207, 2020-1, p. 40-54.

Jean Guillaume

1. En octobre 1581. Un grand amphithéâtre en bois destiné à ces spectacles fut élevé devant la Petite Galerie... Voir Monique Chatenet et Luisa Capodieci, « Les triomphes des noces de Joyeuse (17 septembre-19 octobre 1581) à travers la correspondance diplomatique italienne et l'*Épithalame* de Jean Dorat », *Bulletin de la Société de l'histoire de l'art français*, 2006, p. 9-54, spécialement p. 18-20.

Néo-gothique et byzantinisme hellénique

Néo-gothique à Sèvres. – Comment s'est initié et confirmé le renouvellement du goût dans la production de la Manufacture de Sèvres au cours de la première moitié du XIXe siècle ? La question avait été posée par le catalogue de l'exposition *Un âge d'or des arts décoratifs* (Paris, Grand-Palais, 1991). L'article de Lucie Lachenal reprend le questionnement en l'éclairant par des analyses précisément documentées. Elle étudie méthodiquement les deux principes qui vont marquer l'évolution des productions : la forme générale de l'objet et sa décoration peinte. La première illustration de son exposé reproduit une caricature du *Béotisme parisien* publiée en 1835-1837 par Joseph Bourdet : dans sa chambre gothique, ledit parisien est vautré dans un siège médiévalisant, entouré de bibelots de même inspiration et éclairé par un vitrail coloré.

Le salon gothique de la comtesse d'Osmond (1817-1820) avait lancé la mode vingt ans plus tôt ; on voit que l'ironie persiste. L'auteur précise que le terme de gothique désignait alors le démodé, le « vintage », c'est-à-dire souvent le genre rocaille qu'on voulait alors éliminer. Mais on se rappellera que l'année 1835 fut aussi celle de l'installation du salon médiéval de la princesse et sculpteur Marie d'Orléans qui relança le genre. Ce fut au cours de cette même année que la Manufacture de Sèvres fit une première tentative de production déclarée gothique. Il semble que la manufacture française de porcelaine Dagoty ait devancé Sèvres et on signalera que Dagoty avait reçu une médaille d'argent à l'Exposition des produits de l'industrie de 1819. Était-ce pour des modèles de cette inspiration ? Et on sait aussi qu'en 1827, Alexandre-Évariste Fragonard avait représenté Sèvres à l'Exposition annuelle avec une extravagante bibliothèque dite gothique et qu'il avait réitéré deux ans plus tard, avec un guéridon et un coffret de même inspiration.

Le directeur de Sèvres, Brongniart-fils, décida en 1833 de diversifier la production de la manufacture en l'orientant vers l'exotisme (chinois, indien, persan…) et l'historicisme (Moyen Âge ou Renaissance). D'abandonner le « bon goût » qui avait fait son succès durable pour l'aventure gothique. Il reprit les deux principes de composition sur lesquels il avait déjà travaillé : sur les formes et sur les décors. Dès 1805, Brongniart avait élaboré des projets de frise en empruntant trilobes et arcs brisés aux relevés de décors gothiques de son père architecte. Il associait ces éléments avec des palmettes antiques. Ces motifs étaient utilisés en combinaisons en 1814 sur un service à café du modèle classique Jasmin : l'anse était richement décorée (une tête d'ange) et le marli de la sous-tasse orné de la frise en trilobes et arcs brisés. Son collaborateur A.-É. Fragonard avait lui aussi modifié la forme du vase, là encore à la marge : en 1823, il avait dessiné un vase dénommé gothique, de forme générale à l'antique, et dont l'anse était une importante volute ornée elle aussi d'une tête. Cette hybridation n'a pas toujours été appréciée par le public qui a regretté la « pureté » perdue ; ni par la critique (notamment Delécluze en 1823).

Lucie Lachenal remarque l'apparition, en 1816, d'une nouvelle formule plus cohérente : une assiette de forme banale représente un paysage de ruines médiévales en son centre ; celui-ci est entouré sur le marli par une frise à trilobes et arcs brisés. Bientôt, ce seront des personnages historiques qui occuperont le cœur de l'assiette : des chevaliers en armures inspirés des publications érudites orneront les porcelaines. En 1834, ce sera le service de la chevalerie et en 1835 le déjeuner Duguesclin. On pourrait parler de « vaisselle troubadour » !

Mais l'auteur note aussi que le caractère sacré de l'art gothique, tel qu'il était ressenti depuis Chateaubriand, imposa des interdits : pas de décoration gothique sur des objets à destination liturgique ; et pas de sujets religieux dans la décoration des pièces à usage civil. L'éclectisme synthétique qu'on vit naître à Sèvres triompha après 1830 mais s'arrêta aux limites du bon goût et des convenances. Les vitraux produits par la Manufacture de Sèvres en témoignèrent. – Lucie Lachenal, « Le gothique à Sèvres, variations ou renouveau des formes et décors ? », *Revue de l'Art*, n° 209, 2020-3, p. 25-45.

Françoise Hamon

L'invention du byzantin. – La libération de la Grèce après l'insurrection de 1821 et son indépendance en 1824 ont suscité, on le sait, une forte émotion européenne. C'est l'un des sujets retenus pour le numéro 86/2021 d'*Histoire de l'art* intitulé *Grèce(s)* dont le pluriel entre parenthèses indique la large ouverture thématique. Une étude est consacrée par Panayota Volti à la création de la cathédrale orthodoxe d'Athènes ; comme le rappelle l'auteur, l'étude de l'édifice avait été abordée par Vassilis Colonas au cours du colloque *L'Architecture religieuse au XIXe siècle* qui s'était tenu en 2000 à l'université Paris IV (publié en 2006) ; et l'édifice prenait également place dans l'ouvrage de François Loyer, *L'Architecture de la Grèce au XIXe siècle* (Athènes, 2017).

Dans sa nouvelle capitale (après Nauplie, première capitale), le roi Othon Ier voulait une cathédrale ; celle-ci a été construite de 1846 à 1862 selon un projet délibérément « helléno-byzantin » de Démetrios Zezos qui avait été sélectionné en 1845 de préférence à celui de Christian Hansen. Athènes ou Byzance ? La localisation de l'édifice est significative : éloignée du quartier où les frères Hansen réuniront en 1839, 1859 et 1884 les trois temples néo-grecs du savoir qui constituent la fameuse « trilogie ». Le plan de Zezos, en croix latine à transept inscrit, était emprunté à la tradition occidentale ; une importante coupole sur tambour s'élevait à la croisée. En 1859, un concours pour la décoration intérieure attribua celle-ci aux peintres grecs Gallinas et Fanellis avec qui collabora un peintre bavarois, Maximilien Seitz. Ce décor déborde l'iconostase, envahit la totalité de l'espace, reprenant des schémas décoratifs proprement occidentaux sur les traditionnels fonds bleu et or byzantins.

Après la mort prématurée de l'architecte en 1857, le chantier fut confié par la municipalité d'Athènes au français Florimond Boulanger, Grand Prix 1836 (et fidèle fouriériste), qui proposa de modifier la réalisation prévue par Zezos : il imagina une polychromie extérieure fondée sur une alternance d'assises jaunes et rouges, décoration inconnue de l'architecture byzantine historique et qualifiée de « comique » par les contemporains. Projet sans suite et aujourd'hui, après une restauration récente, la cathédrale est recouverte d'un enduit jaune clair contrastant avec des encadrements de baies blancs et une mosaïque à fond d'or au centre de la façade. On notera qu'on retrouve cette élégante bichromie à Sainte-Irène d'Athènes (1842), petite sœur de la cathédrale.

P. Volti fait ensuite référence aux réalisations d'édifices orthodoxes grecs en Europe, à Trieste (1860) ou à Paris, où Émile Vaudremer, en 1897, reprit pour la chapelle orthodoxe grecque les éléments de la cathédrale d'Athènes : le triplet de façade et la polychromie des assises alternées imaginées par Boulanger. L'iconostase de Paris était l'œuvre d'un Bavarois, comme à Athènes. L'éclectisme helléno-byzantin apparaît comme une hybridation de tendances historicistes européennes, orientales et occidentales. L'auteur termine sa démonstration avec l'église construite par Frank Lloyd Wright à Milwaukee pour la communauté grecque orthodoxe (1956-1961) où l'Américain conserva la tradition de la grande coupole bleue. – Panayota Volti, « La cathédrale de l'Annonciation d'Athènes, chantier fondateur de l'architecture néo-byzantine. Une dynamique plurielle diachronique », *Histoire de l'art*, n° 86 : *Grèce(s)*, 2021/2, p. 207-221.

Françoise Hamon

Art campanaire XIXe siècle

Migration et innovation : la machine à carillonner de Buglose (Landes). – L'Aquitaine ne bénéficie pas de la tradition des grandes sonneries mélodiques du Nord. Seuls quelques rares carillons furent installés au XIXe siècle à Saint- Front de Périgueux (1847-1850), Saint-Martin de Pau (1865) ou Saint-Michel de Bordeaux (1865). Dans les Landes, jusqu'en 1850, la majorité des églises rurales ne possédait qu'une à trois cloches, sonnées en mode dit « équilibré » adapté aux sonneurs.

En 1876, Mgr Victor Delannoy, natif de Templeuve-en-Pevèle (Nord), fut nommé évêque d'Aire et de Dax. Le « carillon » populaire [1], frappé sur l'airain les jours de mariage ou de baptême, réveilla-t-il chez le prélat le souvenir des ambiances festives de sa Flandre natale ? Toujours est-il qu'en 1892, il décida de faire construire un carillon pour le sanctuaire marial de Notre-Dame de Buglose, qu'il bénit trois ans plus tard, en présence d'une foule considérable de pèlerins réunis pour la fête de Saint-Vincent-de-Paul [2].

L'auteur décrit le long cheminement parcouru par les acteurs principaux de cette œuvre singulière, notamment Jean Maisonnave, prêtre, professeur de mathématiques au petit séminaire, et les frères Paccard, fondeurs de « la Savoyarde », le bourdon du Sacré-Cœur de Paris. Le récent maillage du réseau ferroviaire favorisa cette réalisation [3] ; le bronze fondu à Annecy fut déposé en gare de Buglose.

Pour ce projet, Mgr Delannoy nourrissait une ambition : réduire les efforts et la fatigue des futurs carillonneurs. Il souhaitait un système moins éprouvant que les claviers traditionnels du Nord à touches de bois dits « coups de poings » [4]. Le chanoine Maisonnave, sollicité et déjà créateur du « battant à bascule » pour les sonneries d'offices [5], présenta au prélat une « machine à carillonner », dont l'ingénieux mécanisme permet de jouer du carillon à partir d'un simple clavier de piano.

L'invention de l'abbé fit l'objet d'un brevet délivré le 27 août 1895, mais cédé dès l'année suivante aux fondeurs Paccard [6] qui envisagèrent sa commercialisation en France pour les basiliques de Pontmain (Mayenne) et Lourdes (Pyrénées-Atlantiques), ainsi qu'en Amérique du Nord. On rappelle qu'en 1900, les frères Paccard exposèrent la machine, avec un carillon de 32 cloches, au Palais des Mines et de la Métallurgie, lors de l'Exposition universelle de Paris, où ils obtinrent une médaille d'or, récompense aussitôt imprimée sur le papier en-tête de la fonderie savoyarde.

À Buglose, au fil du temps, le carillon originel fut augmenté entre 1901 et 1925 et passa de 23 à 60 cloches, sans plus-value notable [7]. Placé dans la tour sud de l'église, il est composé de cinq cloches de volée, cinq en fenêtres dans les baies du clocher, les autres étant suspendues ou montées en haut-parleur (horizontalement) sur un beffroi métallique. Cet ensemble atypique, rare témoin des recherches d'innovation au XIXe siècle pour alléger le travail du sonneur, égrène encore très régulièrement ses mélodies, sous les doigts d'un carillonneur attitré. – Vincent Matéos, « La machine à carillonner de Buglose », *Bulletin de la Société de Borda*, n° 541, 1er trimestre 2021, 146e année, p. 37-50.

Jean-Bernard Faivre

1. Supplément à *Patrimoine campanaire*, bulletin de la Société française de campanologie, n° 93, 2020, p. 24-25.

2. Abbé L. Dulucq, *Le carillon de Notre-Dame de Buglose*, Pau, 1957.

3. *Le développement du rail : contribution au désenclavement du département des Landes (1854-1914)*, cat. exp. Mont-de-Marsan, Archives départementales des Landes, juin 2002.

4. On peut présumer que l'évêque a eu connaissance, ou même a vu, le clavier de type piano du fondeur Bollée, à l'Exposition de Paris en 1878.

5. Brevet n° 139597, délivré le 5 janvier 1881, utilisé dans le carillon de Buglose.

6. Brevet n° 247129. Cession à G. & F. Paccard, le 14 septembre 1896, chez Me Darracq, notaire à Dax.

7. 1901, bourdon Paccard de 2 100 kg (avec battant à bascule), 1923, trois cloches de la maison Dencausse de Tarbes, 1901-1925, cloches Paccard.

Architecture religieuse et vitrail XXe siècle

Rodez, une église sous influence. – L'église Sainte-Thérèse de l'Enfant Jésus à Rodez est un spécimen révélateur de l'architecture religieuse « moderne » dans les provinces rurales à forte pratique catholique. L'Aveyron est une « terre des prêtres » et les congrégations y naquirent et prospérèrent tout au long du XIXe siècle et pendant la première moitié du XXe siècle. Celle des garde-malades de Saint-François d'Assise fut fondée en 1862 dans un canton montagneux du nord du département ; ces dames se déplacèrent à la préfecture, Rodez, en 1876, preuve de leur réussite. Elles se consacraient aux soins des malades et aux prières pour les mourants et les morts, reprenant ainsi le rôle que jouaient dans le département les confréries de pénitents. Dans leur nouvelle implantation près de la cathédrale, les sœurs de « la bonne mort » s'accrurent et firent construire en 1927 une nouvelle chapelle consacrée à « la petite Thérèse », soit deux ans après sa canonisation (1925). L'architecte désigné était un local, André Boyer, architecte départemental, né en 1882 à Espalion, sous-préfecture voisine, mais formé à Paris, dans l'atelier de Gaston Redon à l'ENSBA ; Boyer fut associé à un certain Salvan, architecte qui porte le même patronyme que l'architecte qui avait édifié au XVIe siècle le célèbre clocher de la cathédrale de Rodez. Le choix de tous les intervenants sur le chantier semble avoir été exclusivement celui de Boyer : la chapelle sera son « *Gesamkunstwerk* », une œuvre d'art totale selon la doctrine de l'Art Nouveau qui s'imposa au tournant du siècle.

L'examen de l'édifice fait apparaître une très forte influence de l'architecture religieuse du moment, au moins celle de France. Sur un plan traditionnel en croix latine s'élève un édifice en calcaire qui n'est pas le matériau en usage à Rodez où règne le grès rouge ; la croisée reçoit un dôme polygonal ; les pignons des bras du transept sont dotés d'une absidiole. La nef est rythmée par des arcs-diaphragmes réunis par des pannes ; son couvrement est assuré par une charpente apparente et un voligeage franchement affiché. L'ensemble évoque fortement l'œuvre de l'architecte bénédictin Dom Paul Bellot (1876-1944), de ses créations religieuses en Europe et au Canada, églises paroissiales comme édifices conventuels, au cours des années 1925-1940. La réalisation ruthénoise apparaît comme exceptionnellement fidèle aux principes de Dom Bellot ; et de surcroît précoce, reprenant dès 1927 le type et les schémas donnés par ce dernier par exemple à Sainte-Thérèse de Nimègue (1927), tant par l'aspect extérieur que par l'espace intérieur.

Le décor et le mobilier choisis par l'architecte sont à la hauteur de l'architecture. Ils sont l'œuvre de l'atelier Mauméjean, atelier d'art sacré bien connu, comme il s'en crée alors, qui maîtrisent toutes les techniques et réalisent dans la France entière tous les travaux d'art qu'appellent les édifices religieux : mosaïques, vitraux, ouvrages de marbrerie, etc. ; et qui produisent selon des systèmes de série pour répondre aux nombreuses commandes. L'unité de style est garantie par cette unité de conception et de réalisation.

Parallèlement à ce recours aux professionnels reconnus, on observe deux particularités régionales : en premier lieu, Boyer commande la sculpture à l'enfant du pays, le Grand Prix de Rome Denis Puech (1854-1942) que la ville de Rodez a honoré d'un joli musée (construit par le même Boyer dans un genre Art Nouveau tardif). Mais l'épisode le plus curieux est la présence sur le chantier du peintre appelé à décorer le sanctuaire, un enfant du pays, de retour après un long exil : Numa Ayrinhac (1881-1951), revenu de Pigüé, cité fondée en Argentine par une colonie d'Aveyronnais installée à la fin du XIXe siècle ; l'artiste, élevé en Argentine, a été formé à Buenos Aires. Revenu à Rodez, il est sollicité par Boyer et, à Sainte-Thérèse, il ornera les parois du chœur d'anges et de grandes figures claires sur fond de paysage, évoquant la vie de la Sainte et l'action des « sœurs de la bonne mort ». Ces peintures murales de tonalité symboliste ont disparu lors d'une rénovation en 1990.

Cette étude fait utilement apparaître la modernité d'une réalisation provinciale plus proche des réalisations contemporaines internationales qu'on aurait pu le penser s'agissant d'une modeste congrégation. L'auteur ne souligne pas ce « dombellotisme », dont Bruno Foucart observait le développement dans l'entre-deux-guerres et qui a donc gagné l'Aveyron ; en revanche, il repère les solidarités régionales qui restent puissantes dans la commande. Yann Launay évoque aussi, à juste titre, le rôle de passeur qu'a pu jouer le cardinal Verdier, natif et prêtre de l'Aveyron, fondateur des Chantiers du Cardinal, destinés à promouvoir la construction d'églises dans la banlieue de son diocèse parisien. Et qui, depuis Paris, intervint dans son terroir d'origine, notamment à la basilique de pèlerinage de Ceignac. – Yann Launay, « La chapelle Sainte-Thérèse de l'Enfant Jésus à Rodez », *Le Point riche*, revue de l'association « Les amis de Louis Mazetier » et de l'Art sacré des XXe et XXIe siècles, n° 18, juin 2020, p. 29-40.

Françoise Hamon

Vitraux de Jean Bazaine restaurés et enrichis de créations nouvelles à Noisy-le-Grand (Seine-Saint-Denis). – À l'initiative du père Joseph Wresinski, l'artiste peintre Jean Bazaine réalisa en 1957 les cartons des vitraux de la chapelle Notre-Dame-des-Sans-Logis-et-de-Tout-le-Monde, bâtie la même année au cœur du camp de sans-logis de Noisy-le-Grand. Les cartons furent traduits en vitrail par Marguerite Huré, peintre-verrier qui joua, dès l'entre-deux-guerres, un rôle essentiel dans l'ouverture du vitrail à la modernité et en particulier à l'abstraction. Elle a collaboré avec les plus grands architectes de son temps, comme Auguste Perret à l'église Notre-Dame du Raincy, et avec des artistes de renom tels Maurice Denis, Georges Desvallières et Valentine Reyre. Bazaine est lui-même l'une des principales figures de l'abstraction, et il est en particulier célèbre pour avoir réalisé les verrières non figuratives des *Sept Sacrements* entre 1964 et 1969 à l'église Saint-Séverin à Paris.

Claire Vignes-Dumas, dans son article, souligne l'importance des verrières de Noisy dans l'histoire du vitrail. Cet ensemble apparaît, après les verrières de Léon Zack posées en 1955 à l'église Notre-Dame-des-Pauvres d'Issy-les-Moulineaux, comme l'un des premiers programmes vitrés volontairement dénués de références figuratives en Île-de-France. Bazaine refusait pourtant de qualifier ses compositions d'abstraites ; il préférait parler de « non figuration incarnée ». À Noisy-le-Grand, il conçut un cycle iconographique sur le thème des Mystères glorieux : cinq verrières « illustrent » de façon abstraite la *Résurrection,* l'*Assomption*, la *Pentecôte*, l'*Ascension* et, au-dessus de la porte d'entrée, le *Couronnement de la Vierge*. En 1994, l'artiste réalisa une seconde version du *Couronnement de la Vierge* qui fut exécutée en verre plat par Claire de Rougemont. Aujourd'hui, seules deux de ces verrières subsistent dans la chapelle : l'*Assomption* et la *Pentecôte*; les deux petits vitraux latéraux, la *Résurrection* et l'*Ascension*, ont disparu.

L'histoire de ces verrières est étroitement liée à celle de la chapelle et du lieu-dit Château de France sur lequel elle fut construite. Ce dernier s'apparentait à un bidonville. Le père Wresinski décida d'y demeurer en tant qu'aumônier à partir de 1956, afin d'être au plus près des populations miséreuses. Cette rencontre, qui l'avait bouleversé, l'incita à créer en 1957 le mouvement ATD Quart Monde puis, la même année, à édifier la chapelle. Celle-ci fut construite par des hommes du camp et des bénévoles de toutes nationalités et confessions, sous la supervision de l'artiste Monique Midy. Son architecture rappelle la forme des abris de fortune du bidonville surnommés les « igloos ». Les matériaux utilisés pour son édification sont soit de récupération, soit proviennent de chantiers ou de dons.

En 1969, le camp des sans-logis de Noisy-le-Grand fut démoli et la chapelle démontée puis reconstruite pierre par pierre à son emplacement actuel (77, rue Jules-Ferry, 93160 Noisy-le-Grand).

Le déplacement d'un édifice religieux est un fait assez rare pour être souligné ; en 1970, ce fut la chapelle Saint-Ferdinand de Neuilly, ornée de vitraux manufacturés à Sèvres d'après les cartons d'Ingres, qui fut déplacée 150 mètres plus loin pour laisser place à de nouveaux aménagements urbains. Une telle démarche n'est cependant pas dénuée de risques ; à Noisy-le-Grand, la dépose des vitraux endommagea les deux petites verrières latérales. En 1973, Bazaine, en compagnie du maître-verrier Bernard Allain, vint les récupérer afin de les remettre en état. Depuis cette date, nous n'avons plus trace de ces deux verrières qui n'ont jamais été réclamées à l'artiste. Leur emplacement dans l'édifice demeura occulté jusque tout récemment ; à la faveur d'une restauration complète de la chapelle, il fut décidé de remplacer les deux verrières manquantes par des créations nouvelles. Les travaux de restauration, conduits par l'architecte en chef des Monuments historiques Pierre-Antoine Gatier, entrepris en 2019 ont pris fin en décembre 2020.

Claire Vignes-Dumas, après avoir retracé l'histoire des vitraux de la chapelle, décrit en détail les études préliminaires à leur restauration. Les recherches n'ont pas permis d'obtenir de nouveaux indices quant à l'emplacement et au sort des panneaux disparus. La documentation réunie à leur sujet est lacunaire. Les investigations dans les archives privées, notamment de Bazaine, de l'atelier de Marguerite Huré et du mouvement ATD, ont été décevantes. Le document de travail le plus précieux est une diapositive en couleur des années 1960, témoin de l'aménagement de la chapelle avant son déplacement. Il aurait été envisageable de réaliser une copie des deux vitraux disparus d'après ce cliché. La proposition fut cependant rejetée, par crainte du pastiche, et le parti adopté fut celui de la création de vitraux d'accompagnement mettant en valeur l'œuvre de Bazaine et de Marguerite Huré. Ces nouveaux panneaux s'inspirent du graphisme et de la gamme colorée des œuvres originales, afin de s'intégrer visuellement à l'ensemble vitré.

Marie Rousvoal, maître-verrier des ateliers Duchemin chargés de relever ce défi, témoigne dans un entretien avec l'auteur de la complexité d'un tel projet. La phase préparatoire fut indiscutablement la plus longue et difficile, ponctuée de nombreuses réunions avec le mouvement ATD et l'architecte en chef qui ont permis de valider chacune des étapes du processus créatif. Alors que l'atelier réalise habituellement ses maquettes numériquement, Marie Rousvoal a choisi de les exécuter à la main, afin d'être davantage en accord avec la technique et la sensibilité du travail originel. Les mêmes verres furent employés que ceux choisis naguère par Marguerite Huré. Néanmoins, son geste et sa picturalité n'ont pas pour autant été imités dans le travail de la grisaille. Bien que s'étant placé dans une « démarche d'humilité » et de retenue, l'atelier ne s'est pas limité à proposer un simple « habillage », ni une œuvre tout à fait originale, mais a fourni un travail que Marie Rousvoal qualifie de « re-création ». Comme le souligne Claire Vignes-Dumas, ces œuvres nouvelles contribuent à redonner vie à la chapelle. Celle-ci demeure, avec les vitraux, l'ultime témoignage du camp disparu. Le remplacement de ces verrières a tenu particulièrement à cœur aux membres d'ATD qui ont connu le père Wresinski ; ils savent combien ces œuvres étaient chères à lui et à la communauté. Le père disait, à ce propos, que les vitraux de Noisy demeureraient pour lui « comme le soleil merveilleux venu illuminer la plus grande misère du monde ». – Claire Vignes-Dumas, « Les vitraux disparus de Bazaine à Noisy-le-Grand, une "re-création" ? » suivi d'un « Entretien du 15 janvier 2021 avec Marie Rousvoal, maître-verrier (Ateliers Duchemin) », *Le Point riche*, revue de l'association « Les amis de Louis Mazetier » et de l'Art sacré des XXe et XXIe siècles, n° 19, juin 2021, p. 49-59.

Auriane Gotrand

Bibliographie

Sources

Bertrand Jestaz, *Documents pour servir à l'histoire de la Renaissance à Venise*, Rome, École française de Rome, 2019, 24 cm, 615 p., glossaire, index des noms de personnes, des lieux et des œuvres d'art citées. - ISSN : 0223-5099 ; ISBN : 978-2-7283-1376-1, 69 €.

(*Sources et documents publiés par l'École française de Rome*, 10)

En 2017, Bertrand Jestaz publiait *Monuments vénitiens de la première Renaissance à la lumière des documents* (Venise, Istituto Veneto di Scienze, Lettere ed Arti/Paris, Éditions A. et J. Picard). Grâce à une patiente collecte de documents et à des analyses impeccables, il y reconstituait à nouveaux frais les chantiers de certains des plus importants édifices bâtis à Venise entre 1450 environ et 1520 : la Porte de l'Arsenal, l'église San Giobbe, l'église San Michele in Isola, le clocher de San Piero di Castello, les églises San Zaccaria, la *Scuola grande* de San Marco, l'église San Giovanni Cristostomo (San Zuane Grisostomo) et l'église San Salvador. Tous les actes publiés par ses prédécesseurs furent revus et corrigés et de très nombreux documents furent édités pour la première fois. Sur ce socle d'une solidité à toute épreuve, il bâtit une reconstruction magistrale des phases de projet et de construction, proposa une identification des acteurs et émit des hypothèses sur les intentions des maîtres d'ouvrage et sur les effets recherchés. C'est seulement en ce qui concerne la décoration sculptée qu'il renonça à des conclusions trop tranchées, car les marchés étaient très souvent partagés entre divers sculpteurs ou sous-traités, parfois de façon occulte. De façon polémique, il voulait aussi pointer les erreurs ou les approximations d'historiens comme Manfredo Tafuri et plusieurs de ses disciples, qui avaient échafaudé des théories séduisantes mais fréquemment erronées, faute de s'être appuyés sur des fondements fermement assurés.

En prélude à son ouvrage, il avait déploré le fait que l'on ne connût « pas de documents de construction sur les palais de cette époque, ni même sur le Palais ducal, en dépit du travail admirable de Lorenzi, et très peu aussi sur des églises aussi importantes que S. Maria de' Miracoli ou S. Maria Formosa, pour ne citer que les plus insignes » et il avait souligné que, dans son souci de ne se fonder que sur un ensemble de documents suffisamment vastes et sur des chronologies sûres et non sur des comparaisons hasardeuses, il avait « délibérément ignoré les monuments *orphelins* ». Or, au fil de sa quête d'une quarantaine d'années, principalement à l'Archivio di Stato de Venise, Bertrand Jestaz avait mis au jour une quantité impressionnante de documents touchant à la Renaissance dans la Sérénissime, touchant aux aspects les plus variés de la vie artistique et sociale, majoritairement du milieu du XVe au début du XVIIe siècle – même si l'acte le plus ancien remonte à 1324 et le plus récent date de 1652. Ce ne sont pas moins de 745 documents qui sont désormais généreusement offerts aux chercheurs. Quelques actes n'étaient pas inconnus car ils avaient fait l'objet de mentions sans être édités ou l'avaient été de façon fautive, mais l'immense majorité est inédite. Ces documents sont rédigés en vénitien ou en latin émaillé de vénétianismes. La lecture en est facilitée par la brève analyse qui précède chaque transcription et surtout par un précieux glossaire et par des éclaircissements, livrés dans l'introduction, sur les pratiques de vote dans les assemblées ou sur la terminologie relative aux dates de livraison des chantiers.

Ces actes sont de différents types. Il s'agit surtout de délibérations d'assemblées et de marchés mais on trouve aussi plusieurs testaments, des inventaires de biens meubles, des privilèges accordés à des imprimeurs ou des libraires, etc. À la différence de l'ouvrage de 2017, Bertrand Jestaz ne se limite pas à l'architecture, même si celle-ci occupe plus de la moitié du volume ; il évoque des aspects très variés de la culture matérielle de la Renaissance. Il s'intéresse particulièrement aux personnages, allant jusqu'à mentionner des réceptions ou des visites privées de grands personnages au *Palazzo ducale* (doc. 72-92). En dehors des maîtres d'ouvrage, amateurs d'art et collectionneurs, au nombre de trente-deux, sont évoqués un nombre considérable d'artistes ou d'artisans : architectes ou *proti*, brodeurs et tisserands, fondeurs, graveurs et fondeurs de la Monnaie, graveurs d'estampes, horlogers, ingénieurs, orfèvres, peintres, *taiapiera*, verriers et *zoielieri* [joailliers]. Comme ces derniers avaient aussi souvent une activité d'antiquaire, on en retrouve aussi dans la rubrique « marchands d'œuvre d'art ». Enfin, une quantité d'objets sont mentionnés dans des dossiers thématiques (peinture, sculpture, orfèvrerie, joaillerie et taille des pierres dures, verrerie, imprimerie).

Au fil des pages, des points controversés sont définitivement éclairés. Ainsi, la question de savoir si des artistes chrétiens de la République avaient fabriqué à Venise des objets damasquinés ou si ceux-ci étaient l'œuvre de Levantins musulmans expatriés est tranchée grâce à un document de 1545, une société conclue entre le Bergamasque Bartolomeo Passi, fournisseur du capital et des matériaux, et l'orfèvre Jamoco Costa, qui s'engageait à produire de tels ouvrages et à former des artisans capables de le faire sous leurs ordres. On pourrait aussi évoquer une dizaine d'actes, allant de 1469 à 1479, relatifs aux relations entre Bartolomeo Colleoni et la République de Venise, et particulièrement aux obsèques du condottière et à son monument équestre (doc. 541-550). En fait partie un document capital, la décision prise par le Sénat d'ériger une statue équestre en bronze au grand capitaine, conformément au vœu que ce dernier avait exprimé dans le codicille de son testament en date du 31 octobre 1475, mais non pas sur le lieu qu'il souhaitait, à savoir la place Saint-Marc, mais *in loco eminenti* à déterminer. Cette décision avait déjà été publiée – ce qu'omet de signaler Bertrand Jestaz, et c'est bien là le seul oubli que j'ai relevé – par Andrew Butterfield dans sa monographie, *The Sculptures of Andrea Verrocchio* (New Haven et Londres, Yale University Press, 1997, p. 232), mais dans une transcription truffée d'erreurs, dont la plus grave est sans doute la date. Butterfield, suivi par tous les auteurs depuis, datait le texte du 30 juillet 1479, alors qu'il s'agissait du 3 juillet.

Enfin, l'ouvrage s'achève sur treize documents qui relèvent de la catégorie *varia*. Mentionnons seulement deux pépites qui donneront une idée de leur richesse et de leur diversité : le 23 décembre 1500, « le Conseil des Dix décide d'offrir à Anne de Bretagne, sur sa demande, pour 100 ducats de musc, porcelaines et ouvrages damasquinés» (doc. 742); et le 17 novembre 1582 fut constituée la société «d'un Vénitien et d'un Véronais avec un Arménien et deux Turcs pour l'exhibition d'une lionne et l'organisation de spectacles de *venatio* à Venise et sur son territoire jusqu'au prochain carnaval» (doc. 745).

C'est cependant dans le domaine de l'architecture que la moisson fut la plus abondante. Grâce à ce recueil, de nombreux bâtiments ne sont plus totalement orphelins. Les documents glanés ne sont pas tous de la même ampleur. Parfois il s'agit d'un acte isolé, parfois d'un dossier abondant, qui remet sensiblement en question la *doxa* sur l'édifice. Soulignons que quelques rares documents ne concernent pas la ville de Venise mais d'autres territoires : Brescia, Padoue et les places et territoires maritimes, pour l'architecture civile; Crema, Legnano, Ravenne et San Benedetto Po, pour l'architecture religieuse. En ce qui concerne la cité des Doges, l'architecture civile, qui ne figurait dans le précédent recueil qu'avec la Porte de l'Arsenal, est copieusement représentée, avec des chantiers fondamentaux. Onze dossiers concernent des palais et maisons, dont trois palais Grimani et le *Palazzo ducale*. Les enquêtes plus nourries concernent les *Scuole grandi* (en dehors de celle de San Marco, déjà traitée dans le volume de 2017, p. 157-210), avec, par exemple, vingt et un documents pour la Scuola San Giovanni Evangelista et surtout près de quatre-vingts pour la Scuola San Rocco, qui s'étalent entre 1478, date de la concession du terrain par le couvent des Frari, et 1617, date de l'érection de l'autel de la salle supérieure. Ces derniers permettront aux spécialistes d'écrire une tout autre histoire de ce chantier complexe, émaillé de nombreux conflits.

Pour l'architecture religieuse, vingt-sept églises sont abordées. Dans cet ensemble, le couvent et l'église San Giorgio Maggiore se taillent la part du lion (doc. 258-300), pour des travaux compris entre 1494 et 1652. En outre, Bertrand Jestaz complète abondamment, par des documents traitant pour la plupart de chapelles ou de monuments funéraires commandés entre 1524 et 1596, la documentation (doc. 361-380) sur San Salvador, qui avait fait l'objet d'un lumineux chapitre de son ouvrage de 2017, où il rassemblait et analysait les données trouvées à compter de 1504.

C'est toute la communauté des chercheurs en histoire de la Renaissance qui doit savoir gré à l'auteur de leur avoir offert une aussi passionnante récolte, d'avoir parfaitement édité ces textes et facilité les enquêtes futures par la confection d'un remarquable index. Ils ne manqueront pas d'y butiner souvent, de faire leur miel de ces documents et de placer ce spicilège *in loco eminenti* de leur bibliothèque.

Philippe Sénéchal

Spiritualité

Cédric Giraud (trad. et éd.), *Écrits spirituels du Moyen Âge*, Paris, Gallimard, 2019, 17 x 10 cm, XLI-1210 p. - ISBN : 978-2-07-011442-9, 63 €.

(*Bibliothèque de la Pléiade*, 643)

Ce recueil de textes, aussi dense qu'il est aisé à manipuler, rendra de grands services à tous les médiévistes. Et notre discipline spécifique saura en tirer parti pour l'étude des œuvres d'art, qui ne sont certes ni le décalque ni la simple illustration des productions littéraires, mais qui ne peuvent se comprendre sans la connaissance du domaine écrit. Cette édition ne remplace évidemment pas le recours au vaste champ vétéro- et néo-testamentaire et des Apocryphes, ainsi qu'aux sommes que sont les collections fondamentales, comme la *Patrologie latine*, le *Corpus Christianorum* (CCSL et CCCM), ou les volumes bilingues des *Sources Chrétiennes*, mais elle donne un accès immédiat, rapide, et utilement annoté, à la traduction française d'une quinzaine de textes majeurs.

À l'intérieur d'une typologie souple et qui se recoupe chronologiquement, *Les classiques de la spiritualité* (XIe-XIIIe siècle) – la première section de cette anthologie qui en comprend quatre – réunissent *Prières et Méditations*, d'Anselme de Cantorbéry; les *Méditations*, du Pseudo-Bernard de Clairvaux, d'un anonyme actif dans le monde bénédictin des années 1160-1190; et les *Soliloques*, du Pseudo-Augustin, autre anonyme, probablement du deuxième tiers du XIIIe siècle. Dans *L'École du cloître* (XIIe siècle), se lisent *Les arrhes de l'âme*, d'Hugues de Saint-Victor; la *Lettre aux frères du Mont-Dieu*, de Guillaume de Saint-Thierry, apologie des chartreux écrite par un bénédictin ayant épousé Cîteaux, et lue dans toutes les grandes familles religieuses; de Bernard de Clairvaux deux *Sermons sur le Cantique des cantiques*, extraits d'une somme exégétique prenant la forme d'un traité spirituel; *Les Quatre degrés de la violente charité*, de Richard de Saint-Victor, le plus contemplatif des grands piliers de ce lieu majeur dans la vie intellectuelle de son temps; et de Guigues II le Chartreux, la *Lettre sur la vie contemplative* (*L'échelle des moines*).

La troisième section, *Une spiritualité pour tous* (XIIIe -XVe siècle), rassemble *La triple voie*, ouvrage de maturité de Bonaventure fortement marqué par le néoplatonisme du Pseudo-Denys; *L'Arbre de vie*, du même auteur; sous le titre factice mais pratique de *La Passion du Christ*, quatre questions de la IIIe partie de la *Somme théologique* de Thomas d'Aquin, passages majeurs mais pas vraiment écrits «pour tous»; enfin, deux textes bien plus accessibles aux laïcs, d'une part la belle *Horloge de la Sagesse*, d'Henri Suso; d'autre part la *Théologie mystique d'un point de vue pratique*, de Jean Gerson, et où le rapprochement, qui pourrait étonner, des deux adjectifs du titre n'a vraiment rien d'artificiel. Ceci mène très naturellement à *L'âge de la Devotio moderna* (XVe siècle), qui rappelle le terreau extraordinaire que furent alors les anciens Pays-Bas, et où le lecteur trouvera l'*Imitation du Christ*, de Thomas a Kempis, formé par les Frères de la vie commune; de Denys le Chartreux, *Comment s'enflammer pour l'amour divin*; et l'*Échelle abrégée de la Passion de Jésus-Christ*, de Jean Mombaer, véritable tableau à double entrée proposant une méditation méthodique.

Les critères de choix des textes retenus sont cohérents : des œuvres écrites en latin, dont le nombre de manuscrits conservés confirme la diffusion considérable, et postérieures à la direction prise à la fin du XIe siècle par Anselme de Cantorbéry, qui met désormais prière et méditation «au service de l'introspection», tournant qualifié de rupture essentielle. Le titre ne ment pas, et il s'agit bien d'écrits spirituels du Moyen Âge. On peut toutefois regretter la rigidité de la chronologie retenue. Les raisons très valables qui ont fait insister ici sur la véritable «théologie de la croix» des passages retenus chez Thomas d'Aquin, auraient pu légitimement faire inclure, par exemple, les *Louanges à la Sainte Croix* de Raban Maur, où la forme même des mots et des phrases propose au lecteur une véritable topographie spirituelle. Et pour ne citer qu'un seul autre cas, la lecture du *Manuel pour mon fils* de Dhuoda – cette étonnante aristocrate carolingienne – le montre à son tour, pour un autre domaine littéraire : si «le mouvement historique propre au Moyen Âge central et finissant» que veut présenter le livre forme certes un ensemble, les siècles antérieurs offrent des productions qui auraient pu parfaitement s'y intégrer.

Un autre regret – mais si la Pléiade veut réparer cette lacune, il n'est pas trop tard – est la limitation aux œuvres rédigées en latin. Les langues vernaculaires offrent un corpus exceptionnel d'écrits spirituels. Il faut espérer qu'une réédition ajoutera au volume actuel le sous-titre «I. Œuvres écrites en langue latine», car un tome II s'impose avec évidence. Cette suite ne

Julie Piront et Adriana Sénard-Kiernan (dir.), *Bâtir pour Dieu. L'œuvre des religieux et religieuses architectes (XVIIe-XVIIIe siècles)*, Lyon, Laboratoire de recherches historiques Rhône-Alpes (LARHRA, UMR 5190), 2019, 24 cm, 169 p., 16 fig. en n. & bl. dans le texte, [28] pl. en coul. h. t. - ISBN : 979-10-91592-20-8, 22 €.

(*Chrétiens et sociétés.* Documents et Mémoires n° 38)

Les cinq contributions de jeunes chercheurs qui constituent le recueil *Bâtir pour Dieu* ont été présentées lors des journées d'étude organisées à l'Institut des Sciences de l'homme, à Lyon en avril 2017. Elles paraissent dans le n° 38 de la revue *Chrétiens et sociétés*, ce qui indique bien leur orientation : plus que d'une recherche d'histoire de l'art stricto sensu, il s'agit d'une enquête d'histoire sociale. Le rôle des clercs et la place des femmes dans la production architecturale y sont précisément interrogés, avec une question subsidiaire : qui organise la construction des églises paroissiales à Paris?

L'introduction, rédigée par les deux directrices de la publication, établit d'abord un état des lieux : que sait-on réellement des religieux architectes? Légende ou réalité? La bibliographie très riche et précise démontre que le sujet avait été abordé dès les années 1880 et travaillé jusqu'aux années 1950, d'abord à propos de personnalités connues localement; puis la question avait été examinée par d'éminents historiens de l'architecture française classique du milieu du XXe siècle tels L. Hautecoeur et P. Moisy. Après un demi-siècle de silence, et avec un certain retard sur l'Italie et l'Espagne, des travaux récents, notamment sous l'impulsion de Claude Mignot, ont renoué avec la thématique des religieux architectes selon un point de vue renouvelé. En témoigne le colloque tenu à Maisons-Lafitte en 2005 (M. Chatenet et Cl. Mignot [dir.], *L'architecture religieuse européenne au temps des Réformes : héritages de la Renaissance et nouvelles problématiques*, Actes du colloque, Maisons-Laffitte, 2005, Paris, Picard, 2009).

Certes, la figure éclatante du jésuite Martellange qui depuis un siècle mobilise les historiens de l'architecture, fait ici l'objet de la première contribution d'Adriana Sénard-Kiernan, auteur d'une thèse remarquée sur *Étienne Martellange (1569-1641) : un architecte visiteur de la compagnie de Jésus à travers la France au temps de Henri IV et de Louis XIII*, soutenue en 2015 à l'université Toulouse. Mais le regard y est orienté plus sur l'organisation sociale de la construction religieuse que sur les choix de l'artiste, sa manière propre, les influences subies ou les conflits avec un concurrent (la polémique Martellange/Derand). Il s'agit, à propos d'une figure éminente, d'examiner le milieu architectural strictement religieux; d'examiner aussi le déroulement d'une carrière réellement professionnelle : d'abord la formation, puis l'affectation d'un simple frère aux responsabilités multiples engendrées par les nouvelles implantations jésuites sur l'ensemble de la France.

Il apparaît que cette professionnalisation touche toutes les congrégations, les Bénédictins comme les Carmes, les Oratoriens comme les Prémontrés ou les Récollets, ainsi que l'indiquent les articles qui suivent. Certains de ces religieux architectes furent même appelés à construire des édifices civils, tant publics, hôtel de ville ou hôpital, que privés. Leur culture est identique à celle de leurs homologues laïcs, partageant les mêmes connaissances issues des mêmes bibliothèques savantes où domine le traité de Philibert Delorme. Ils maîtrisent tous les aspects et tous les moments de leur art, depuis le projet jusqu'à la rédaction des devis; et aussi bien le choix des matériaux du gros œuvre que le décor intérieur.

Il n'en est pas de même pour les femmes architectes, dont la formation tient évidemment du hasard d'une culture familiale et sans doute aussi aux pratiques artistiques propres à la vie conventuelle (peinture, broderie). Pour elles, pas d'enseignement spécifique, pas de bibliothèque accessible, pas de voyage d'étude. C'est ce que démontre l'article de Julie Piront, qui n'est pas une succession de notices biographiques mais une véritable synthèse conduite dans le cadre du programme de l'ANR Lodocat « Chrétientés lotharingiennes – Dorsale catholique, IXe-XVIIIe siècles ». L'enquête porte sur l'activité constructive de deux ordres féminins dans l'actuelle Belgique et en Lorraine, les Annonciades et les sœurs de Notre-Dame de la Paix. La communauté décide de l'implantation en ville, dessine le nouveau logis. Mais on observe, de façon constante, que les religieuses constructrices n'interviennent pas dans la conception ou l'édification de la chapelle, selon l'immuable principe « pas de femme à l'autel »! Mais leur bonne connaissance de la vie conventuelle leur permet de concevoir avec succès les bâtiments monastiques et de corriger les plans proposés par les « ingénieurs ». Enfin, l'auteur note des cas de proximité congréganiste : des sœurs architectes sont conseillées par les architectes masculins de leur ordre, ainsi un carme corrige le dessin d'une carmélite et un bénédictin aide sa « sœur » en religion. Une question reste sans réponse : qui contrôle matériellement le chantier réalisé par des laïcs? Car si le rôle de ces artistes au féminin reste mal connu, c'est que les sources qui les documentent sont exclusivement d'ordre privé : des biographies, textes d'édification morale, des mémoires personnels, tous encore conservés par leur congrégation. Rien sur leur intervention dans la comptabilité de la congrégation.

La contribution d'Erwann Le Franc consacrée à Denys Plouvier, frère bénédictin mauriste, comme celle de Xavier Carlotti à l'oratorien Louis Trestounel, font émerger des figures assez peu connues, bien que très actives en leur temps. On savait depuis longtemps que le frère Plouvier avait restauré adroitement et fidèlement les parties médiévales des maisons de l'ordre mauriste. Mais on n'avait pas mesuré l'ampleur et le nombre de ses interventions. Quant à Trestournel, il appartenait à une congrégation, l'Oratoire, longtemps peu et mal étudiée en France. Des études régionales signalaient ses interventions à Dieppe ou Avignon pendant la période d'intense activité de l'Oratoire, sous le dynamique gouvernement du général de l'ordre, le père de Sainte-Marthe. Mais l'architecte lui-même restait méconnu. Car le regard érudit se portait sur l'analyse des sources plus que sur les œuvres elles-mêmes, et pas du tout sur les hommes. Ainsi, Trestournel avait été repéré par le professeur J.-J. Gloton comme un brillant créateur baroque à propos, notamment, de l'église de l'Observance à Aix et de la chapelle Sainte-Anne des Bernardines de Dijon. Mais il n'avait pas été identifié comme « frère servant » de l'Oratoire.

Pour en finir avec les religieux architectes, signalons une interrogation mineure, un point de détail : qui est le frère Claude, ce dominicain qui éleva à Paris en 1765 la banale façade de l'église du couvent parisien de l'ordre (église paroissiale Saint-Thomas d'Aquin). On lui attribuait aussi en 1931 l'église du couvent des Billettes (D. H. Constant, *Trois artistes dominicains de Paris*); l'attribution est contestée aujourd'hui : l'église a été conçue par Mansart de Sagonne en 1753 comme l'attestent les archives; le chantier a-t-il été achevé par ledit frère Claude en 1779? Il reste encore quelques pistes de recherches autour de ces religieux artistes et bâtisseurs…

La dernière contribution au recueil *Bâtir pour Dieu* porte sur la responsabilité des six constructions paroissiales qui prennent place dans le Paris des Temps modernes. Qui choisit l'architecte, qui décide du projet, établit les devis, passe les marchés, contrôle les chantiers, règle les factures? Léonore Losserand, qui a consacré sa thèse à cette administration, analyse ici le partage des décisions et des responsabilités : l'autorité des marguilliers, notables paroissiens qui constituent le conseil de « fabrique »; la place tenue par « l'assemblée paroissiale » plus largement ouverte; les missions plus techniques confiées au « bureau des travaux ». Le curé de la paroisse ne joue aucun rôle. Et aucun religieux-architecte n'est associé à semble pas prévue, mais nous l'appelons de nos vœux. Un simple coup d'œil vers les *Pèlerinages* de Guillaume de Digulleville, vers les merveilleuses allégories comme le *Mortifiement de Vaine Plaisance* ou, pour une autre direction et dans le domaine anglais, vers le *Nuage de l'inconnaissance*, ou vers les textes allemands des mystiques rhénans, révèle la richesse du bouquet analogue qui est attendu. L'ampleur de la collecte possible est vaste, mais celle opérée pour cette anthologie ne l'était pas moins.

Ce volume est une édition de textes et n'avait pas vocation à indiquer leur importance pour l'histoire de l'art. Signalons donc qu'au-delà des profondes nuances qu'ils apportent dans la connaissance des mouvements spirituels, et des ambiances desquelles la création artistique ne peut être coupée, plusieurs des éléments réunis concernent directement notre discipline. Pour nous limiter à quelques exemples, l'*Arbre de vie* de Bonaventure est au cœur de l'enluminure-diagramme du même thème, présente dans le *Speculum theologie*, dont l'exemplaire superbe du *Psautier de Robert de Lisle* (L. F. Sandler 1983 et 1999), et a donné lieu à bien d'autres formules iconographiques [1]. Par ailleurs, nous avons pu montrer qu'un passage de la *Triple voie* de Bonaventure est la source directe du petit traité illustré par l'enluminure dans deux manuscrits essentiels [2]. L'*Horloge de Sagesse*, de Suso, dans une traduction française du milieu du XVe siècle, contient un cycle complet d'enluminures [3]. Pour la *Lettre sur la vie contemplative*, de Guigues II le Chartreux, le livre signale la gravure sur bois de l'édition toulousaine de 1488; ajoutons d'une part qu'en présentant un laïc agenouillé à la base de l'échelle, l'illustration oriente le texte vers un nouveau public, et d'autre part qu'une enluminure en pleine page de Robinet Testard reprend la composition, et cette fois c'est un clerc qui est agenouillé devant le Christ [4]. Et dans le texte de Jean Gerson publié ici, pour le long passage sur le symbolisme des plumes des ailes de la colombe, il serait intéressant de préciser la relation avec les enluminures nommant chacune des plumes à partir du *De sex alis cherubim*, autrefois attribué à Alain de Lille [5].

Ce volume est réellement précieux et donne un accès rapide, et assorti d'un riche apparat critique, à des textes qui ont marqué des étapes essentielles dans l'histoire de la pensée et de la culture du Moyen Âge.

Christian Heck

1. R. Ligtenberg, « Het lignum vitae van den H. Bonaventura in de ikonografie der veertiende eeuw », *Het Gildeboek*, 11, 1928, p. 15-41 ; U. Ernst, *Carmen figuratum. Geschichte des Figurengedichts von den Antiken Ursprüngen bis zum Ausgang des Mittelalters*, Cologne-Weimar-Vienne, 1991, p. 646-683.

2. «L'iconographie de l'ascension spirituelle et la dévotion des laïcs : le *Trône de charité* dans le *Psautier de Bonne de Luxembourg* et les *Petites Heures du duc de Berry*», *Revue de l'Art*, 110, 1995-4, p. 9-22.

3. P. R. Monks, *The Brussels Horloge de Sapience. Iconography and text of Brussels, Bibliothèque Royale, MS. IV 111, with an edition of the Declaration des Hystoires and a translation by K. V. Sinclair*, Leyde, 1990.

4. Paris, BnF, ms. fr. 929, folio 87v, vers 1490-1495; Chr. Heck, *L'échelle céleste dans l'art du Moyen Âge. Une image de la quête du ciel*, Paris, 1997, p. 147-148 et fig. 82-83.

5. M. Carruthers, «*Ars oblivionalis, ars inveniendi*: the Cherub figure and the arts of memory», *Gesta*, 48/2, 2009, p. 99-117; voir un superbe exemple, Toulouse ms 418, dans *Le Parement d'autel des Cordeliers de Toulouse*, cat. exp., Toulouse, Musée Paul-Dupuy, 2012, p. 29-31 et fig. 4. La référence à six ailes n'empêche pas ici l'exégèse médiévale de parler de chérubins et non de séraphins.

Architecture religieuse et civile

Maryannick Chalabi et Violaine Savereux-Courtin, *Églises XXe du diocèse de Lyon*, Lyon, Éditions Lieux Dits, 2019, 25 x 29,8 cm, 352 p., 720 fig. et ill. en n. & bl. et en coul., index. -ISBN : 978-2-36219-183-1, 39 €.

Il faut saluer la parution de l'ouvrage sur «Les églises XXe du diocèse de Lyon» qui enrichit et complète les études d'une production architecturale trop souvent méconnue, initiées précédemment (en Normandie, Nord-Pas-de-Calais, Île-de-France, Poitou-Charentes…); une production parfois devenue obsolète et menacée de disparition, au mieux vouée à une forme de patrimonialisation. Car cet ouvrage, issu des études menées par Maryannick Chalabi au Service régional de l'Inventaire du patrimoine culturel et cosigné par Violaine Savereux-Courtin (Commission diocésaine d'Art sacré de Lyon), constitue un «beau livre» de 352 pages, relié et richement illustré d'images inspirées dues aux photographes Laurent Claus et Martial Couderette, et servi par une maquette des éditions Lieux Dits, orfèvres lyonnais en matière de livres d'art.

Composée de deux parties, l'étude s'ouvre sur une vaste fresque historique (de 52 pages) retraçant à grands traits un siècle d'histoire religieuse – mais aussi politique, économique et sociale – avec une double focale nationale et locale, suivant un découpage territorial épousant l'évolution de circonscriptions ecclésiales liées au développement de l'agglomération lyonnaise. Si l'accent y est justement mis sur le tropisme social d'une Église lyonnaise sensible au clivage des paroisses, on aurait également aimé voir mieux précisée la (ou les) position officielle de la hiérarchie catholique en matière d'équipement cultuel face à un dynamisme exemplaire qui semble parfois n'émaner que d'initiatives individuelles de la base. Cette introduction permet aussi de justifier la chronologie adoptée dans une seconde partie qui rassemble des monographies des édifices les plus achevés ou les plus représentatifs de chaque époque et des tendances diverses qui coexistent par tout le diocèse. Sur la base de 408 communes, cette généreuse anthologie présente ainsi quelques 94 églises sélectionnées selon un ratio n'excluant aucun secteur ni aucune époque et laissant place aux œuvres d'exception comme aux réalisations modestes mais représentatives d'un site, d'une communauté, d'un budget, d'une technique constructive… Seule restriction revendiquée par les auteures : ne comptent ici que les églises paroissiales, à l'exclusion des chapelles liées à une communauté religieuse ou intégrées à un équipement (école, séminaire, hôpital). La chronologie adoptée dégage ici quatre périodes, inégalement représentées (1900-1906 : 10 édifices; 1907-1944 : 26 édifices; 1945-1980 : 43 édifices; 1980-2018 : 15 édifices), qui font la part belle à la seconde moitié du siècle. Ces églises se déclinent en autant de «fiches» proposant systématiquement l'histoire de sa réalisation, le parti retenu, l'ameublement, le décor et l'aménagement liturgiques prévus ou installés depuis la consécration, enfin, l'évolution de l'édifice depuis son ouverture au culte. Chaque monographie offre l'irremplaçable attrait de retracer un moment d'histoire de l'Église locale à travers ses questionnements et ses péripéties (décision initiale, choix de l'architecte, financement, choix du site, rôles respectifs du clergé, de l'architecte et de la communauté locale, avis de la hiérarchie), parfois grâce à l'aide de documents d'archives bienvenus permettant de suivre de bout en bout la gestation d'un projet. Un parti aussi fragmenté limitant la perception d'une vision globale de chaque époque aurait sans doute justifié la rédaction d'introductions périodisées, éventuellement appuyées d'une cartographie spécifique, dont on regrettera ici l'absence. Au-delà de sa sélection, chaque chapitre se conclut par un cahier de notices mentionnant des édifices de moindre intérêt que les auteures ne voulaient cependant pas laisser de côté. Les monographies et les notices du volume dressent ainsi un tableau très fouillé d'un ensemble architectural dont se dégagent plusieurs traits.

Au fil des pages se dessine une constante : cette production diocésaine semble cantonnée – voire réservée? – à des maîtres d'œuvre essentiellement locaux, à cinq exceptions près : Paul-Érasme Koch, Le Corbusier, Maurice

Novarina, Pierre Pinsard et Hugo Vollmar, encore que Le Corbusier n'élève pas ici d'église paroissiale et que Pinsard ait surtout œuvré en province, notamment en Rhône-Alpes (où il signe plusieurs réalisations). Sans surprise, ces architectes témoignent – au moins jusque vers 1950 – d'une culture architecturale commune, fondée sur une tradition locale riche d'un patrimoine prestigieux (églises bourguignonnes et auvergnates), tradition éventuellement revue à travers l'enseignement d'un maître lyonnais (Pierre Bossan). Il faut attendre les années trente, et surtout l'après-guerre, pour voir émerger des 43 monographies une génération qui s'émancipe des poncifs régionaux (F. Grimal, P. Genton, J.-M. Pavero, J. Poupon, A. Chomel). Faute d'information complémentaire sur ces créateurs, il est néanmoins difficile de cerner leurs profils respectifs (formation, carrière, spécialisation éventuelle). On s'avoue, en revanche, comblé par le soin porté aux descriptions architecturales précisant le parti adopté (plan, élévation, distribution, matériaux), l'historique du projet jusqu'à l'état actuel, les parties annexes (porche, clocher, chapelle baptismale, sacristie), la situation de l'œuvre, le tout fondé sur un précieux appareil de références archivistiques et bibliographiques que complète en fin d'ouvrage une bibliographie développée et un fort utile index des personnes. Sans doute, l'analyse eût-elle parfois gagné à l'exercice d'un regard plus critique et distancié, ainsi mieux à même d'établir des hiérarchies et de dégager des courants. Des rapprochements sont à tenter avec d'autres cultures : avec l'architecture de l'industrie pour les sheds de Saint-Étienne (Bron) ; avec la science de l'ingénieur pour les structures plissées autoportantes de Saint-Luc (Sainte-Foy) ; avec, enfin, la préfabrication et la construction industrialisée devant les caissons du plafond de Notre-Dame de Béligny (Villefranche-sur-Saône), devant les panneaux muraux de Notre-Dame du Monde-Entier (Lyon 9e arrondissement) ou encore devant la charpente tridimensionnelle de Notre-Dame de l'Espérance (Villeurbanne). De tels exemples montrent assez le renouvellement formel et technique qu'apporte à l'architecture religieuse une nouvelle génération de maîtres d'œuvre détenteurs d'une culture diversifiée. Il faut encore souligner l'attention portée ici aux éléments de décor et à l'ameublement, richement illustrés et bien traités dans les notices où une place de choix leur est réservée. Face à tant de richesses qui, parfois, font le sel de constructions modestes, voire austères, on regrette un peu que les auteures n'aient pas cru devoir y consacrer un développement introductif alors même que la région lyonnaise peut justement s'enorgueillir de l'excellence reconnue d'artistes et d'artisans qui brillent – notamment – dans des secteurs aussi divers que les textiles, la paramantique, l'orfèvrerie, la céramique ou le vitrail. Au-delà de l'histoire de l'art la plus stricte, c'était là l'occasion d'une réflexion sur la place et le rôle des arts décoratifs dans les pratiques cultuelles avant et après la réforme liturgique de Vatican II et sur l'expression du sacré à travers l'art moderne.

On l'aura compris, cet inventaire quasi systématique de la construction religieuse lyonnaise se rèvvèle précieux pour tout ce qu'il donne à voir et pour la masse d'information inédite qu'il apporte. Une telle entreprise ayant, en Rhône-Alpes, un caractère pionnier, il faut se réjouir du nombre d'édifices repérés et étudiés qui fait de cet ouvrage une somme incontournable pour qui veut connaître et comprendre la construction religieuse lyonnaise de cette époque. Si l'on juge de l'intérêt d'un ouvrage au nombre des questions qu'il pose et à la curiosité qu'il suscite, on saura gré aux auteures d'avoir éveillé celle des amateurs d'architecture et d'art sacré contemporains par une publication superbe et stimulante qui donne envie d'aller y voir de plus près.

Antoine Le Bas

Yves Esquieu, Christian Trézin et Martine Vasselin, *La Maison des Chevaliers. Une demeure dans son histoire à Viviers*, Lagorce, Éditions du Chassel, 2019, 29,5 cm, 328 p., nbr. ill. dans le texte et 16 pl. hors texte. - ISBN : 979-10-90929-10-4, 39 €.

La superbe publication consacrée à la « Maison des Chevaliers de Viviers », dirigée par Yves Esquieu, appartient à la catégorie rare des livres offrant une monographie exhaustive d'une demeure urbaine. Le genre est en effet incomparablement moins couru que celui des monographies de châteaux et, *a fortiori*, d'édifices religieux. Yves Esquieu y a consacré une énergie tenace, à l'image de la longue passion qu'il a vouée depuis des décennies à cette grande et belle demeure, qu'il a largement contribué à sauver de la ruine, avec l'aide d'acteurs associatifs très dynamiques. Grâce à cette publication, aussi complète et documentée qu'élégante, nous en connaissons maintenant quasiment « tout » et la lecture de l'ouvrage persuade que le défi relevé en valait la peine.

En effet, le monument était depuis longtemps célèbre, mais sa renommée était fondée sur la seule représentation de la partie de sa façade reconstruite par Noël Albert au milieu du XVIe siècle. Gravures et dessins, puis photographies en ont donné à foison des représentations qui documentent, avec plus ou moins de licence, les atteintes du temps, puis les restaurations. Cependant, ces illustrations n'apprenaient rien sur la demeure, dont elle n'était qu'un frontispice, et encore partiel, tant la propriété est vaste, composé de corps d'âge divers, agglomérés et plusieurs fois remaniés.

C'est à démêler l'écheveau de son histoire architecturale que s'est attelé Yves Esquieu, en compagnie de Christian Trézin et de Martine Vasselin, deux bons connaisseurs de la Renaissance en Pays rhodanien. L'ambition était vaste, qui visait à retracer le destin de la maison avant le XVIe siècle, en la replaçant dans le contexte de l'urbanisation et de l'art de construire à Viviers durant le Moyen Âge, ce qui occupe les trois premières parties. L'apport de Noël Albert fut si décisif dans la transformation des édifices antérieurs qu'une partie entière est consacrée à sa biographie, ses origines, ses goûts, ses ambitions et son tragique destin. Logiquement, la cinquième partie décrit les transformations de la demeure dont il fut l'ordonnateur, tandis que les deux parties suivantes mettent cette création en perspective : Martine Vasselin met en lumière la nature du projet et ses significations, la façade étant vue comme « une vitrine spectaculaire sur la ville », tandis que Christian Trézin s'attache à replacer la façade dans la dynamique de la création régionale de son temps. Le livre s'achève par un bilan du destin de la maison dans les siècles qui suivirent, et comprend de précieuses annexes : une bibliographie et surtout un ensemble de relevés très précis de l'état des lieux, dont des planches de profils d'une grande partie de la modénature, ainsi que des plans chronologiques de tous les niveaux des différents corps de logis, tous de la main de Heike Hansen ou retravaillés à partir de ses levés.

Cette documentation est indispensable pour suivre l'analyse de cet ensemble complexe, composés de constructions dont les niveaux de planchers ne coïncident pas et qui s'ordonnent autour de plusieurs cours intérieures. Le lecteur est invité à bien mémoriser ce plan de masses, agglomérat qui ne résulte d'aucune pensée ordonnatrice et qui ne présente aucune régularité, le programme défini par Noël Albert n'ayant que partiellement transformé la distribution d'ensemble et s'étant surtout appliqué à l'aménagement du corps central, celui qui arbore la célèbre façade Renaissance. Il est même conseillé d'avoir en main une reproduction des plans si l'on veut suivre la description et apprécier les mérites de la demeure, ainsi que les difficultés que rencontra le donneur d'ordres pour faire adapter ce bâti disparate à ses vues.

Si le cœur du sujet est bien l'œuvre de la Renaissance, les pages 52 à 63 offrent un panorama de la construction civile à Viviers au XVIe siècle, dont les réalisations appartiennent pour l'essentiel aux dernières expressions du style gothique. Ce bilan n'avait jamais été fait de façon aussi complète ; c'est une utile contribution à la connaissance d'une architecture civile mieux connue pour les siècles précédents et pour apprécier un milieu au sein duquel la façade Renaissance apparaîtra comme une œuvre nouvelle majeure. Avant son étude sont analysées les parties plus anciennes, qui relèvent principalement de deux périodes. D'abord les nombreux vestiges d'une phase dite « romane », sans doute attribuables à la fin du XIIe siècle, au sein de trois unités architecturales ; pour l'une d'elles est proposée une restitution de sa façade à trois arcades et trois fenêtres géminées. L'autre période dont sont conservées des parties importantes est le XVe siècle. Elles sont ici minutieusement décrites et abondamment documentées : parmi elles, un bel escalier en vis à belvédère et une série de grandes cheminées ; un autre immeuble, construit en partie à cheval sur un arceau, offre des pièces voûtées sur croisées d'ogives et deux claires-voies formées de croisées qui remploient des pièces du XIVe siècle. Ces morceaux pleins de charme ne doivent pas être négligés, bien que ce soit la Renaissance qui se taille la part du lion.

La chronique de la vie de Noël Albert, « un personnage de roman », est très développée. Parmi les traits saillants, il en ressort un vif attrait pour les nouveautés architecturales et décoratives de la part d'un bourgeois aisé qui connut une ascension sociale brillante. Issu d'une famille de notables, ce marchand prit plusieurs fois à ferme la levée des impôts et devint un des rouages de l'administration des États de Languedoc. Sa réussite s'affiche quand il est désigné comme « écuyer, sieur de Saint-Alban », et c'est alors qu'il passe commande de la façade de la « Maison des Chevaliers » (prix fait de 1545). Rien ne laissait à ce stade supposer que ce fidèle sujet du roi allait entrer en rébellion du fait de sa sympathie pour les idées de la Réforme – la rupture date de 1562 – et qu'il y laisserait la vie en 1568. Illustré de citations littéraires et de reproductions de scènes de genre de l'époque, le long chapitre consacré au personnage s'efforce de restituer l'atmosphère de la vie festive et cultivée qui était celle du cercle dans lequel gravitait Noël Albert, au sommet de sa fortune, avant qu'il ne soit emporté par le cours de la guerre civile.

Le lecteur est alors prêt pour savourer la description de tous les aménagements voulus par le maître des lieux. Elle s'amorce par l'intérieur et par une fine analyse de la distribution, vue en relation avec les nombreux escaliers et les cours, qui dessinent plusieurs ensembles fonctionnels. La complexité de l'ensemble est telle qu'une simple évocation ici n'apprendrait rien. Nous insisterons plutôt sur quelques traits originaux, tels l'aménagement d'un *studium* voûté à l'étage d'un corps sur cour, et une série d'entreprises décoratives raffinées : dans un grand escalier en vis se déploie un décor peint réalisé en semi-grisaille, a *mezzo fresco*, représentant diverses scènes. En bas, c'est la mort de Cléopâtre, beau témoignage de la culture et des aspirations de Noël Albert ; l'œuvre serait juste postérieure à la création du modèle dans le milieu bellifontain, qui lui serait sans doute parvenu par le truchement du milieu lyonnais. Suit une théorie de prophètes et de figures royales bibliques, composant « une galerie illusoire ». L'état des peintures est alarmant et réclame d'urgence une intervention, tant pour pratiquer des sondages et dégager les importantes parties masquées, que pour les restaurer. Un autre morceau de bravoure est la cheminée décorée d'une frise de cavaliers qui serait un *unicum* : une cavalcade de silhouettes équestres frappe par une efficacité suggestive, qui évoque beaucoup avec une grande économie de moyens.

Suit la description, par le menu, de la façade, sous la plume de Martine Vasselin. Elle comprend trois registres de fenêtres d'une décoration exceptionnellement riche pour une maison aussi étroite. Le répertoire, complexe, correspond à des modes successives, fondues dans une association sans équivalent, tous ces éléments divers étant assemblés avec un grand sens de la composition. Encadrées par trois ordres de pilastres ou de colonnes adossées, de lourdes croisées à colonne médiane s'adornent de riches décors sur les socles et surtout les couvrements des baies. Au premier étage, des couples de bustes affrontés qui encadrent les blasons de Noël Albert se déploient au registre de l'appui, à l'imitation de compositions lombardes. Au deuxième étage lui répond une frise de cavaliers et au troisième une composition de rinceaux. Allusions savantes, emblèmes héraldiques et motifs guerriers se mêlent à des architectures qui citent un vaste répertoire de formes décoratives. Au total, l'auteur juge que l'œuvre atteste « une culture visuelle totalement à la page » et « un caractère pionnier dans les emprunts à l'architecture antique ». Ce chapitre offre à la fois une description très précise, dont la lecture impose de scruter la documentation en de constants allers et retours, et de multiples excursus qui traquent l'origine des motifs et les sources de l'inspiration.

Ce manifeste de la réussite du bourgeois, parvenu aux honneurs et à la distinction, est un morceau étonnant, dont l'originalité ressort quand il est comparé à la production architecturale régionale, ce à quoi s'attache Christian Trézin. Il propose d'abord un point de situation sur l'introduction de l'esprit et des pratiques de la Renaissance dans le sillon rhodanien, largement repris des analyses développées dans sa thèse. Sont ensuite passés en revue plusieurs monuments qui en ponctuent la marche, dont les châteaux de Grignan et de Septême, puis la collégiale de Grignan. La campagne menée dans le premier de ces châteaux du Tricastin, dans les années 1530-1540, est décrite en détails (p. 234-244), offrant une véritable monographie, mais axée sur les compositions architecturales et le jeu des formes sans étudier l'ordonnance interne et la distribution. Sont ensuite examinés deux autres châteaux du Tricastin, Suze-la-Rousse et La Garde-Adhémar, ainsi que, plus brièvement, le château de Cauzans et des demeures urbaines plus modestes, la maison de la Tour à Saint-Restitut et l'hôtel de Suze à Mondragon, et, un peu plus loin, le Collège-Université de Tournon. L'auteur conclut en mettant en lumière l'homogénéité d'un corpus qui met en œuvre « un emploi commun des ordres et des ornements », puis propose d'identifier « les sources et les leçons du foyer tricastin » : les maîtres d'œuvre sont picards, l'inspiration italienne certaine, mais les interprétations sont à replacer dans l'actualité artistique de la France d'alors. Ces développements ont entraîné le lecteur assez loin de Viviers et de la façade de la demeure de Noël Albert. Sa place dans l'histoire de la création architecturale en ressort néanmoins clairement établie.

Quelques pages sur sa destinée ultérieure offrent des aperçus sur les tuiles, puis sur les carrelages de ciment, dont Yves Esquieu s'est fait, dès longtemps, le chantre en montrant tout l'intérêt de ces productions industrielles, injustement dédaignées. De très belles pages sont également consacrées à une magnifique série de papiers peints panoramiques, des grisailles représentant des « Vues d'Italie », de la manufacture Dufour, datant des années 1820-1840 (p. 270-283), commandées pour la pièce principale du premier étage de la Maison des Chevaliers. Déposées et restaurées, longtemps oubliées, elles n'ont pas encore trouvé une présentation muséographique adaptée.

Ce livre, écrit d'une plume enlevée, rend pleinement justice à un ensemble très attachant et apporte de substantielles connaissances : il est appelé à rester une référence sûre et précieuse.

Pierre Garrigou Grandchamp

ces entreprises. Pas non plus de marguillier-architecte mais en revanche, des paroissiens professionnels du bâtiment qui interviennent bénévolement dans le suivi et le contrôle des chantiers.

Christiane Roussel conclut ces cinq études d'histoire sociale par une postface qui souligne la mobilité géographique et les compétences multiples des religieux-architectes, la place claire mais limitée laissée aux femmes et le rôle des laïcs dans les paroisses urbaines. Et elle évoque l'intervention récente de Renzo Piano à Ronchamp : des relations paisibles se sont établies entre le prestigieux architecte et les clarisses pour lesquelles il a construit, à proximité de la chapelle de Le Corbusier, un couvent en rupture complète avec les traditions de l'architecture conventuelle. Fin de l'intervention des femmes dans la conception des lieux de la vie conventuelle…

Françoise Hamon

Pierre et fer

Karine Boulanger et Cédric Moulis (dir.), ***Pierre à Pierre. Économie de la pierre de l'Antiquité à l'époque moderne en Lorraine et dans les régions limitrophes*****, Nancy, PUN, Éditions universitaires de Lorraine, 2019, 29,7 x 21 cm, 294 p., fig. en coul. - ISBN : 978-2-8143-0556-4, 20 €.**

(Collection *Archéologie, espaces, patrimoines*)

Dans le cadre de l'intérêt sans cesse croissant porté à l'archéologie du bâti, à côté de nombreux congrès généraux sur la construction, les approches plus thématiques se multiplient, consacrées à des techniques ou à des gammes de matériaux. Certes, les congrès de glyptographie, sur les signes lapidaires de toutes espèces, se perpétuent depuis plus de quarante ans déjà, avec la publication systématique d'actes volumineux (qui restent malheureusement peu connus), mais les évènements spécifiques à la pierre ou au marbre ne sont pas encore légion, ou alors avec des thématiques très ciblées, sur les altérations et leurs remèdes, ou sur les usages antiques de ces matières, notamment. Aussi, les rencontres tenues à Nancy les 5 et 6 novembre 2015 ont-elles fait preuve d'une certaine originalité et on ne peut que se réjouir d'en voir aujourd'hui publiés les actes, dans un beau volume des Éditions universitaires de Lorraine, sous la direction de Karine Boulanger et Cédric Moulis. La formule a d'ailleurs rencontré un tel succès qu'une deuxième édition a déjà eu lieu, du 6 au 8 décembre 2018, en vallée mosane belge, à Namur et Dinant, dont on attend maintenant la publication des nombreuses communications présentées sur la même thématique globale.

Sur ce thème très général d'« Économie de la pierre de l'Antiquité à l'époque moderne, en Lorraine et régions limitrophes », le colloque international de Nancy a donné lieu à une trentaine d'articles, qui se veulent pour la plupart résolument inter- ou pluridisciplinaires. Géologues, archéologues et historiens ont été notamment sollicités pour confronter et conjoindre leurs approches, et les résultats de ces collaborations sont globalement plutôt convaincants. Les contributions sont, pour presque la moitié, signées de plusieurs auteurs, mêlant ainsi plus étroitement les différentes analyses. Parmi les équipes les plus nombreuses, retenons celle qui a œuvré sur l'approche du bâti à Reims, liant matériaux en œuvre et sites carriers d'origine (G. Fronteau *et alii*), et deux études sur l'usage des calcaires lorrains dans l'actuelle Belgique, l'une antique autour de la cité de Tongres (C. Coquelet *et al.*), l'autre gothique sur l'ancien diocèse de Liège (M. Piavaux *et al.*), ainsi que l'approche des pots en pierre ollaire, à travers un exemple dans les Vosges (M. Aubry-Voirin *et al.*).

Car les sujets abordés dépassent nettement le cadre strict des pierres de construction et de décoration architecturale, puisque sont notamment traités des mortiers (G. Verbrugghe), des meules et divers objets de broyage (S. Galland), ainsi que des pierres à aiguiser (A. Thiébaux *et al.*), aux côtés de matériaux de couverture, avec un essai de synthèse sur la couverture en ardoises dans les Ardennes à l'époque romaine (G. Cartron). La majorité des contributions est cependant consacrée aux pierres à bâtir : des monographies classiques sur un édifice ou une région strictement délimitée, sur un matériau spécifique (le schiste bitumineux comme ornement noir dans les édifices gallo-romains – N. Delferrière) ou un groupe de carrières. En ce qui concerne la chronologie, la fourchette très large avancée par le thème général n'est pas tout à fait respectée, puisque la moitié des articles concerne des applications antiques ou du haut Moyen Âge, suivie de près par toutes les applications médiévales. Certes, quelques études monographiques de lieux mènent jusqu'au XVIIIe siècle, mais les Temps modernes sont nettement négligés – alors qu'ils représentent un moment de particulière exubérance pour l'usage des pierres et des marbres en Lorraine et dans les contrées voisines. On soulignera enfin l'originalité d'une approche vaste, depuis la matière brute jusqu'au remploi mémoriel, des pierres de l'abbaye Saint-Vanne de Verdun (I. et N. Mangeot), ainsi que celle d'un des chantiers phares de l'archéologie expérimentale, très médiatisé, le château de Guédelon (Yonne), qui fait ici l'objet d'une analyse fine, axée strictement sur l'économie de la pierre (Fl. Renucci).

Plusieurs articles sont consacrés aux traces d'outils, à leur identification précise, dans l'intention d'établir une typo-chronologie telle que celle proposée récemment par Frans Doperé dans sa magistrale monographie sur la datation du bâti médiéval de l'actuelle Belgique et des régions avoisinantes par l'étude des techniques de tailles de pierre (Bruxelles, éditions Safran, 2018). On soulignera aussi l'originalité de l'étude des roches comme outils, protohistoriques et antiques, en Gaule (M. Pieters). Il est parfois fait mention d'outils de levage, et souvent de signes lapidaires, complétant en cela utilement le corpus déjà très considérable rassemblé par Jean-Louis Van Belle, condensé notamment dans de volumineux dictionnaires. Ces divers éléments de lectures sont utilisés pour des analyses de plus en plus affinées des monuments, en parallèle à l'exploitation des sources historiques et archivistiques traditionnelles. Le bâti pierre a rarement fait l'objet d'approches aussi fouillées, qui en scrutent le moindre détail pour une compréhension très fine des différents approvisionnements, des modes constructifs, du déroulement et de la vie même des chantiers.

Il faut revenir sur l'article (St. Büttner et M. Foucher) qui ouvre l'ouvrage pour présenter le « Corpus Lapidum Burgundiae ». Il s'agit d'une plate-forme numérique et mutualiste mise au point par de nombreux chercheurs d'horizons divers, en collaboration avec le Bureau de recherches géologiques et minières et les professionnels du monde actuel de la pierre (représenté par l'association « Pierre de Bourgogne »). Le projet présenté est très séduisant : rassembler en une seule « banque de données » aisément accessible et de navigation conviviale tout ce qui concerne les pierres de Bourgogne, du gisement et de la roche à la réalisation et à l'objet archéologique, avec de multiples clés de lecture permettant de reconstituer les flux de matières, les aires de dispersions, l'évolution technique de l'outillage, bref quasiment toutes les thématiques possibles. Mais la conclusion de l'article oblige à revenir sur terre : « après plusieurs années de fonctionnement, cet atlas numérique […] n'est malheureusement plus en service faute de financement pérenne pourtant nécessaire à sa maintenance »! Les auteurs affirment toutefois que cet outil a bel et bien été conceptualisé et pourrait aisément être remis en ligne, en l'élargissant à d'autres régions – les pierres, comme on le sait, ne connaissent guère les frontières et la géologie ne respecte pas les tracés politiques… Voilà donc un beau projet, certes ambitieux, qui ouvrirait d'innombrables et vastes perspectives!

La plume élégante de Jean-Claude Bessac, spécialiste internationalement reconnu de la pierre, dresse les conclusions de l'ouvrage. Il propose de regrouper les contributions en quatre thématiques : les approches méthodologiques autour de la pierre ; l'étude de la pierre de son extraction à sa mise en œuvre dans la construction ; les pierres du second œuvre, de l'ornementation et de remploi ; l'économie et les techniques des objets et outils lithiques domestiques et artisanaux. Il souligne la différence entre les grandes entreprises orientées vers la construction et celles destinées à des productions artisanales d'objets spécialisés : tout les distingue, les volumes mis en jeu, les structures économiques et commerciales, les flux de matières et de personnes. Il dresse d'intéressants parallèles entre ces mondes de la pierre d'hier et ceux d'aujourd'hui, les préoccupations des praticiens actuels que l'on peut utilement comparer avec celles d'autrefois. Il regrette que certains aspects, pourtant essentiels, aient été peu ou pas abordés, comme la pratique du remploi, présente à toute époque et de nos jours prônée pour des raisons écologiques, ou la valorisation des chutes, débris et stériles issus notamment de la découverture des gisements. Ces considérations, que l'on habille aujourd'hui d'arguments environnementaux, ont toujours été importantes, pour de simples questions économiques de bon sens : ce serait irréfléchi de «jeter» cette matière qu'il a fallu extraire. L'étude de ces flux vers des usages à retrouver (blocage des maçonneries, etc.) reste à entreprendre. Mais surtout, Jean-Claude Bessac déplore qu'une seule étude soit consacrée à l'archéologie expérimentale et il plaide pour une remise à l'honneur de l'humain : «sans l'homme de métier, [la pierre] n'existerait pas», malgré tout l'indéniable intérêt que présentent les approches techniques, scientifiques, économiques et autres. Reprendre le chemin des «Sciences de l'Homme et de la Société» est sa fervente prière pour de prochains colloques pleinement réussis. Nous ne pouvons que soutenir ses propositions pour la poursuite de cette belle initiative.

Francis Tourneur

Marie-France Lacoue-Labarthe, *Le maître du fer. Blaise Charlut, serrurier artisan et artiste à La Réole, Bordeaux et alentour (1717-1792)*, Société Archéologique de Bordeaux, Bordeaux, 2019, in-quarto, 160 p., 273 fig. en n. & bl. et en coul. - ISBN : 978-2-90817-519-6, 33 €.

(*Mémoires*, volume 9)

L'histoire de l'architecture ne peut se limiter à celle des structures, et certains ouvrages sont tellement liés au bâti qu'ils ne peuvent être réduits au rang d'un second-œuvre trop souvent considéré comme décoratif, voire facultatif. Dans un escalier ou sur un balcon, les rampes et les garde-corps ne sont pas de simples ornements. Ils sont aussi nécessaires aux constructions que les volées et les baies elles-mêmes, et rien n'autorise à hiérarchiser leur traitement, non plus que l'attention que nous leur portons. L'art de la menuiserie ou du stuc s'est depuis longtemps imposé comme une composante incontestée des bâtiments baroques. Celui de la ferronnerie a fait l'objet de publications importantes, notamment de la part de Henri-René D'Allemagne dans la première moitié du XXe siècle, mais la recherche semblait s'être éloignée d'un sujet apparemment trop simple et où certains pensaient que tout avait été dit. Marie-France Lacoue-Labarthe renoue avec cette érudition bienfaisante en proposant la monographie du ferronnier – serrurier disait-on jadis – Blaise Charlut. Grâce à son travail, cet artisan devenu artiste rejoint désormais Jean Lamour au panthéon de ceux qui contribuèrent brillamment à la beauté des constructions françaises du XVIIIe siècle.

Blaise Charlut était originaire de Dijon. En 1741, il s'installa comme apprenti à La Réole, près de Bordeaux, et y fit toute sa carrière. Il y mourut en 1792 après avoir participé durant trente ans à la reconstruction de la célèbre abbaye bénédictine. Depuis ses premiers travaux à La Réole jusqu'aux grilles de chœur de la cathédrale de Bordeaux, l'auteur a pu reconstituer une carrière qui prit naissance avec les débuts de l'art rocaille et s'acheva avec le néoclassicisme. Si quelques-unes de ses œuvres semblent avoir respecté des dessins préétablis, l'essentiel de son travail fut très libre. Il bénéficia tout d'abord de l'apport des ornemanistes parisiens de la Régence et du début du règne de Louis XV, dont les dessins étaient diffusés par la gravure. Gerbes et rinceaux plus ou moins feuillagés, queues de paon et lambrequins constituèrent un vocabulaire dont il se libéra peu à peu au profit d'une manière plus personnelle, faite de pilastres irréguliers, d'enroulements nerveux, de courbes et de contre-courbes, tout en mouvement. À cette virtuosité de dessin répondit celle de la façon. Par martellement, le cintrage du fer sur l'enclume amincissait et élargissait les barres fournies par les forges. Charlut poussa plus loin ces nuances et introduisit dans ses grilles de véritables plein et déliés, que la ferronnerie parisienne négligea. Il en sortit une véritable calligraphie métallique qui se reconnaît presque au premier coup d'œil et qui démontre – s'il en était encore besoin – que Paris ne fut pas l'unique aboutissement de la création française du XVIIIe siècle.

Parmi un corpus important que Marie-France Lacoue-Labarthe est parvenue à reconstituer et qui est jalonné par les impostes de porte des maisons de La Réole, toutes plus belles les unes que les autres, trois œuvres permettent de suivre une carrière où la virtuosité technique n'eut d'égale que celle du dessin. La première d'entre elles est la grille de la chapelle Saint-Clair de l'église Sainte-Eulalie de Bordeaux. Commandée en 1750 et posée l'année suivante, elle déclinait sur ses vantaux, son encadrement et ses parties latérales un vocabulaire encore parisien, alternant les barres et enroulements symétriques, ponctués d'ornements en tôle d'acier. Toutefois, le spectaculaire couronnement de la porte et les deux décors qui raccordent la grille aux piliers de l'église témoignent d'une conception plus personnelle et plus exubérante, où toute raideur s'efface au profit d'un foisonnement végétal presque naturaliste. Cette grille était prévue en fer poli au naturel, «luisant comme de l'argent», que seule la difficulté d'entretien imposa de peindre quelques années plus tard.

Le deuxième ouvrage, daté de 1773, est la grille de la porte de la façade sud de l'abbaye de La Réole. Placée dans l'axe d'une galerie du cloître et se détachant dans la lumière du paysage girondin, elle offre une véritable dentelle de métal, où toute la force de la matière s'éclipse au profit de motifs curvilignes profondément vifs et gracieux. L'art de la ferronnerie Louis XV atteint ici son sommet, presque sans ornements en tôle et au moyen de fer croisés alternativement dessus-dessous, du plus bel effet. Enfin, parmi ses œuvres tardives, les rampes de l'escalier de la maison située 67, rue Carpenteyre, à Bordeaux, apportent une diversité et une vivacité de trait qui relayent de manière particulièrement habile la pesanteur presque ostentatoire des emmarchements maçonnés. La ferronnerie montre ainsi comment elle peut entrer en résonnance avec une architecture, en lui apportant tout ce que la maçonnerie la plus savante ou la plus ornementée ne peut fournir.

Dans ce parcours d'une œuvre et d'une vie, la qualité du travail documentaire de Marie-France Lacoue-Labarthe est soutenue par une illustration brillante, d'autant plus méritoire que le sujet est difficile à photographier. L'auteur nous livre donc un ouvrage indispensable pour apprécier la multiplicité et le haut niveau des talents que l'architecture française sut assez régulièrement fédérer. Elle apporte surtout un plaisir de la découverte et un plaisir de l'œil, dont il faut souhaiter qu'il serve de modèle pour d'autres créateurs trop longtemps négligés.

Jacques Moulin

Résumés

***Le chevet de Saint-Ambroise de Milan. Nouvelles lectures*, par Luigi Carlo Schiavi**

La datation du chevet de Saint-Ambroise de Milan est, depuis le XIXe siècle, l'un des sujets les plus controversés de l'historiographie sur l'architecture médiévale en Italie du Nord. Il a durablement existé un consensus sur le fait que cette partie orientale aurait été ajoutée à la basilique paléochrétienne après la fondation du monastère, vers 784, ce qui en faisait l'un des prototypes de l'architecture « lombarde ». Les hypothèses de datation se sont ensuite élargies à l'époque ottonienne et même à un XIe siècle plus avancé, en raison de la présence de certains éléments architecturaux (comme la rangée de niches couronnant l'abside) mais surtout de l'iconographie de la mosaïque du cul-de-four, inspirée par la *Vita* carolingienne de saint Ambroise BHL 377d. Le cadre architectural qui abrite cette mosaïque n'a pourtant fait l'objet d'aucune étude archéologique, étude que les lourdes restaurations du XIXe siècle et les destructions de la Seconde Guerre mondiale rendent aujourd'hui impossible. Toutefois, la documentation – longtemps négligée – sur les travaux de restauration et les photographies prises après le bombardement du 15 août 1943 permettent de mieux comprendre les phases de construction du chevet et autorisent une nouvelle datation de la travée de chœur couverte d'une voûte en berceau : de manière hypothétique, celle-ci pourrait être attribuée au patronage de l'évêque Lorenzo I (fin V^e-début VIe siècle).

Mots-clefs : histoire de l'architecture, antiquité tardive, époque romane, Italie du Nord, VIe-XIe siècle, Saint-Ambroise de Milan, Lorenzo I.

***L'église Saint-Thomas-de-Cantorbéry à Moulineux (Essonne) : une création originale des années 1180*, par Géraud Kerhuel**

Les ateliers de l'École de Chaillot menés dans l'Étampois de septembre 2017 à juin 2018 ont permis à une équipe d'architectes d'étudier les vestiges de l'ancienne église paroissiale Saint-Thomas-de-Cantorbéry de Moulineux, à Chalou-Moulineux (Essonne). Propriété privée depuis sa vente comme bien national à la Révolution, elle n'avait jusqu'alors jamais fait l'objet d'une étude approfondie. Pourtant, la taille de l'édifice par rapport à celle du hameau et la grande qualité de sa mise en œuvre promettaient une découverte d'importance. Les observations et les relevés d'architecture faits sur place, complétés par des recherches en archives et des analogies avec d'autres édifices permettent d'appuyer l'hypothèse que l'église a été construite entre 1183 et 1190 par les Templiers, qui choisirent de la dédier à saint Thomas Becket en mémoire d'un don de la famille royale. La qualité de son architecture l'affilie aussi bien à une production commanditée par l'ordre militaire qu'à d'autres monuments prestigieux, notamment Saint-Martin d'Étampes et l'ancienne collégiale Sainte-Croix d'Étampes aujourd'hui disparue.

Mots-clefs : Chalou-Moulineux, Étampes, saint Thomas Becket, église (paroissiale), Templiers, fin XIIe siècle, ateliers de Chaillot.

***Le monument sculpté de Sains-en-Amiénois (Somme). La mémoire des martyrs Fuscien, Victoric et Gentien*, par Dominique Paris-Poulain**

Dans les premières années du XIIIe siècle, un monument sculpté, dédié à la mémoire des trois saints martyrs Fuscien, Victoric et Gentien, fut élevé dans l'église paroissiale de Sains (aujourd'hui Sains-en-Amiénois) à l'emplacement même où d'après la tradition avaient été inhumés leurs restes corporels. L'entreprise avait pour ambition d'offrir un nouvel éclat au lieu d'ancrage d'un culte que l'on s'accorde à reconnaître, au vu des sources liturgiques et hagiographiques qui nous sont parvenues, comme l'un des plus anciens du diocèse d'Amiens. La présente contribution aborde successivement les questions touchant à l'ancienneté de la sépulture présumée des trois martyrs, à la présence au-dessus de la tombe vénérée d'une dalle romane à l'effigie des trois saints avant la mise en place du monument gothique, et au contexte de la commande de ce monument, en tout point remarquable tant par la qualité de son exécution que par l'originalité de sa conception. Les caractéristiques formelles de ses sculptures invitent à situer leur réalisation au moment où Évrard de Fouilloy (1211-1222) lançait la première phase du grand chantier de la cathédrale d'Amiens. Rénover, à l'occasion de la reconstruction de la cathédrale, la dalle funéraire de ceux qui avaient contribué à construire l'identité spirituelle de l'Église diocésaine, a pu paraître aux yeux des membres du clergé une opportunité à saisir. Leurs intérêts ont pu se conjuguer avec ceux d'Enguerran IV de Boves († 1222) alors engagé, après que son frère Robert eut assassiné le prévôt royal, dans la réhabilitation de sa lignée à travers plusieurs commandes, notamment funéraires.

Mots-clefs : Sains-en-Amiénois (Somme), diocèse d'Amiens, saints martyrs Fuscien, Victoric et Gentien, monument funéraire, sculpture gothique, XIIIe siècle.

English summaries

(Traduction de Patricia Stirnemann)

***The east end of San Ambrogio in Milan. New readings*, by Luigi Carlo Schiavi**

The date of the east end of San Ambrogio in Milan has been one of the most disputed subjects in medieval architecture in northern Italy since the 19th century. It has long been agreed that the east end was added to the paleochristian church after the foundation of the monastery around 784, making it one of the prototypes of "Lombard" architecture. Dating hypotheses have spanned the Ottonian period and even the 11th century because of certain architectural elements such as the row of niches crowning the apse, but especially the iconography of the cul-de-four, inspired by the Carolingian *Vita* of St. Ambrose BHL 377d. The architectural setting for the mosaic has never been studied archaeologically because of heavy 19th-century restoration and World War II destructions. However, a long-neglected documentation of the restorations and photographs taken after the bombing on 15 August 1943 allow for a better comprehension of the phases of construction of the east end and authorize a new dating for the bay of the choir covered by a barrel vault, which can hypothetically be attributed to the patronage of Bishop Lorenzo I (late 5th-early 6th century).

Keywords: history of architecture, late Antiquity, Romanesque, northern Italy, 6th-11th century, San Ambrogio in Milan, Lorenzo I.

***The church of Saint Thomas of Canterbury in Moulineux (Essonne): an original creation of the 1180s*, by Géraud Kerhuel**

From September 2017 to June 2018, a team of architects in the workshops of the École de Chaillot studied the vestiges of the ancient parish church of Saint Thomas of Canterbury in the hamlet of Moulineux in Chalou-Moulineux (Essonne). In private hands since its sale at the Revolution, the church has never been studied in depth. Yet the size of the edifice compared to that of the hamlet and the quality of the construction augured an important discovery. Observations and architectural plans and elevations made in situ, archival research, and comparisons with other buildings support the hypothesis that the church was built between 1183 and 1190 by the Templars, who dedicated it to St. Thomas Becket in memory of a donation made by the royal family.

The quality of the architecture is affiliated with works financed by the military order as well as prestigious monuments, notably Saint Martin in Étampes and the collegiate church of Sainte Croix in Étampes, which no longer exists.

Keywords: Chalou-Moulineux, Étampes, Saint Thomas Becket, parish church, Templars, late 12th century, Chaillot workshops.

***The sculpted monument in Sains-en-Amiénois (Somme). The memorial to the martyrs Fuscien, Victoric and Gentien*, by Dominique Paris-Poulain**

In the early years of the 13th century, a sculpted monument dedicated to the memory of the three martyr saints Fuscien, Victoric and Gentien was erected in the parish church of Sains (today Sains-en-Amiénois) marking the place where they were traditionally thought to have been buried. The purpose was to give new impetus to the focal point of a cult which, according to surviving liturgical and hagiographical sources, was one of the oldest in the diocese of Amiens. This article treats the antiquity of the presumed sepulchre of the three saints, the presence over the tomb of a Romanesque funerary slab depicting the saints prior to the installation of the Gothic monument, and the context of the ordering of the monument, which is remarkable both for its quality and the originality of its conception. The formal characteristics of the sculptures suggest that they are contemporary with the launching of the first phase of construction of Amiens Cathedral by Bishop Évrard de Fouilloy (1211-1222). This may have seemed an opportune moment in the eyes of the clergy to renovate the funerary slab of the saints who helped construct the identity of the diocesan cathedral church. The clergy's interests may have concorded with those of Enguerran IV de Boves († 1222), who, after his brother Robert assassinated the royal provost, was engaged in rehabilitating his lineage by investing in good works, notably funerary.

Keywords: Sains-en-Amiénois (Somme), diocese of Amiens, martyr saints Fuscien, Victoric and Gentien, funerary monument, Gothic sculpture, 13th century.

DEUTSCHE ZUSAMMENFASSUNGEN
(Traduction de Pierre Steimer)

***Das Chorhaupt von Sankt Ambrosius in Mailand. Neue Ansätze*, von Luigi Carlo Schiavi**

Seit dem 19. Jh. ist die Datierung des Chorhauptes von Sankt Ambrosius in Mailand eines der umstrittensten Themen der norditalienischen Baugeschichtsschreibung. Lange herrschte Konsens darüber, dass nach der Gründung des Klosters, um 784, jener Ostteil an die frühchristliche Basilika angebaut worden sei, wodurch er zu einem Prototyp der „lombardischen" Architektur wurde. Dann verschoben sich die Datierungshypothesen in die Zeit der Ottonen und sogar bis ins vorgerückte 11. Jh., aufgrund von bestimmten Architekturelementen (wie beispielsweise die die Apsis bekrönende Nischenreihe), vor allem jedoch aufgrund der Ikonographie des von der karolingischen *Vita* des heiligen Ambrosius (BHL 377d) inspirierten Apsismosaiks. Die das Mosaik tragende architektonische Struktur, ist jedoch nie einer archäologischen Untersuchung unterzogen worden, da die massiven Restaurierungen des 19. Jhs. und die Zerstörungen des Zweiten Weltkrieges eine solche heute unmöglich machen. Indessen ermöglichen Schriftquellen über die Restaurierungsarbeiten sowie die nach der Bombardierung vom 15. August 1943 gemachten Fotos ein besseres Verständnis der Bauabschnitte des Chorhauptes und erlauben es, das von einem Tonnengewölbe überspannte Chorjoch neu zu datieren: seine Errichtung könnte unter die Schirmherrschaft Bischof Laurentius I. (Ende des 5.-Anfang des 6. Jhs.) fallen.

Schlagwörter: Baugeschichte, Spätantike, Romanik, Norditalien, 6.-11. Jahrhundert, Sankt Ambrosius von Mailand, Laurentius I.

***Die Kirche Saint-Thomas-de-Cantorbéry in Moulineux (Departement Essonne): eine einmalige Kreation aus den 1180er Jahren*, von Géraud Kerhuel**

Die im Gemeindeverband Étampes von September 2017 bis Juni 2018 durchgeführten Workshops der *École de Chaillot* boten einem Team von Architekten Gelegenheit, die Überreste der ehemaligen Pfarrkirche Saint-Thomas-de-Cantorbéry in Moulineux (Departement Essonne) zu untersuchen. Seit ihrem Verkauf als Staatsbesitz zur Zeit der Französischen Revolution ist sie in privater Hand und wurde bisher nie erforscht. Die Größe des Gebäudes, verglichen mit der des Dorfes und die äußerst qualitätsvolle Bauausführung verhießen jedoch bemerkenswerte Entdeckungen. Beobachtungen am Bau und vor Ort angefertigte Bauzeichnungen, sowie Archivforschungen und Analogien zu anderen Bauwerken stützen die Hypothese, nach der die Kirche zwischen 1183 und 1190 von den Templern errichtet wurde, die sie in Erinnerung an eine Schenkung der königlichen Familie Thomas Becket weihten. Die Qualität ihrer Architektur zeugt von einer vom Militärorden angeordneten Produktion, sie steht aber auch in der Reihe anderer Prestigebauten, insbesondere von Saint-Martin in Étampes und der heute verlorenen Stiftskirche Sainte-Croix, ebenfalls in Étampes.

Schlagwörter: Chalou-Moulineux, Étampes, der heilige Thomas Becket, Pfarrkirche, Templer, Ende des 12. Jhs., Workshops der *École de Chaillot*.

***Das Grabmal von Sains-en-Amiénois (Departement Somme), eine Bildhauerarbeit als Erinnerung an die heiligen Märtyrer Fuscien, Victoric et Gentien*, von Dominique Paris-Poulain**

In den ersten Jahren des 13. Jhs. wurde in der Pfarrkirche von Sains (heute Sains-en-Amiénois) ein in Stein gehauenes Grabmal zu Ehren der drei Märtyrer Fuscien, Victoric und Gentien an jener Stelle errichtet, an der nach der Überlieferung ihre körperlichen Überreste beigesetzt worden waren. Damit sollte dem Kultort neuer Glanz verliehen werden, wurde er doch gemeinhin als einer der ältesten der Diözese Amiens angesehen, wenn man überlieferten liturgischen und hagiographischen Quellen Glauben schenken darf. Der vorliegende Beitrag hinterfragt sukzessive das Alter des vermutlichen Grabes der drei Märtyrer, die Präsenz der darüber liegenden romanischen die drei Heiligen abbildenden Grabplatte, vor der Aufstellung des gotischen Grabdenkmals, und den Kontext, der zum Auftrag der Errichtung des Denkmals geführt hatte, das äußerst bemerkenswert ist, sowohl was die qualitätsvolle Ausführung betrifft, als auch seine einzigartige Konzeption. Formale Merkmale der Skulpturen weisen auf den Zeitraum, in dem Évrard de Fouilloy (1211-1222) den ersten großen Bauabschnitt der Kathedrale von Amiens in Angriff nahm. In den Augen der Kleriker war zum Zeitpunkt des Neubaus der Kathedrale die Erneuerung der Grabplatte jener Heiligen, die zur geistigen Identität der Diözesankirche beigetragen hatten, möglicherweise eine Gelegenheit, die man sich nicht entgehen lassen wollte. Ihre Interessen entsprachen womöglich denen des Enguerran IV de Boves († 1222), der damals bemüht war – nachdem sein Bruder Robert den königlichen Stadtvogt ermordet hatte – seine Dynastie mit Hilfe von mehreren Aufträgen, insbesondere zur Errichtung von Grabdenkmälern, zu rehabilitieren.

Schlagwörter: Sains-en-Amiénois (Departement Somme), Diözese Amiens, die heiligen Märtyrer Fuscien, Victoric und Gentien, Grabdenkmal, gotische Skulptur, 13. Jahrhundert.

Table des matières

Liste des auteurs

Karine Boulanger, ingénieur de recherche au CNRS, centre André Chastel ; **Geneviève Bresc-Bautier**, conservateur général honoraire du patrimoine, présidente de la Société nationale des Antiquaires de France ; **Stéphane Büttner**, archéologue, centre d'études médiévales (CEM), Auxerre ; **Éric Chabanne**, doctorant, université Toulouse-Jean Jaurès ; **Yves Christe**, professeur émérite, université de Genève ; **Jean-Bernard Faivre**, Société française de campanologie ; **Gilles Fèvre**, dessinateur-topographe, CEM, Auxerre ; **Pierre Garrigou Grandchamp**, général de corps d'armée (Armée de terre), docteur en histoire de l'art et archéologie ; **Auriane Gotrand**, doctorante, Sorbonne Université/université Clermont Auvergne ; collaboratrice au catalogue raisonné de Maurice Denis ; **Jean Guillaume**, professeur émérite, Sorbonne Université, centre André Chastel ; **Laurent Hablot**, directeur d'études, École Pratique des Hautes Études ; **Françoise Hamon**, professeur honoraire, université de Paris IV-Sorbonne ; **Christian Heck**, professeur émérite en Histoire de l'art médiéval, université de Lille 3 ; **Fabrice Henrion**, conservateur régional adjoint, SRA de Normandie ; archéologue, CEM, Auxerre ; **Dominique Hervier**, conservateur général du patrimoine honoraire ; **Géraud Kerhuel**, architecte du patrimoine, diplômé de l'École de Chaillot ; **Antoine Le Bas**, conservateur du patrimoine honoraire ; **Fabrice Monna**, professeur, UMR 6298 ARTEHIS, université de Bourgogne ; **Jacques Moulin**, architecte en chef des Monuments historiques ; **Dominique Paris-Poulain**, maître de conférences, université de Picardie Jules Verne ; **Christian Sapin**, directeur de recherche émérite au CNRS, UMR 6298 ARTEHIS, université de Bourgogne ; **Luigi Carlo Schiavi**, maître de conférences, université de Pavie ; **Philippe Sénéchal**, professeur d'Histoire de l'art moderne, université de Picardie Jules Verne ; **Géraldine Thévenot**, conservatrice déléguée des antiquités et objets d'art de la Creuse ; **Frédéric Tixier**, maître de conférences, université de Lorraine (Nancy) ; **Francis Tourneur**, chargé de cours, université de Liège ; **Jean Wirth**, professeur émérite, université de Genève.

Table des matières du volume 179

Articles

Mélanges

Actualité

CHRONIQUE

BIBLIOGRAPHIE

Table alphabétique par nom d'auteur

Activités de la Société Française d'Archéologie en 2021

Les lundis de la SFA
Visioconférences

En 2021, la SFA inaugure un cycle de visioconférences gratuites (sur inscription) pour découvrir et comprendre l'architecture et son histoire dans ses moindres détails.

22 mars : « Les jardins de Versailles, entre "mythistoire" et histoire de l'art » par Jacques Moulin, architecte en chef des Monuments historiques. **12 avril :** « À la croisée des sources : le château de Saumur et son portrait dans les *Très Riches Heures du duc de Berry* » par Emmanuel Litoux, responsable du pôle Archéologie à la Conservation départementale du Patrimoine de Maine-et-Loire. **17 mai** : « L'église idéale dans les dernières décennies de l'Ancien Régime. Entre Réforme catholique et église des Lumières » par Mathieu Lours, chargé de cours en histoire moderne et histoire de l'architecture à l'université de Cergy-Pontoise. **21 juin :** « Les ponts en France avant l'ère industrielle » par Jean Mesqui, ingénieur en chef des ponts et chaussées, docteur ès lettres. **8 novembre :** « La grande rade de Cherbourg » par Magali Lachèvre, conservateur du Service historique de la Défense à Cherbourg. **13 décembre** : « Le château de Torigny, des Matignon aux Grimaldi » par Étienne Faisant, docteur en histoire de l'art.

La cathédrale Saint-Étienne de Sens
Sortie d'été, 26 juin

Sous la conduite de Philippe Plagnieux, professeur d'histoire de l'art du Moyen Âge à l'université Paris I Panthéon-Sorbonne.

Présentations : le chantier du XIIe siècle par Ph. Plagnieux ; le transept flamboyant par Florian Meunier, conservateur en chef au musée du Louvre ; le chœur du XVIIIe siècle et le tombeau du Dauphin par Frédéric Didier, architecte en chef des Monuments historiques ; les vitraux du déambulatoire par Claire Pernuit-Farou, docteure en histoire de l'art médiéval, université de Bourgogne et le trésor par Lydwine Saulnier-Pernuit, conservatrice en chef du patrimoine, conservatrice déléguée des antiquités et objets d'art de l'Yonne-Trésor de la cathédrale de Sens ; la façade occidentale, l'architecture et les portails par Alain Villes, conservateur en chef du patrimoine (h) ; le chevet depuis la cour du musée par Ph. Plagnieux ; le palais synodal par Fr. Didier.

Nouveaux regards sur l'architecture médiévale en Anjou
180e Congrès archéologique de France
9-13 septembre

Monuments du XIXe siècle en Anjou
Journée optionnelle au Congrès
14 septembre

Coordination scientifique : E. Litoux, Daniel Prigent, conservateur en chef du patrimoine (h) et Élisabeth Verry, directrice des Archives départementales de Maine-et-Loire. Publication des actes en 2023.

Voyage en Morinie autour de Saint-Omer
Journées thématiques, 1er-3 octobre

Sous la conduite de Laurence Baudoux, maître de conférences HDR émérite en histoire de l'art moderne, université d'Artois et Delphine Hanquiez, maître de conférences en histoire de l'art médiéval, université d'Artois.

Béthune : la place et l'hôtel de ville par Anne-Sophie Godot, docteure en histoire de l'architecture contemporaine; l'église Saint-Vaast par A.-S. Godot. **Labeuvrière :** le prieuré par L. Baudoux. **Estrée-Blanche :** le château de Créminil par Christian Corvisier, historien de l'architecture, docteur en archéologie médiévale. **Saint-Omer :** introduction historique sur Saint-Omer par Maxence Watel,

Cl. Fr. Bon/SFA.

Angers, château, vendredi 10 septembre 2021.

chargé d'études recherches et valorisation patrimoniale, Pays d'Art et d'Histoire de Saint-Omer ; l'hôtel de ville par Adeline Cognion-Vannelle, chargée d'accueil et de médiation, Pays d'Art et d'Histoire de Saint-Omer ; le théâtre par Christine Souillard, directrice de La Barcarolle, scène conventionnée du Pays de Saint-Omer ; la cathédrale (l'architecture XIIe-XIIIe par D. Hanquiez ; l'architecture XVe par Camille Bayaert, chargée de médiation et de recherche à l'Agence d'Urbanisme et de Développement Pays de Saint-Omer-Flandre Intérieure ; le pavement par Sophie Barrère, directrice de la Culture de la Communauté d'Agglomération du Pays de Saint-Omer ; le mobilier médiéval par Romain Saffré, directeur des musées de la ville de Saint-Omer ; le mobilier moderne par L. Baudoux) ; les archives et la bibliothèque par Matthieu Bécuwe, archiviste à la bibliothèque d'agglomération du Pays de Saint-Omer et Rémy Cordonnier, responsable du fonds ancien de la Communauté d'Agglomération du Pays de Saint-Omer ; l'église des Jésuites wallons par L. Baudoux et R. Cordonnier ; le musée-hôtel Sandelin par R. Saffré ; les vestiges de l'abbaye Saint-Bertin par Étienne Hamon, professeur d'histoire de l'art médiéval, université de Lille. **Aire-sur-la-Lys** : la collégiale Saint-Pierre (l'architecture par Frédéric Vienne, archiviste du diocèse de Lille ; le mobilier néogothique par Philippe Masingarbe, président du Comité flamand de France ; les orgues par L. Baudoux) ; l'église Saint-Jacques par L. Baudoux ; le bailliage par Samantha Heringuez, maître de conférences en histoire de l'art moderne, université d'Artois ; l'hôtel de ville par L. Baudoux et S. Heringuez. **Lillers :** l'église Saint-Omer par D. Hanquiez. **Ham-en-Artois :** l'église Saint-Benoît par L. Baudoux. **Guarbecque :** l'église Saint-Nicolas (l'architecture et le décor par Sandrine Conan et D. Hanquiez ; le mobilier par L. Baudoux).

Cl. D. Leboulanger/SFA.

Paris, hôtel de Beauvais, samedi 20 novembre 2021.

Trois monuments parisiens du XVIIe siècle dans le Marais

Sortie parisienne, 19-20 novembre

Sous la conduite de
Bernard Fonquernie et Étienne Faisant

Médiathèque de l'architecture et du patrimoine : conférence sur la réhabilitation et la restauration de l'hôtel de Beauvais par Bernard Fonquernie, architecte en chef et inspecteur général des Monuments historiques (h) ; visite de la Matériauthèque du CRMH par Gilles Désiré dit Gosset, directeur de la Médiathèque de l'architecture et du patrimoine. **Visites dans le Marais** : la chapelle de la Visitation et l'église Saint-Paul-Saint-Louis par É. Faisant ; l'hôtel de Beauvais par B. Fonquernie.

Achevé d'imprimer sur les presses
de l'imprimerie de Offset 5
à La Mothe-Achard
en décembre 2021

N° d'impression : 2021100325
Dépôt légal : décembre 2021